21世纪国际商务教材教辅系列

# 编写委员会

21世纪国际商务教材教辅系列

总 主 编　余世明
副总主编　袁绍岐　张彬祥　何　静

# International Commercial Law

# 国际商法

（第二版）

主　编　袁绍岐
副主编　林艺丹　邓宇松　顾锦芬

暨南大学出版社
JINAN UNIVERSITY PRESS
中国·广州

**图书在版编目（CIP）数据**

国际商法/袁绍岐主编．—2版．—广州：暨南大学出版社，2009.10（2015.2重印）
（21世纪国际商务教材教辅系列）
ISBN 978－7－81079－693－4

Ⅰ．国…　Ⅱ．袁…　Ⅲ．国际商法—教材　Ⅳ．D996.1

中国版本图书馆CIP数据核字（2009）第146760号

出版发行：暨南大学出版社

---

地　址：中国广州暨南大学
电　话：总编室（8620）85221601
　　　　营销部（8620）85225284　85228291　85228292（邮购）
传　真：（8620）85221583（办公室）　85223774（营销部）
邮　编：510630
网　址：http：//www.jnupress.com　http：//press.jnu.edu.cn

---

排　版：暨南大学出版社照排中心
印　刷：佛山市浩文彩色印刷有限公司

---

开　本：787mm×1092mm　1/16
印　张：12.25
字　数：309千
版　次：2006年7月第1版　2009年10月第2版
印　次：2015年2月第6次
印　数：17001—18500册

---

定　价：19.80元

---

（暨大版图书如有印装质量问题，请与出版社总编室联系调换）

# 目　录

# 编写说明

我国于2001年加入世界贸易组织以来，对外贸易发展迅猛。2005年我国外贸总额达到1.3万多亿美元，相当于入世前的近3倍，成为世界第三贸易大国。迅猛发展的外向型经济，扩大了对外贸易人才的需求缺口，社会急需一大批懂得国际贸易业务，特别是系统掌握国际贸易业务知识以及国际商事主体法、国际商事合同法、国际货物买卖法、国际货物运输及保险法、国际结算法、产品责任法、国际反倾销与反补贴法、国际商事仲裁法等国际商法知识，能够从事国际贸易基层业务工作的国际商务人员。为适应国际贸易迅猛发展的需要，必须加快我国国际商务人才的培养。当前，全国很多中等职业学校和高等职业学院都开设了国际商务专业，并把“国际商法”作为国际商务专业的主干课程。学好“国际商法”是国际商务专业学生今后从事国际商务活动的基本前提。

“国际商法”是一门实践性很强的课程。在教学中，我们深刻地体会到联系实际业务、培养学生动手能力的重要性。虽然《国际商法》的教材版本很多，各有侧重，各有特点，但缺乏一本融基本知识和案例分析为一体、实用性较强的教材。本书力求在这方面有所突破，尽可能以简单明了的案例分析说明问题，深入浅出，提高学生分析和解决问题的能力。

本书有两大特点：一是内容新，对最新修订的国际公约、国际贸易惯例和我国外贸政策进行解释，采用的案例也是近几年外贸公司的实际业务资料；二是重案例，汇集了近百个案例或例题，针对中职学生和高职高专学生的特点，力求以案例分析代替枯燥说理，简单明了，实现通过案例解释知识点的目的。

本书特别适合作为中职、高职、高专国际商务专业及相关的财经专业学生学习《国际商法》的教材，同时还可作为有志从事国际商务工作的人员自学之用。学习时，如结合配套练习册《国际商法练习题及分析解答》进行学习，效果更佳。

本书由袁绍岐任主编，邓宇松、林艺丹、顾锦芬任副主编，其中第一、四、五章由袁绍岐负责编写，第二、三章由林艺丹负责编写，第六、七、九章由邓宇松负责编写，第八、十章由顾锦芬负责编写。全书由袁绍岐负责总纂、修改和定稿。

本书在编写中参考了大量的文献资料，特别是现行《国际商法》各个版本的教材，还引用了很多外贸公司的案例资料，在此谨向有关作者和提供材料的外贸公司经理、业务人员表示衷心的感谢！由于水平有限，加之时间仓促，错漏之处敬请同行和读者批评指正。

编　者

2006年5月

# 第一章 国际商法导论

## 第一节 国际商法概述

### 一、国际商法的概念和调整对象

国际商法（International Business Law 或 International Commercial Law），是调整国际商事交易和商事组织的各种关系的法律规范和惯例的总和。

国际商法调整的对象是国际商事法律关系。这里的所谓“国际”，主要是指“跨越国界”（Transnational）。从某一当事人的角度来看，上述商事法律关系是一种涉外民事关系，亦即在其法律关系的主体、客体、内容（法律事实）三个要素中，至少有一个要素与国外有联系，包括下列三种情形：①国际商事关系的双方（或多方）当事人的国籍不同，或者双方当事人的营业地处于不同的国家。前者一般称为国籍标准，后者则称为营业地标准。②国际商事关系的客体是位于国外的物，这里所说的“物”，既包括货物等有形物体，也包括专利、商标、版权等无形财产权。③产生、变更或消灭商事关系的事实发生在国外。例如同属一个国家的双方当事人订立旅游服务合同，所指的旅游点在外国。

一般说来，传统的商法主要包括公司法、票据法、海商法、保险法等内容。然而，随着国际经济贸易的扩大发展和商事交易的多样化、复杂化，在国际货物买卖的基础上开拓了许多新的领域，例如国际技术转让、知识产权转让、国际投资、国际融资、国际工程承包、国际服务贸易等等。这些交易已远远超出了传统商法调整的范围，有人将其称为国际商事交易，并把调整这些交易的法律统称为国际交易法（The Law of International Transactions）或国际商法。很明显，现在国际商法的调整对象和范围比传统的商法广泛得多，内容也越来越丰富。

我们认为，国际商法是一种法律与惯例的综合体，既包含私法内容，也有公法内容。特别是涉及到商事交易时，国际商法不可能不涉及到公法。由于联合国、世界贸易组织等国际机构制定的各项决议、公约以及各国之间日益增多的多边、双边条约对各国当事人交易的影响日益扩大，在公法与私法之间的一些界线现在已经变得模糊了。因此，把国际商法规定在私法范畴内是不合适的，也是不合逻辑的。实际上，在国外一些权威法学家的著作中，“国际贸易法”被包含在“国际商法”之中，后者的范畴要比前者的范畴大得多。

本书以国际货物买卖为中心，分别阐述商事组织法（公司法、外商投资企业法）、买卖法（合同法、国际货物买卖合同法）、产品责任法等实体法方面的法规以及惯例。编写本书的宗旨，是让读者了解当今世界商事领域的主要国际条约、惯例以及部分关系紧密的国内法的规定，增强法律意识，提高分析问题和解决问题的能力，学会在涉外经济活动中运用法律与惯例作武器，维护国家和企业的正当权益。

## 二、国际商法的产生与发展

商法是随着商品经济的产生和发展而逐步形成的。国际商法则是国际贸易逐步发展扩大的产物。

人类历史上不同地区商人之间商事交往的发展，逐渐形成了一系列支配他们之间贸易关系的商业惯例和习惯性做法。建立国际商业方面有效的行为规则需要有法律手段，以保证在一个地区实施的行为能够得到另一地区的承认。正是在这种社会现实条件之下，国际商法应运而生。

从历史上看，国际商法的发展经历了三个不同的阶段：

第一阶段，在中世纪，国际商法是以商人习惯法的形式出现的，即事实上支配那些往返于商事交易所在的文明世界的各港口、集市之间的国际商业界普遍适用的国际习惯性规则。这些商人的习惯性规则有着明显的特点：①具有跨国性和统一性，普遍适用于各国从事商业交易的商人；②其运用和解释不是由法院的专职法官来掌执，而是由商人自己组织的法院来掌执，其性质类似于现代的国际商事仲裁；③强调依据公平、合理的原则来处理案件。

第二阶段，始于国家主权这一概念被普遍采纳的时期，在这一阶段中，商人习惯法被纳入各国的国内法制度。自17世纪之后，欧洲中央集权国家日益强大，商人习惯法逐步成为国内法的一部分，失去了其原有的国际性或跨国性。法国先后于1673年、1681年颁布了《商事条例》、《海商条例》，这些条例对大陆法国家的商法奠定了基础。其后，法国1807年《商法典》和德国1897年《商法典》就是近代资本主义商法的典型。18世纪中叶，英国首席法官曼斯菲尔特把商人习惯法吸收进普通法，使其成为普通法的一部分。从19世纪以来，英国先后制定了一些有关商事活动的单行法规，如1882年的《票据法》、1890年的《合伙法》、1893年的《货物买卖法》等。

第三阶段，主要是指第二次世界大战以后，特别是20世纪60年代以后，国际商法进入了全新的发展阶段，其主要特点是恢复了国际性和统一性，国际贸易统一法逐渐形成和发展，不断取得突破性的成果。各政府间国际组织和非政府国际组织以其长期坚持不懈的艰苦努力，在国际贸易领域逐步扫除法律上的障碍。国际商会（ICC）制定的《国际贸易术语解释通则》、《跟单信用证统一惯例》，联合国国际贸易法委员会主持制定的《联合国国际货物销售合同公约》（1980年）、《联合国国际贸易法委员会仲裁规则》（1976年），国际统一私法协会（UNIDROIT）主持制定的《国际商事合同通则》（1994年）等，均是国际贸易统一法的突出成果。这些国际贸易惯例和国际公约的问世、运用和推广，向全世界人民展示了国际贸易法律逐步趋同和统一的前景。一个新的、独立的国际商法学科正在逐步形成和发展。

## 三、国际商法的渊源

法学上所讲的渊源，主要是指法律规范借以表现的形式。国际商法的表现形式主要有两种：一是国际商事条约，二是国际贸易惯例。

### （一）国际商事条约

国际商事条约是指两个或两个以上的国家，为确定其商事人相互之间的权利、义务而达成的协议。其中，两个国家签订的条约称为双边条约，两个以上的国家共同缔结或参加的国际条约称为多边条约。本书所言的国际商事条约，主要是指有关商事方面的多边条约，包括国际公约。

各国缔结的有关商事的国际条约，是国际商法的重要渊源，它可划分为两个种类：

一是统一实体法规范的国际商事条约，例如1967年的《世界知识产权组织公约》、1978年的《联合国海上货物运输公约》、1980年的《联合国国际贸易销售合同公约》。

二是统一冲突法规范的国际商事公约，例如1985年的《国际货物销售合同法律适用公约》、1980年欧洲经济共同体主持制定的《关于合同之债的法律适用公约》等。

### （二）国际贸易惯例

国际贸易惯例是指各国商事组织在商事贸易交往中，重复类似行为而逐渐形成的习惯做法。它不是法律，不具有法律的普遍约束力，但是如果有关当事人在合同中采用了某种国际贸易惯例，该惯例对合同当事人就具有确定的约束力。

国际贸易惯例是国际商法的另一个重要渊源。从历史角度来考察，国际商法最初萌芽于国际贸易惯例，这些惯例与国内法无关，并独立于任何国内法，实际上代表了商业实践中逐步形成的造法过程。21世纪以来，一些国际组织坚持不懈地致力于国际贸易惯例的编纂及修订工作，使这些国际贸易惯例在越来越大的范围内得到运用和推广，受到许多国家当事人的普遍欢迎。例如，由国际商会制定并多次修订的《国际贸易术语解释通则》（INCOTERMS，2000）和《跟单信用证统一惯例》（UCP500），现已获得绝大多数国家和地区的承认，在全球范围内统一了关于贸易术语解释和跟单信用证运作的法律原则。

关于国际贸易惯例的效力和作用，已经得到了越来越多的国家的认可。中国的《民法通则》第142条明确规定，中国法律和中国缔结或参加的国际条约没有规定的，可以适用国际惯例。一些国际贸易惯例在越来越多的国家被广泛接受和采用，是国际私法趋同化的重要体现，展示了国际贸易领域逐步统一法律规则的前景。

### （三）各国有关商事、贸易的国内法是国际商法的重要补充

目前，尽管各国已参加或承认了大量的国际商事公约或惯例，但由于国际商法仍然处于形成和发展阶段，其体系和内容尚不完善，现有的国际商事条约和惯例还远远不能包括

国际商事各个领域中的一切问题；同时，由于传统习惯和各国自身利益所在，各国仍在很多的商事领域中保留了立法权。因此，在处理某些国际商事纠纷时，还需借助法律冲突规则的指引，适用有关国家的民法或商法。这种情况是相当普遍的。有鉴于此，我们在学习和研究国际商法的过程中，除必须了解有关的国际商事条约和国际贸易惯例以外，还应当了解有代表性的某些国家商法的有关规定，特别是某些发达国家比较成熟的国内法。在国内法方面，西方两大法系国家的法律对国际商法的影响最大。

## 第二节　两大法系与国际商法

### 一、法系的概念及其划分

所谓法系，是法学家为了比较各国法律体系之间的不同，按照各国法律体系的历史传统及其形式上的特征，对世界各国法律体系所作的分类。对于法系，可根据不同的标准作不同的分类。我国较为普遍的观点是把世界各国的法律制度按照历史传统及其法律的表现形式分为：中华法系、印度法系、伊斯兰法系、大陆法系和英美法系。其中，对世界各国法律制度和国际商法影响最大的是大陆法系和英美法系。

### 二、大陆法系

大陆法系，又称罗马法系、民法法系、成文法系或法典法系，它形成于西欧，以法国和德国为代表，许多欧洲大陆的国家，如瑞士、意大利、比利时、卢森堡、荷兰、西班牙、葡萄牙等，均属大陆法系。此外，整个拉丁美洲、非洲的一部分、近东的一些国家也属大陆法系，日本也引入了大陆法。值得一提的是，在英美法系的国家中，某些国家的个别地区，如美国的路易斯安纳州、英国的苏格兰和加拿大的魁北克省，也属大陆法系的范围。

#### （一）大陆法的结构

大陆法的一个特点是强调成文法的作用，结构上强调系统化、条理化、法典化和逻辑性。它所采取的方法是运用几个大的法律范畴把各种法律规则分门别类地归纳在一起。这种结构上的特点，在法学和立法上都有所反映。

首先，大陆法各国都把全部法律分为公法和私法两大部分。这种分类是由罗马法学家最早提出来的。公法一般是指与国家状况有关的法律，包括宪法、行政法、刑法、诉讼法和国际公法。私法一般是指与个人利益有关的法律，包括民法和商法等。大陆法系各国继承了罗马法的这种分类，在各国的法律领域中都使用相同的法律制度和法律概念。尽管各国的语言不同但它们的法律词汇可以准确地互相对译，掌握了一个大陆法国家的法律，再了解其他大陆法国家的法律，就比较容易。

其次，大陆法各国都主张编纂法典。法国资产阶级革命胜利后，曾先后颁发了五部法典：民法典、民事诉讼法典、商法典、刑法典和刑事诉讼法典。其他大陆法国家也制定了类似的法典，但各国在法典的编制体制上却不完全相同。就民商法而言，有些大陆法国家将民法与商法分别编成两部独立的法典，即采用民商分立的编制体例，如法国、德国、日本等国就采用了这种体例。但也有大陆法国家把商法并入民法典中，作为民法典的一个组成部分，即采用民商合一的编制体例。如意大利就只有民法典，在其民法典中包括了商法的内容；瑞士只有债务法典，把民法债篇与商法合并在内。这里需要注意的是，"民商分立"也好，"民商合一"也罢，这只是大陆法国家在法典编制体例上的区别，民法和商法在大陆法国家仍是两个不同的法律部门。大陆法国家的大学法学教育也仍然把民法与商法作为两门不同的课程进行教学。

### （二）大陆法的渊源

大陆法国家是成文法国家，法律是大陆法的主要渊源。大陆法国家的法律包括宪法、法典、法典以外的法律和条例等。判例在大陆法国家原则上不作为法的正式渊源。一个判决只对被判处的案件有效，对日后法院判决同类案件并无约束力，这是大陆法和英美法在法的渊源上的一个主要区别。但是，我们也应看到，进入 20 世纪以后，判例实际上在大陆法国家日益受到重视，尤其是最高法院对法律未作出规定的问题所作的判决，对下级法院具有非常重要的意义，而且下级法院的法官为避免所作判决被上级法院否定的风险，也往往愿意效仿上级法院同类案件的判决。因此，尽管大陆法国家是成文法国家，判例的作用也是不能忽视的。一般来说，学理不是法的渊源，但在大陆法系国家法的发展过程中，学理又在法律的运作过程中起着重要作用：首先，学理为立法者提供法学理论、法律术语等，通过立法者的立法活动，成为法律；其次，利用学理对法律进行解释，并对判例进行分析和评论；再次，通过法学家的著作，培训司法人员，影响法律的实施；最后，通过法学家参与立法活动，将自己的法学理论融入法律规范当中。

## 三、英美法系

英美法系也称普通法系（Common Law System），它形成于英国，以后扩展到美国及其他过去曾受英国殖民统治的国家和地区，主要包括加拿大、澳大利亚、新西兰、爱尔兰、马来西亚、新加坡、巴基斯坦，我国香港特别行政区也属于英美法系的范围。这一法系以英国和美国为代表（故称英美法系），英、美两国虽同属一个法系，在法的结构和法的渊源上都具有不同于大陆法的特征，但两国的法律在其自身的演变过程中，又形成了各自的一些特点。

### （一）英美法的结构

从法的结构上看，英美法不像大陆法那样把法律明确分为公法和私法，而是分为普通法与衡平法（Equity Law）两部分。

所谓普通法，又称习惯法或判例法，其原意是指英国在中世纪时期形成的一种法律制度。它是在继承、发展盎格鲁·撒克逊习惯法的基础上，随着英国中央集权王朝的建立和巩固，通过高等法院的法官依判决的形式而逐步发展起来的一种全国普遍适用的法律规则。它的基本要求是：高等法院在判决中所包括的判决理由（Ratio Decidenti）必须得到遵循，即对作出判例的法院本身和对下级法院日后处理同类案件时均具有约束力。这也就是所谓的“先例约束力原则”（Rule of Precedent）。它包括三个内容：第一，上议院的判决是具有约束力的先例，对全国各级审判机关（不包括上议院本身）都有约束力；第二，上诉法院的判决对上诉法院本身和下级法院有约束力；第三，高级法院每一个法庭的判决对一切低级法院均有约束力。

“先例约束力原则”也同样适用于美国，但具体表现有不同于英国的特点：第一，在州法方面，州的下级法院须受上级法院判例的约束，特别是受州最高法院判例的约束；第二，在联邦法方面，须受联邦法院判例的约束，特别是受美国最高法院判例的约束；第三，联邦法院在审理涉及联邦法的案件时，须受其上级联邦法院判例的约束，而在审理涉及州法的案件时，则须受相应的州法院判例的约束，但以该判例不违反联邦法为原则；第四，联邦和州的最高法院不受它们以前确立的先例的约束，它们可以推翻过去的先例，并确立新的法律原则。

为把各州的判例法统一起来，1923 年成立的美国法学会（American Law Institute）将涉及商法和部分民法的判例法进行综合整理，编纂成各种判例法汇编，称为《法律重述》（Restatement of the Law），至今已出版数十卷。

所谓衡平法，其原意是指在 14 世纪时，为了补充和匡正当时不完善的普通法，由英国的枢密大臣法院发展起来的判例法。枢密大臣在受国王指派审理案件时，可以不受普通法的约束，而按照所谓“公平与正义”的原则作出判决，这些判决就形成了“衡平法”。衡平法是一种与普通法平行的新的法律体系。在英国法律的演变历史上，衡平法被认为是对普通法的补充，在信托法、合同法、继承法等方面，对普通法起着重要作用。这主要是通过规定新的权利和救济方法以及软化普通法中过于呆板的诉讼程序等而实现的。除此之外，衡平法还确立和发展了自己的一系列基本原则。英国的有关立法明确规定，衡平法优于普通法，当两者有抵触时，以衡平法的规则为准。尽管普通法与衡平法都属于判例法，但两者各有其特点，其区别主要体现在以下几方面：

（1）救济方法不同。普通法只有两种救济方法，即金钱赔偿和返还财产，并以金钱赔偿为主。衡平法则发展了一些新的救济方法，主要有实际履行和禁令。实际履行又称依约履行，是指当一方的违约使另一方所遭受的损害无法以金钱赔偿得到弥补，或损害的金额无法确定时，法院可根据衡平法判令负有义务的当事人按照合同的规定履行其应负的义务。禁令则是指法院可根据衡平法，判令当事人不得做出某种行为，以预先防止不法行为或违约行为的发生。

（2）诉讼程序不同。根据普通法，法院在审理案件时须设陪审团，且采取口头询问和口头答辩的方式；而根据衡平法，法院在审理案件时不设陪审团，但要采取书面诉讼程序。此外，普通法和衡平法在法律术语上也有许多不同之处。

如前所述，普通法系以英国和美国为主要代表。美国法在法的结构上也存在普通法和衡平法之分，这是它和英国法相同的地方；但由于美国是联邦制国家，美国法在法律结构上又存在联邦法和州法之分，这是它和英国法不同的地方。联邦法和州法并存是美国法律结构的一个重要特征。原则上讲，联邦法高于州法，若州法与联邦法相抵触，应适用联邦法，但联邦仅在联邦宪法明确授权的范围内行使立法权，换言之，各州都保留了相当大的一部分立法权。由于各州的历史传统、经济发展等方面的差异，各州的州法也存在一定差异，目前来说，这种差异有逐步缩小的趋势。

### （二）英美法的渊源

从法的渊源上看，判例法是英美法的主要渊源，这是英美法在法的渊源上区别于大陆法的一个主要特征。判例法的基础是“先例约束力原则”，即法院在判决中所包括的判决理由必须得到遵循，换言之，它对作出判例的法院本身和下级法院日后处理同类案件时均具有约束力。这里需要注意的是，在英美法国家，并非所有法院的判决都可以作为先例。

如前所述，判例法是英美法的主要渊源，但自 19 世纪末 20 世纪初以来，成文法在英美法国家的比重和作用不断上升，成文法也成了英美法的重要渊源。例如，英国关于商事方面的成文法有：1882 年的《票据法》、1890 年的《合伙法》、1893 年的《货物买卖法》、1906 年的《海上保险法》、1907 年的《有限合伙法》、1914 年的《破产法》、1948 年的《公司法》、1973 年的《公平贸易法》以及 1979 年的《货物买卖法》等。美国的情况与英国有所不同。一方面，早在独立战争期间，由于殖民地人民对英国的敌对情绪，美国曾一度出现了禁止适用英国判例法而引入大陆法系成文法典的活动（1787 年美国联邦宪法的制定颁布是这一活动的总结性成果），这使得美国历来比英国更重视成文法；另一方面，由于美国是联邦制国家，国会和州议会均有立法权，这使得美国既有联邦成文法又有州成文法，其中，美国联邦宪法在整个美国法中占有十分重要的地位。在商法领域，特别值得一提的成文法是美国的《统一商法典》，该法典于 1952 年公布，其后曾多次修改。目前在美国 50 个州中，除了保持大陆法传统的路易斯安纳州之外，其他各州均已通过本州的立法程序采用了美国的《统一商法典》，使它成为本州的法律。另一个值得一提的成文法是美国的《反托拉斯法》。它实际上不是单一的法律，而是包括了《谢尔曼法》（1890 年）、《克莱顿法》（1914 年）、《联邦贸易委员会法》（1914 年）等法律，它对于规范公司，尤其是大公司的行为有重要影响。

## 四、两大法系的发展趋势及其对国际商法的影响

如前所述，大陆法系和英美法系在法的结构、法的渊源和法的特点上均具有不同的特征，但到了 19 世纪末 20 世纪初，随着国际商事交易和国际投资的发展，随着现代市场经济日益呈现出全球化、一体化的要求，两大法系也发生了一些演变。从发展的趋势来看，两者的差别正逐渐缩小。这种演变形式表现为：一方面，在大陆法国家，判例法的作用日益受到重视。但这种“判例法”与英美法系的判例法有所不同，它主要是通过最高法院的判决确立新的法律原则和法官在判案中对法典的某些条款作扩充解释而创造的法律原则而形成的。其作用也主要是用于弥补法典和法规在调整不能预见的新型案件方面的不足。另一方面，英美法系成文法的数量日益增多和作用不断上升。这种成文法包括由议会制定

的法律和由行政机关制定的条例，它们也构成了英美法的一个重要渊源。这种演变不仅体现在形式上，也体现在法的具体内容上。就商法而言，大陆法系的商法和英美法系的商法在很多地方相互借鉴和吸收。例如，德国 1937 年的《股份公司法》就率先突破了大陆法系公司法固守的法定资本制，而吸收英美法系公司法授权资本制的经验。此后，日本、法国等一些大陆法国家的公司法也采用了这一经验。同时，英美法系国家公司法也注重吸收大陆法系公司法的经验。例如，根据传统的英美公司法，公司行为不能超越公司章程所规定的经营目的，但法国、德国等一大批大陆法国家公司法并无严格的越权原则的规定。随着社会经济活动的日益发达，严格的越权原则已逐渐不适应商事活动的需要，也不利于对善意第三人的保护。于是，美国吸收大陆法的经验，率先修改了其越权原则。随后，加拿大、英国等一些英美法国家的公司都对传统的"越权原则"作了修正。由此可见，尽管大陆法和英美法代表了两个不同的法系，但它们并不是毫不相干、互不影响的。

上述演变使得两大法系的差别有所弱化，并呈现出这样的发展趋势：一方面，英美法系国家的成文法日益增多，判例法有所减少，有些判例所反映的法律原则，通过立法，变成了成文法；另一方面，大陆法系国家虽然没有"遵守先例"的原则，但是在旧法条文已经不适用的情况下，特别是在法典没有明文规定的情况下，判例往往也成为法官判案的参考和依据。但这并不意味着两大法系已走向统一，并将逐步汇合成为单一的西方法系。相反，由于两大法系的形成和发展是基于不同的历史传统、社会政治经济状况、思想文化特征等，其发展趋势也必将受到这些客观条件的制约。尽管两大法系的差别还将长期存在，但仍将是世界上最主要的法系。在法的渊源上，英美法系成文法的作用虽在提高，但目前判例法仍是法的最重要渊源；在大陆法系国家，判例虽日益受到重视，但其作用显然无法与成文法相提并论。在法的具体内容上，两大法系也有诸多分歧。

两大法系对国际商法的影响，主要表现在两个方面：一是对国际商法统一化运动的贡献，这主要表现为两大法系确立的许多重要法律原则和法律制度为一些重要国际商事公约所吸收和采纳，从而转化为统一的国际商事法。例如，1980 年的《联合国国际货物买卖合同公约》和罗马统一国际私法研究所于 1994 年制定的《国际商事合同通则》在合同法和买卖法的许多问题上就采纳了两大法系的基本原则和制度。二是在国际商事公约、条约和惯例尚未涉及的许多领域，目前仍要依靠有关国家的国内商事法律加以调整，而两大法系对各国法律制度影响甚大，以至于世界各国法律基本上均可纳入这两大法系之内。所以依照有关国家的国内商事法处理有关问题，其实在很大程度上，就是在依照两大法系的法律原则和制度来调整有关国际商事关系。也正因为如此，我们在研究国际商法的时候，除了要掌握国际商事公约、条约和惯例的规定以外，还要了解两大法系的法律原则和制度。

## 第三节　世界贸易组织简介

### 一、世界贸易组织的产生背景

世界贸易组织（World Trade Organization，WTO）简称世贸组织，它是根据乌拉圭回合多边贸易谈判达成的《建立世界贸易组织协定》(Agreement Establishing the World Trade Organization) 于1995年1月1日成立的，取代原来的关税与贸易总协定，并按照乌拉圭回合多边谈判达成的最后文件所形成的一整套协定和协议的条款作为国际法律规则，对各成员之间经济贸易关系的权利和义务进行监督、管理和履行的正式国际经济组织。

由于关贸总协定的职能以协调货物贸易为主，不能涉及整个国际贸易，而且缺乏执法权力，不能调节处于不同经济发展阶段的国家之间的贸易问题，因此，建立一个更完善的国际贸易组织的构思由来已久。早在20世纪50年代后期，联合国经济和社会理事会就提出建立国际经济组织，1964年联合国第一届贸发会议审查了建立国际贸易组织的可能性，此后的几届贸发会议又提出了不少有关该组织的体制、原则等设想，但关贸总协定在1989年之前未曾就此进行商讨。直至1990年，加拿大、瑞士和美国等国先后提出方案，经过多次谈判，终于在乌拉圭回合中达成了《建立世界贸易组织协定》，决定以世贸组织取代关贸总协定。

## 二、《建立世界贸易组织协定》的主要内容

**1. 世界贸易组织的宗旨和目标**

世贸组织的宗旨是："提高生活水平，保证充分就业，大幅度和稳步地增加收入和有效需求，扩大货物和服务的生产与贸易，按照持续发展的目的，最优运用世界资源，保护和维护环境，并以不同经济发展水平下各自需要的方式，加强采取各种相应的措施；需要积极努力地确保发展中国家，尤其是最不发达国家在国际贸易增长中的份额，与其经济发展需要相称。"其目标是"产生一个完整的、更具有活力的和永久性的多边贸易体系来巩固原来关税与贸易总协定以往为贸易自由化所作出的努力和乌拉圭回合多边贸易谈判的所有成果"。同时，明确指出实现其宗旨与目标的途径是"通过互惠互利的安排，导致关税和其他贸易壁垒的大量减少和国际贸易关系中歧视性待遇的取消"。

**2. 世界贸易组织的职能**

世贸组织的职能：对世界贸易组织协定及其附件中协议的贯彻与运行进行监督、管理；为实施上述协议提供统一的体制框架；为多边贸易谈判提供论坛和场所；主持综合性贸易争端的解决和对成员国贸易政策的审议；与国际货币基金组织和世界银行等国际机构合作，以协调全球经贸政策。

**3. 世界贸易组织的组织机构**

(1) 部长会议 (The Ministerial Conference)。由世界贸易组织成员的部长组成，是世界贸易组织的最高权力机构和决策机构，拥有对重大事务的决策权。部长会议至少每两年召开一次。

(2) 总理事会 (The General Council)。由所有成员的代表组成，负责监督各项协议和部长会议所作决定的贯彻执行，并作为统一的争端解决机构和贸易评审机构发挥作用。总理事会在部长会议休会期间，行使部长会议的职权和世界贸易组织赋予的其他权力。

总理事会下分设三个分理事会：①货物贸易理事会 (Goods Council)，负责1994年关贸总协定和各项货物贸易协议的贯彻执行；②服务贸易理事会 (Service Council)，监督执行服务贸易总协议的贯彻执行；③知识产权理事会 (Trips Council)，监督与贸易有关的知

识产权（包括冒牌货交易）协议的贯彻执行。此外，总理事会下还建立若干负责处理相关事宜的专门委员会，如贸易与环境委员会、贸易与发展委员会、国际收支委员会等相对独立的机构。

(3) 秘书处。世界贸易组织还在日内瓦设立秘书处，负责处理日常工作。它由部长会议任命的总干事（Director-General）领导。总干事的权限、职责和任期等由部长会议通过规则确定。总干事有权指派其所属工作人员。在履行职务中，总干事和秘书处工作人员均不得寻求和接受任何政府或世界贸易组织以外组织的指示，各成员应尊重他们职责的国际性。

**4. 世界贸易组织的法律地位**

世贸组织及其有关人员具有以下的法律地位：①世界贸易组织具有法人资格。②世界贸易组织每个成员向世界贸易组织提供其履行职责时所必需的特权和豁免权。③世界贸易组织官员和各成员代表在其独立执行与世界贸易组织相关的职能时，有每个成员提供的所必需的特权与豁免权。④每个成员给予世界贸易组织的官员、成员代表的特权和豁免权等同于联合国大会于1947年11月21日通过的特殊机构的特权与豁免公约所规定的特权与豁免权。

**5. 世界贸易组织的决策方式**

世贸组织沿袭关贸总协定“一致同意”作出决定的原则，只有当无法达成共识时，再以投票方式进行表决。每一成员都在部长会议和理事会上各拥有1票，欧盟票数与其成员数相同。除另有规定外，部长会议及理事会记录都采用投票形式经半数以上票数通过；部长会议与理事会对世贸组织协定及多边协定的解释和决议，经3/4以上票数通过；会员国如欲豁免世贸组织协定多边协定义务，必须在90天内以理事会全体同意的方式达成协议。

**6. 世界贸易组织的成员资格**

凡接受协定和关贸总协定缔约方和欧共体，包括按关贸总协定议定条件接受者，为世贸组织创始成员国；凡接受该协定及附件1、2和3的多边贸易协议者，均可根据它与总理事会约定的条件加入本协定；世贸组织的任何成员国均可退出该协定，一旦退出即不再是世贸组织的缔约方。

## 三、世界贸易组织的基本原则

**1. 非歧视待遇原则**

非歧视待遇原则又称无差别待遇原则，这是多边贸易体制最基本的原则。根据这一原则，世贸成员不得对另一成员采用任何对其他成员不适用的优惠性或限制性措施，包括与贸易有关的知识产权协议在内的世贸各协议条款中均有非歧视原则的体现，这一原则既适用于货物贸易，也适用于服务贸易。非歧视待遇原则由最惠国待遇、互惠待遇、国民待遇条款具体体现出来。最惠国待遇的基本含义是，缔约方现在或将来给予任何第三方在贸易上的特权、优惠和豁免，也同样给予缔约对方。世贸组织的最惠国待遇是多边的、无条件的。它要求每一个缔约国在贸易方面应该以相等的方式对待所有其他缔约国，而不应采取附加条件的歧视待遇。国民待遇是指一缔约方保证另一缔约方在其境内的公民、企业、货物和商船享受与本国公司、企业、货物和商船所获得的相同待遇。国民待遇原则反对在本国货物、服务和服务企业、知识产权的持有人与外国的货物、服务和服务企业、知识产权的持有人之间实施歧视政策。《1994 年关税与贸易总协定》和《与贸易有关的知识产权协议》把国民待遇作为世贸组织成员的主要义务。

**2. 透明度原则**

透明度原则是指世贸成员正式实施的有关进出口贸易的政策、法规、法令、条例以及签订的有关贸易方面的条约等必须予以正式公布，未经正式公布，不得实施。这一原则要求：①世贸成员需在互惠的基础上迅速公布对外经贸及有关的法规、条例、条约、判决和决定。②世贸成员采取统一提高进口货物关税或其他费用征收的方式，以及限制或禁止普遍适用的措施，未经正式公布，不得加以实施。③各成员应以公正、合理、统一的方式实施所有已公布的法规、条例等。

**3. 可预见的和不断增长的市场准入原则**

所谓市场准入是指一成员允许另一成员的货物、劳务与资本参与本国市场的程度。世界贸易组织要求成员增强对外贸易体制的透明度，减少和取消关税、数量限制和其他壁垒，以及通过各成员对开放其特定市场作出具体承诺，切实改善各成员市场准入条件，保证各成员的商品、服务和资本可以在世界市场上公平自由地竞争。

**4. 公平贸易原则**

公平贸易原则是指各世贸组织成员被要求在进行国际贸易交往中，应进行公平的贸易竞争，不得采取不公平的贸易手段进行国际贸易竞争或扭曲国际贸易竞争。该原则不允许成员政府对出口商品实行补贴，也不允许成员企业对外倾销商品，同时加强对知识产权的保护，从而创立和维护公平竞争的国际贸易环境。

**5. 关税减让原则**

世贸组织的目标之一是通过关税减让的多边贸易谈判逐步降低关税，以促进国际贸易的发展。因此，世贸组织规定，经过多边谈判在互惠基础上达成的关税减让表对各成员具有约束力，任何一个成员都无权单方面予以改变，某成员在特殊情况下要提高本国关税，则必须与有关成员进行协商，并给予相应补偿。

**6. 一般禁止数量限制原则**

一般来说，实行进出口数量限制都是违反总协定基本原则的，总协定规定原则上应取消进出口数量限制。总协定第 11 条规定："任何缔约国除征收税捐或其他费用以外，不得设立或维持配额、进出口许可证或其他措施以限制或禁止其他缔约国领土产品的输入，或向其他缔约国领土输出或销售出口产品。"在某些例外情况下允许数量限制，这些例外是：①为了稳定农产品市场；②为了改善国际收支；③为促进发展中国家经济发展的需要；④为实施保障措施协议规定的数量限制。

## 四、世界贸易组织一系列的多边协议

经过乌拉圭回合长达 8 年的艰苦谈判，与会各国终于就建立世贸组织及其相关法律制度达成共识，签署了一揽子协定即《乌拉圭回合多边贸易谈判成果最后文件》，其中主要包括《建立世界贸易组织协定》及其 4 个附件。

附件 1 包括：①货物贸易多边协定；②服务贸易协定；③与贸易有关的知识产权协

定。其中货物贸易多边协定又包括：①GATT1994；②农产品协定；③卫生植物检疫措施协定；④纺织品与服装协定；⑤贸易技术障碍协定；⑥与贸易有关的投资措施协定；⑦反倾销协定；⑧GATT1994 第 7 条执行协定；⑨装船前检查协定；⑩原产地规则协定；⑪输入许可证协定；⑫补贴与反补贴措施协定；⑬保障条款协定。

附件 2 为《争端解决规则和程序的协定》。

附件 3 为《贸易政策评审制度》。

附件 4 为诸边协议，包括：①民间航空器协定；②政府采购协定；③国际乳制品协定；④国际牛肉协定。

由于篇幅的局限，这些协议的内容不作详细介绍。

## 思考题

1. 什么是国际商法？其表现形式有哪些？
2. 哪些国家属大陆法系？哪些国家属英美法系？
3. 两大法系的发展趋势及其对国际商法的影响是什么？
4. 什么是世界贸易组织？它有什么职能？
5. 世界贸易组织的基本原则是什么？

# 第二章
# 商事主体法

## 第一节　公司法

公司是国民经济的基本细胞，是现代社会中人们进行生产、流通、交换等经济活动的一种主要组织形式。公司有各种各样的组织形式，不同类型的公司在法律地位、设立程序、投资者利润与责任、资金筹措、管理权分配、税收等方面均有很大不同。选择适当的法律形式，对于公司的发展以及投资者期望的实现有着极为重要的意义。

### 一、公司与公司法概述

#### （一）公司的概念和分类

**1. 公司的概念**

我国《公司法》第2条规定：“本法所称公司是指依照本法在中国境内设立的有限责任公司和股份有限公司。”这一规定只是强调了公司必须是在中国境内依照《公司法》设立，而且是仅指有限责任公司和股份有限公司。

公司的特征：①公司是具有独立法律地位的法人组织；②公司是以营利为目的的企业法人；③公司是多个股东组成的社团法人；④公司是依照法定的条件和程序设立的法人；⑤公司以自己的名义起诉、应诉；⑥公司有日常经营管理权；⑦公司的存续一般不受股东变化的影响。股东的死亡、退出、破产原则上不影响公司的存续。

**2. 公司的种类**

我国公司的种类有两种，即有限责任公司和股份有限公司。有限责任公司是指由五十个以下股东出资，每个股东以其认缴的出资额对公司承担有限责任，公司以其全部资产对其债务承担责任的企业法人。股份有限公司是指全部资本由等额股份构成并通过发行股票筹集资本，股东以其所认购的股份对公司承担责任，公司以全部资产对公司债务承担责任的企业法人。其特征对比见表2－1：

**表 2-1 有限责任公司与股份有限公司的特征对比**

| | 有限责任公司 | 股份有限公司 |
|---|---|---|
| 1 | 股东以认缴的出资额对公司承担有限责任 | 股东以认购的股份对公司承担有限责任 |
| 2 | 实行资本金制度，公司股份不分成均等股份 | 资本划分为等额股份 |
| 3 | 股东数 50 人以下 | 股东人数不限，但应当有 2 人以上 200 人以下为发起人，其中须有半数以上的发起人在中国境内有住所 |
| 4 | 不能公开募股，不能发行股票 | 通过发行股票募集资本 |
| 5 | 股东出资不能随便转让 | 股票可以随便转让 |
| 6 | 财务不必公开 | 财务公开 |

## （二）公司法的概念

公司法是规范、调整公司的设立、组织、行为、解散、清算及其他对内外法律关系的法律规范。广义的公司法是指调整公司各种法律关系的一切法律规范的总和，不仅包括单行的公司法，还包括与公司法相配套的各种法规及其他部门法中有关公司的规定。如《公司登记管理条例》、《股票发行与交易管理暂行条例》，以及民法、民事诉讼法、破产法、税法、行政法等法律中有关公司的规定，均属于广义公司法的范畴。狭义的公司法又称形式意义的公司法，是指以公司法命名的专门调整公司内外法律关系的单行法律。

我国现行的《公司法》，于 2005 年 10 月 27 日第十届全国人民代表大会常务委员会第十八次会议审议通过，自 2006 年 1 月 1 日开始实施。这部公司法共 13 章，全文 219 条。

## （三）公司的设立、合并与分立

### 1. 公司的设立

（1）公司设立的概念。公司设立是指创办公司，使公司取得法人资格的一系列法律行为的总称。其内容主要包括公司发起人创建公司意思一致的表示，订立章程，确定公司的种类、名称、经营范围，履行出资义务，推选组织机构，申请设立登记等。

（2）公司设立的条件。公司设立的条件是指公司法规定的设立公司所应具备的各种条件。这些条件属于强制性规范的内容，当事人必须严格遵守，不得以协议或其他方式予以变更或免除。根据《公司法》的有关规定，公司设立须具备三个方面的条件：

①发起人。公司的发起人是指依照公司法订立发起人协议，提出设立公司的申请、认购公司股份的人，是对公司的设立承担责任的公司创办人。

②资本。各国的公司立法都规定设立公司必须具有足够的资本金。我国公司法第 26 条规定："有限责任公司的注册资本为在公司登记机关登记的全体股东认缴的出资额。公司全体股东的首次出资额不得低于注册资本的 20%，也不得低于法定的注册资本最低限额，其余部分由股东自公司成立之日起两年内缴足；其中，投资公司可以在五年内缴足。有限责任公司注册资本的最低限额为人民币 3 万元。法律、行政法规对有限责任公司注册资本的最低限额有较高规定的，从其规定。"第 81 条规定："股份有限公司注册资本的最

低限额为人民币500万元。”出资的形式，依照我国《公司法》规定，可以以货币出资，也可以用实物、知识产权、土地使用权等可以用货币估价并可以依法转让的非货币财产作价出资。但全体股东的货币出资金额不得低于有限责任公司注册资本的30%。

**案例2-1　公司设立的法律问题**

**案情与问题：**甲、乙均为国有企业。1995年1月，两企业经过多次协商，达成设立国有公司的协议。协议规定：（1）甲公司出资200万元，其中货币100万元，注册商标100万元；乙企业出资250万元，其中货币100万元，专利权100万元，劳务50万元。（2）公司分别在A、B两市设立具有法人资格的分公司，独立进行经营活动。（3）公司设立五年后，双方可抽回各自出资的1/2。（4）其他（略）。请问：该协议在内容上有哪些违法之处?

**分析要点：**该协议的违法之处是：①设立的公司形式不符合法律规定。根据《公司法》规定：国家授权投资的机构或者国家授权投资的部门可以设立国有独资公司。因此，甲乙两企业不能设立国有独资公司，但可以设立其他形式的有限责任公司或者股份有限公司。②甲乙两企业的出资方式不符合法律规定。根据规定，该股东可以以实物、工业产权、专利作价出资，但金额超过法定比例是不正确的。③根据《公司法》规定，分公司不具有法人资格。因此，设立具有法人资格的分公司是不正确的。④公司设立后，股东是不能抽回其出资的。因此规定甲乙双方5年后抽回一半出资是不正确的。

③章程。公司章程是由公司发起人起草或由发起人委托的法律顾问起草，经全体发起人一致同意，规定公司各主要方面的基本原则的文件。它对外向公众公开申明公司的宗旨、资本数额、权利以及一系列公众了解公司所必需的内容。

**2. 公司设立的方式与程序**

发起人创办公司可采取发起设立和募集设立两种形式。发起设立，是指由发起人认购公司应发行的全部股份而设立公司。募集设立，也称募股设立，是指由发起人认购公司应发行股份的一部分，其余部分向社会公众募集而设立公司。依照我国《公司法》规定，我国股份有限公司可以采取发起设立，也可以募集设立。

### （四）公司的合并、分立与组织变更

**1. 公司的合并**

公司合并是指两个以上的公司依法通过约定合并成为一个公司的法律行为。公司合并一般有两种形式，一是新设合并，即两个或两个以上的公司均解散，共同形成一个新的公司；一是吸收合并，是指在两个或两个以上的公司中，只保留其中一个公司，其他公司解散，保留的公司将解散的公司全部吸收过来。

**2. 公司的分立**

公司分立是指一个公司依法变为两个或两个以上的公司的法律行为。分立的主要方式为存续分立与解散分立。

**3. 公司的组织变更**

公司组织变更又称公司的转换，是指不中断公司法人资格，而改变公司的组织形式，将某一类型的公司变为其他类型的公司的法律行为。

4. **公司的解散与清算**

公司的解散是公司消灭的法律程序。公司解散后必须对其财产进行清算，这种程序叫做清算。

## 二、有限责任公司

### （一）有限责任公司的概念和设立条件

有限责任公司是指由 50 个以下的股东出资，股东以其出资额为限对公司承担责任，公司以其全部资产对公司债务承担责任的企业法人。

设立有限责任公司应具备五个条件：

（1）法定股东人数为 50 人以下。

（2）股东出资达到法定资本最低限额：人民币 3 万元。

（3）股东共同制定章程。

（4）有公司名称，建立符合有限责任公司要求的组织机构。

（5）有固定的生产经营场所和必要的生产经营条件。

**案例 2－2　有限责任公司的公司章程的问题**

**案情与问题：**三个企业准备投资组建一个新的有限责任公司。经协商，他们共同制定了公司章程。章程中有如下条款：（1）公司由甲、乙、丙三方组建；（2）公司以生产经营某一科技项目为主，但非高新技术企业，注册资本为 30 万元人民币；（3）甲方以专利权和专有技术折价出资，占注册资本的 30%；乙方以现金和机器设备折价出资，占注册资本的 40%；丙方以土地使用权与房屋折价出资，占注册资本的 30%；（4）公司获得利润时，除依法提取各项基金外，甲、乙、丙分别按 40%、30%、30% 的比例进行利润分配；（5）公司设立董事会，董事长负责董事会工作；（6）公司经理由董事会聘任，作为法定代表人，负责日常经营管理工作；（7）公司存续期间，出资各方均可自由抽回投资。请问：章程中的上述条款，哪些符合规定？哪些不符合规定？为什么？

**分析要点：**章程中符合规定的条款是：（1）第 1 条公司由三方组建。公司法规定，有限责任公司股东数为 50 个以下。（2）第 5 条公司设立董事会，董事长负责董事会的工作。根据公司法的规定，有限责任公司一般须设董事会，只是在股东人数少、规模小的情况下，可不设董事会，只设一名执行董事。但这仅是例外，并不排除在股东人数少、规模小设董事会的情况。（3）根据公司法的规定，组建有限公司的注册资本，最低限额为 3 万元人民币，第 2 条约定 30 万元人民币符合规定，其余的条款均不符合法律规定：（1）第3 条约定以专利权及专有技术等折价出资的金额超过了公司法规定的有限公司注册资本的 20%，不符合规定。（2）根据公司法规定，有限公司是依出资人比例享有利润分配和承担风险的，因此，第 4 条约定的利润分配方案不符合规定。（3）根据公司法规定，有限公司的法定代表人是董事长或执行董事，而不是经理。因此，第 6 条约定经理作为法定代表人不符合规定。（4）根据公司法的规定，在公司存续期间，出资不得抽回，如确需抽回投资，须按转让投资的方式进行。因此，第 7 条的约定是不符合规定的。

## （二）有限责任公司的组织机构

### 1. 股东会

股东会由公司的全体股东组成，是公司的权力机构，决定公司的重大事项。根据公司法第38条规定，有限责任公司股东会有下列职权：①决定公司的经营方针和投资计划；②选举和更换董事、监事，决定有关董事、监事的报酬事项；③审议批准董事会的报告；④审议批准监事会或监事的报告；⑤审议批准公司的年度财务预算方案、决算方案；⑥审议批准公司的利润分配方案和弥补亏损方案；⑦对公司增加或者减少注册资本作出决议；⑧对发行公司债券作出决议；⑨对公司合并、分立、变更公司形式、解散和清算等事项作出决议；⑩修改公司章程；⑪公司章程规定的其他职权。

股东有权查阅、复制公司章程、股东会会议记录、董事会会议决议、监事会会议决议和财务会计报告。股东还可以要求查阅公司会计账簿，但应当向公司提出书面请求，说明目的。

### 2. 董事会

董事会是依法设立的由公司的全体董事参加的法定常设业务机关，是公司的决策机构。董事会对股东会负责，具有并行使下列职权：①负责召集股东会，并向股东会报告工作；②执行股东会的决议；③制定公司的经营计划和投资方案；④制定公司的年度财务预算方案、决算方案；⑤制订公司的利润分配方案、弥补亏损方案；⑥制订公司增加或者减少注册资本的方案；⑦制订公司合并、分立、变更公司形式及解散的方案；⑧决定公司内部管理机构的设置；⑨决定聘任或解聘公司经理，根据经理的提名，聘任或解聘公司副经理、财务负责人，决定其报酬；⑩制定公司的基本管理制度。⑪公司章程规定的其他职权。

《公司法》规定，董事由股东会选任；国有独资公司董事由国家授权投资的机构或国家授权的部门按照董事会的任期选派，并应当有公司职工代表参加，职工代表由公司职工民主选举产生。有限责任公司的董事为3～13人，董事长为公司的法定代表人。有限责任公司股东人数较少和规模较小的，可以设1名执行董事，不设董事会。执行董事为公司的法定代表人，可以兼任公司经理。董事任期不得超过3年，但可以连选连任。

### 3. 经理

经理由董事会聘任、对董事会负责，主持公司的日常经营管理工作。其职权为：①主持公司的生产经营管理工作，组织实施董事会决议；②组织实施公司年度经营计划或投资方案；③拟订公司内部管理机构设置方案；④拟定公司的基本管理制度；⑤制定公司的具体规章；⑥提请聘任或解聘公司副经理、财务负责人；⑦决定聘任或解聘除应由董事会聘任或解聘以外的管理人员；⑧公司章程和董事会授予的其他职权。

### 4. 监事会

监事会是公司的内部监督机构，行使对经营管理者的监督权。我国《公司法》规定，经营规模较大的有限责任公司，设立监事会，股东人数较少和经营规模较小的，可以只设1～2名监事，不设监事会。监事会成员不得少于3人，由股东代表和适当比例的公司职工代表组成。监事任期每届3年，可以连选连任。

监事列席董事会议，具有以下职权：①检查公司财务；②对董事、经理执行公司职务时违反法律、法规或者公司章程的行为进行监督，对违反法律、行政法规、公司章程或股东会决议的董事、高级管理人员提出罢免的建议；③当董事和经理的行为损害公司的利益时，要求董事和经理予以纠正；④提议召开临时股东会，在董事会不履行本法规定的召集和主持股东会会议职责时召集和主持股东会会议；⑤向股东会会议提出提案；⑥依照本法第152条的规定，对董事、高级管理人员提起诉讼；⑦公司章程规定的其他职权。

**案例2－3　有限责任公司设立时的出资问题**

**案情与问题：**1994年蓝天公司、宝宝服装厂和红花服装厂准备出资成立一家有限责任公司，从事服装生产。三家投资企业设立了公司章程，并共同出资30万元人民币。其中蓝天公司以注册商标专用权作为出资，价值9万元人民币。宝宝服装厂以机器设备出资，价值为11万元人民币，红花服装厂出资10万元人民币。其后，三个股东各指定一名代表向公司登记机关申请设立登记，但未予登记。请分别回答以下问题：（1）这家有限责任公司出资额是否符合法定资本最低限额？（2）股东是否可以以机器设备、注册商标专用权出资？（3）法律对工业产权出资有无具体规定？（4）股东全部出资后能否由各方指定代表向公司登记机关申请设立登记？

**分析要点：**（1）符合法定资本最低限额。《公司法》规定，有限责任公司，注册资本最低限额为人民币3万元。（2）可以。《公司法》规定股东可以用货币出资，也可以用实物、工业产权、非专利技术、土地使用权作价出资。（3）全体股东的货币出资金额不得低于有限责任公司注册资本的30%。（4）不能。股东的全部出资经法定的验资机构验资后，不能由全体股东指定的代表或共同委托的代理人向公司登记机关申请设立登记。

### （三）一人有限责任公司

一人有限责任公司，是指只有一个自然人股东或者一个法人股东的有限责任公司。《公司法》对一人有限责任公司的法律问题作出了专门的规定。

一人有限责任公司的注册资本最低限额为人民币10万元。股东应当一次足额缴纳公司章程规定的出资额。一个自然人只能投资设立一个一人有限责任公司。该一人有限责任公司不能投资设立新的一人有限责任公司。

一人有限责任公司应当在公司登记中注明自然人独资或者法人独资，并在公司营业执照中载明。一人有限责任公司章程由股东制定。一人有限责任公司不设股东会。股东作出公司的经营方针和投资计划的决定时，应当采用书面形式，并由股东签名后置备于公司。一人有限责任公司应当在每一会计年度终了时编制财务会计报告，并经会计师事务所审计。

一人有限责任公司的股东不能证明公司财产独立于股东自己的财产的，应当对公司债务承担连带责任。

### （四）国有独资公司

国有企业，尤其是国有大中型企业如何适应社会主义市场经济发展的需要，是建立现代企业制度的关键所在。国有企业实行公司制，这构成了现代企业制度的核心。《公司法》对国有独资公司的法律问题作出了专门的规定。

**1. 国有独资公司的概念和特征**

我国《公司法》所称的国有独资公司是指国家授权投资的机构或者国家授权的部门单独投资设立的有限责任公司。国有独资公司具有如下特征：

（1）国有独资公司的直接投资者是国家授权投资的机构或国家授权的部门。

（2）国有独资公司是独资公司，它是国家授权投资的机构或国家授权的部门作为唯一股东单独投资设立的公司。国有独资公司主要表现在：①由国家授权机构制定或批准国有独资公司的章程；②对国有独资公司的国有资产实施监督管理；③国家授权机构对国有独资公司委派或者更换董事会成员；④国有独资公司的资产转让，由国家授权机构办理审批财产权转移手续；⑤国有独资公司的合并、分立、解散、增减资本和发行公司债券，由国家授权机构予以决定。

（3）国有独资公司是有限责任公司。

**2. 国有独资公司的范围**

国有独资公司的经营范围是那些与国计民生有密切关系的，涉及到国防、社会安全或者国家专营的产品、行业，它是由国务院严格控制。在现阶段，它主要包括邮政、电讯、军工、烟草等行业。

**3. 国有独资公司的组织机构**

国有独资公司不设股东会，公司股东权利由国家授权投资的机构或国家授权的部门行使，并授权公司董事会行使一部分权利。国有独资公司设立董事会。董事会成员，由国家授权投资的机构或国家授权的部门委派或更换。董事会的任期为3年，董事会设董事长1人，可根据公司需要设副董事长。国有独资公司不设监事会，国家授权投资的机构或国家授权的部门依照有关法律、行政法规的规定，对国有独资公司的国有资产实行监督管理。

## 三、股份有限公司

### （一）股份有限公司的概念与特征

股份有限公司，是将全部资本分为等额股份，股东以其所持股份为限对公司承担责任，公司以其全部资产对公司的债务承担责任的企业法人。

股份有限公司与其他企业法人相比，具有以下法律特征：①股东人数的广泛性。②股东责任的有限性。③股份的等额性。④公司经营的公开性。⑤资本募集的公开性。⑥股份以股票形式公开发行并可以流通。⑦实行所有权和经营权相分离。⑧股份有限公司的设立，采取审批制度原则，即必须经过国务院授权的部门或省级人民政府批准方可设立。

### （二）股份有限公司的设立

**1. 股份有限公司的设立条件**

根据我国《公司法》规定，设立股份有限公司应当具备下列6项条件：

（1）发起人符合法定人数。发起人应当有2人以上200人以下，其中必须有过半数的发起人在中国境内有住所。

（2）发起人认缴和社会公开募集的股本达到法定资本最低限额。股份有限公司注册资本的最低限额为人民币500万元，在公司存续期间，公司资本不得随意更改，如需增减，必须严格按法定程序进行。

（3）股份发行、筹办事项符合法律规定。

（4）发起人制定公司章程，并经创立大会通过。

（5）有公司名称，建立符合股份有限公司要求的组织机构。

（6）有固定的生产经营场所和必要的生产经营条件。

**案例2-4　股份有限公司的设立问题**

**案情与问题：**1997年6月份，A市4家企业拟发起成立一家从事高新技术开发的欣欣股份有限公司，资本总额为800万元，4家发起企业认购250万元（每股1元），其余部分向社会公开募股。1997年10月份，发起人中的3家企业以现金认购了70万元的股份，另一家企业则以其非专利技术入股，作价180万元。1998年1月份，社会认股入缴纳股款400万元，发起人以欣欣股份有限公司的名义申请银行抵押贷款150万元，从而募足了股款。1998年2月份，在A市证券监督管理机构的主持下，召开了欣欣股份有限公司的创立大会，作出建立股份有限公司的决定。请运用所学的《公司法》，分析欣欣股份有限公司的成立是否合法。

分析要点：欣欣股份有限公司（以下简称欣欣公司）的成立不符合《公司法》的有关规定。主要表现在：（1）在募集设立情况下，发起人认购的股份不得少于公司股份总数的35%。而欣欣公司发起人才认购250万元，不够其注册资本总额的35%，即800×35%=280万元。（2）《公司法》规定，只有在已发行股份的股款已经缴足的前提下才能召开创立大会。而欣欣公司办理了抵押贷款才将资金筹足，所发行的股份并未认购完。（3）《公司法》规定，创立大会应由发起人召集主持。A市证券监督管理机构主持召开创立大会不合法。

**2. 股份有限公司的设立方式**

股份有限公司的设立方式有两种：①发起设立。发起设立是由公司发起人自己认购公司应发行的全部股份而成立公司。②募集设立。募集设立是由发起人认购公司应发行股份的一部分，其余部分向社会公开募集或者向特定对象募集而设立公司。我国《公司法》规定，发起人认购的股份不得少于公司股份总数的35%。

**案例2-5　股份有限公司设立的方式与必备的文件等法律问题**

**案情与问题：**甲乙两个国有企业作为发起人，准备设立一家股份有限公司。请问：（1）发起人的人数是否符合《公司法》的规定，为什么？（2）这类公司应采用什么方式设立？（3）申请设立登记，应准备哪些必备文件？

**分析要点：**（1）发起人的人数符合《公司法》的法规。《公司法》规定，国有企业改建为股份有限公司的，发起人可以少于5人。（2）国有企业改建为股份有限公司的，应当采取募集设立方式。（3）申请设立登记，应准备的文件有：公司登记申请书；创立大会的会议记录，公司章程，法定代表人、董事、监事的任职文件及其身份证明，验资证明，发起人的法人资格证明或者自然人身份证明，公司住所证明。

## （三）股份有限公司的组织机构

**1. 股东大会**

股东大会是公司的最高权力机关，公司的一切重大事项都必须由股东大会作出决议。

股东大会的职权与有限责任公司股东会的职权基本相同。唯一的差别是，有限责任公司的股东向股东以外的人转让出资时，须由股东会作出决议。而在股份有限公司，股东可以依法自由转让出资，不需经股东大会批准。

股份有限公司股东大会的形式分为年会和临时会两种。年会即每年按时召开一次。临时会是指年会以外遇到特殊情况依法召开的大会。

股东大会选举董事、监事，可以依照公司章程的规定或者股东大会的决议，实行累积投票制。所谓累积投票制，是指股东大会选举董事或者监事时，每一股份拥有与应选董事或者监事人数相同的表决权，股东拥有的表决权可以集中使用。

**案例 2－6　股份有限公司股东大会的召开问题**

**案情与问题：**某房地产股份公司注册资本为人民币 2 亿元。后来由于房地产市场不景气，公司年底出现了无法弥补的经营亏损，亏损总额为人民币 7 000 万元。某股东据此请求召开临时股东大会。公司决定于次年 4 月 10 日召开临时股东大会，并于 3 月 20 日在报纸上刊登公告向所有的股东发出了会议通知。通知确定的会议议程包括以下事项：（1）选举更换部分董事，选举更换董事长；（2）选举更换全部监事；（3）更换公司总经理；（4）就发行公司债券作出决议；（5）就公司与另一房地产公司合并作出决议。在股东大会上，上述各事项均经出席大会的股东所持表决权的半数通过。根据上述材料，回答以下问题：（1）公司发生亏损后，在股东请求时，应否召开股东大会？为什么？（2）公司在临时股东大会的召集、召开过程中，有无与法律规定不相符的地方？如有，请指出并说明理由。

**分析要点：**（1）公司发生经营亏损后，在股东请求时，应当召开临时股东大会。召开的理由是，该公司的未弥补亏损 7 000 万元已超过注册资本 2 亿元的 1/3。（2）选举更换董事长，不属于股东大会的职权，应由董事会选举更换董事长；股东大会不能选举、更换全部监事，因其中有公司职工选出的监事，股东大会只能选举更换由股东代表出任的监事；更换聘任公司经理，是董事会的职权，不是股东大会的职权；公司合并决议应经出席股东大会的股东所持表决权的 2/3，而不是半数以上通过。

**2. 董事会**

董事会是公司的常设机关和业务执行机关。董事会的组成人员由股东大会选举产生，必须向股东大会负责。我国《公司法》规定，董事会会议的召集人应为董事长。董事会的决议应有 1/2 以上的董事出席，并经全体董事的过半数通过。

我国《公司法》规定董事会会议分为定期会议和临时会议两种。定期会议是指董事会每年度至少要召开 2 次会议。临时会议则是指按公司章程规定，经董事长或董事提议需要随时召集的会议。《公司法》规定股份有限责任公司经代表 1/10 以上表决权的股东、1/3 以上董事或者监事提议可以召开董事会临时会议。

董事会的职权主要包括：负责召集股东大会，并向股东大会报告工作；执行股东大会的决议；决定公司的经营计划和投资方案；制订公司的年度财务预算方案、决算方案、利润分配方案和弥补亏损方案、公司增加或减少注册资本的方案以及发行公司债券方案；拟订公司合并、分立、解散的方案；决定公司内部管理机构的设置；聘任或解聘公司经理，根据经理的提名，聘任或者解聘公司副经理、财务负责人，决定其报酬事项；制定公司的基本管理制度；申请公司设立登记；选举董事长、副董事长；申办发行新股的手续等。

我国《公司法》规定，股份有限公司董事会成员为 5 ~ 19 人，董事应由股东大会选举产生。董事任期由公司章程规定，每届任期不得超过 3 年。董事有出席董事会会议的权利，董事会临时会议召集的提议权、表决权等。董事对公司负有忠实的义务、保守公司秘密的义务、竞业禁止义务。董事应当对董事会的决议承担责任。董事会的决议违反法律、行政法规或者公司章程、股东大会决议，致使公司遭受严重损失的，参与决议的董事对公司负赔偿责任。但经证明在表决时曾表明异议并记载于会议记录的，该董事可以免除责任。

**案例 2 – 7　股份有限公司董事会的召开、表决程序与通过事项的合法性问题**

案情与问题：某股份有限公司董事会由 11 名董事组成。1995 年 5 月 10 日，公司董事长李某召集并主持召开董事会会议，出席会议的共 8 名董事，另有 3 名董事因事请假。董事会会议讨论了下列事项，经表决有 6 名董事同意而通过：（1）鉴于公司董事会成员工作任务加重，决定给每位董事涨工资 30%；（2）鉴于监事会成员中的职工代表张某生病，决定由本公司职工王某参加监事会；（3）鉴于公司的财务会计工作日益繁重，拟将财务科升级为财务部，并向社会公开招聘会计人员 3 名，招聘会计人员事宜及财务科升格为财务部的方案经股东大会通过后实施；（4）鉴于公司的净资产额已达 2 900 万元，符合有关公司发行债券的法律规定，决定发行公司债券 1 000 万元。根据以上材料回答以下问题：（1）公司董事会的召开和表决程序是否符合法律规定？为什么？（2）公司董事会通过的事项有无不符合法律规定之处？如有，请分别说明理由。

**分析要点：**（1）公司董事会会议的召开和表决程序符合法律规定。按照《公司法》的规定，股份有限公司董事会须有 1/2 以上的董事出席方可举行，董事会会议由董事长召集并主持；董事会决议须经全体董事过半数通过。（2）董事会通过的事项中有不符合法律规定之处：董事会决议给每位董事涨工资的决定违法。按照《公司法》的规定，决定董事的报酬属于公司股东大会的职权；董事会决议由公司职工王某参加监事会的决议违法，根据《公司法》的规定，选举和更换由职工代表出任的监事应由公司职工民主选举；董事会认为将公司财务科升格为财务部的方案须经股东大会通过的观点不符合法律规定，根据《公司法》的规定，公司董事会有权决定公司内部管理机构的设置；董事会认为公司的净资产额达到发行公司债券的法定条件的观点不符合法律规定，根据《公司法》的规定，股份公司发行公司债券，其净资产额应不低于人民币 3 000 万元。

3. **监事会**

监事会是股份有限公司必设的监察机关。我国《公司法》规定，监事会成员不得少于 3 人，由股东代表和适当比例的公司职工代表组成。监事会每 6 个月至少召开一次会议。监事的任期每届为 3 年，任期届满，连选可以连任。

监事会的职权主要包括：①检查公司财务；②对董事、经理执行公司职务时违反法律、法规或者公司章程的行为进行监督，对违反法律、行政法规、公司章程或股东会决议的董事、高级管理人员提出罢免的建议；③当董事和经理的行为损害公司的利益时，要求董事和经理予以纠正；④提议召开临时股东会，在董事会不履行本法规定的召集和主持股东会会议职责时召集和主持股东会会议；⑤向股东会会议提出提案；⑥依照本法第152条的规定，对董事、高级管理人员提起诉讼；⑦公司章程规定的其他职权。

4. **经理**

经理是股份有限公司对内负责日常经营管理、对外代表公司的代理人。我国《公司法》规定，经理由董事会聘任。经理的任职条件适用有关董事任职条件的规定。经董事会决定，董事会成员可以兼任经理，但监事不得兼任经理。

经理对董事会负责，经理的职权主要包括：主持公司的生产经营管理工作，组织实施董事会决议及公司年度经营计划和投资方案；拟定公司内部管理机构设置方案及公司的基本管理制度；制定公司的具体规章；提请聘任或解聘公司副经理、财务负责人；聘任或解聘除应由董事会聘任或者解聘以外的管理人员；公司章程和董事会授予的其他职权。

经理对公司负有忠实的义务。经理在行使职权时，不得变更股东会和董事会的决议或超越授权范围。董事、监事、高级管理人员应当遵守法律、行政法规和公司章程，对公司负有忠实义务和勤勉义务，不得利用职权收受贿赂或者其他非法收入，不得侵占公司的财产。董事、高级管理人员违反法律、行政法规或者公司章程的规定，损害股东利益的，股东可以向人民法院提起诉讼。

**表2-2　股东会、董事会、监事会比较**

| 项目 | 股东会 | | 董事会 | | 监事会 | |
|---|---|---|---|---|---|---|
| | 有限责任公司 | 股份有限公司 | 有限责任公司 | 股份有限公司 | 有限责任公司 | 股份有限公司 |
| 人数 | 1~50 | | 3~13 | 5~19 | 不少于3人 | 不少于3人 |
| 临时会议召开 | ①1/10以上的表决权的股东<br>②1/3以上的董事提议时<br>③1/3以上的监事提议时 | ①持有10%股权的股东请求时<br>②董事会认为必要时<br>③监事会提议时<br>④董事人数不足法定人数的2/3时<br>⑤公司未弥补的亏损达股本总额的1/3时 | 1/3以上董事提议 | 董事长 | 监事可以提议召开 | 监事可以提议召开 |
| 定期会议召开 | 按章程规定召集 | 董事会召集，一年一次 | 董事长，次数由章程决定 | 董事长，一年至少两次 | 每年至少召开一次 | 每6个月至少召开一次 |

（续上表）

| 项目 | 股东会 | | 董事会 | | 监事会 | |
|---|---|---|---|---|---|---|
| | 有限责任公司 | 股份有限公司 | 有限责任公司 | 股份有限公司 | 有限责任公司 | 股份有限公司 |
| 特别决议的事项（需要代表2/3表决权股东通过） | ①增加或减少注册资本<br>②合并与分立<br>③解散<br>④变更公司形式<br>⑤修改公司章程 | ①合并与分立<br>②解散<br>③变更公司形式<br>④修改公司章程 | 无特别决议的规定，表决程序和方式由章程规定 | 无特别决议的规定，一切决议均须全体董事过半数通过 | 无特别决议的规定，表决程序和方式由章程规定 | |
| 主持会议者 | 董事长 | 董事长 | 董事长 | 董事长 | 《公司法》未规定 | 由章程规定 |
| 会议记录 | 由出席会议的股东在记录上签名 | 由出席会议的董事在记录上签名 | 由出席会议的董事在记录上签名 | 由出席会议的董事和记录员在记录上签名 | 《公司法》未规定 | 由章程规定 |
| 列席人员 | 未规定 | 未规定 | 监事、经理 | 监事、经理 | 未规定 | |
| 董事会决议违法或违反章程时 | 未规定 | 股东有权向人民法院要求停止违法行为的诉讼 | 未规定 | 参与决议的董事对公司负赔偿责任，除非在表决时普遍表示异议并记载于会议记录的 | 未规定 | |
| 资格 | 无限制 | 无限制 | 六种人（《公司法》第57条） | 六种人 | ①六种人<br>②董事、经理和财务负责人不得兼任监事 | |

## （四）上市公司

上市公司是指所发行的股票经国务院或者国务院授权的证券管理部门批准在证券交易所上市交易的股份有限公司。上市公司设独立董事，具体办法由国务院规定。

股份有限公司公开募集发行的股票进入证券交易所挂牌买卖，须受严格的条件限制。我国《公司法》第152条规定，股份有限公司申请其股票上市必须具备下列条件：

（1）股票经国务院证券管理部门批准已向社会公开发行。

（2）公司股本总额不少于人民币5 000万元。

（3）公司开业时间在3年以上，最近3年连续赢利；公司为原国有企业依法改建而设立的或者《公司法》实施后新组建成立或其主要发起人为国有大中型企业的，可连续计算。

（4）持有股票面值达人民币1 000元以上的股东人数不少于1 000人，向社会公开发行的股份达公司股份总数的25%以上；公司股本总额超过人民币4亿元的，其向社会公开发行股份的比例为15%以上。

（5）公司在最近3年内无重大违法行为，财务报告无虚假记载。
（6）国务院规定的其他条件。

# 第二节　外商投资企业法

## 一、外商投资企业法概述

### （一）外商投资企业与外商投资企业法

外商投资企业，是指依照中华人民共和国法律的规定，在中国境内设立的，由中国投资者和外国投资者共同投资或者仅由外国投资者投资的企业。外商投资企业包括中外合资经营企业（以下简称合营企业）、中外合作经营企业（以下简称合作企业）、外资企业。对于这三类企业，人们往往称其为“三资”企业。外商投资企业法，是调整在国家协调经济运行过程中发生的关于外商投资企业经济关系的法律规范的总称。

### （二）外商投资企业受中国法律的管辖和保护

世界各国在允许设立外商投资企业的同时，都对外商投资企业的管理和监督作了明确的规定：外商投资企业必须遵守东道国的法律、法规。这是国际上通行的做法。在中国境内设立的外商投资企业，都是中国的法律主体；凡符合中国法律关于法人条件的规定，都可依法取得中国法人资格。外商投资企业不仅受中国法律的保护，而且受中国法律的管辖。为了依法加强对外商投资企业的管理和监督，我国外商投资企业法律明确规定，外商投资企业必须遵守中国的法律、法规，不得损害中国的社会公共利益；中国的有关国家机关依法对外商投资企业实行管理和监督。

## 二、中外合资经营企业法

### （一）中外合资经营企业的概念

中外合资经营企业，简称合营企业，是指中国合营者与外国合营者依照中国法律规定，在中国境内共同投资、共同经营，并按投资比例分享利润、分担风险及亏损的企业。

### （二）中外合资经营企业的设立

**1. 设立合营企业的条件**

申请设立合营企业应注重经济效益，合营企业必须符合下列一项或数项要求：①采用先进技术设备和科学管理方法，能增加产品品种，提高产品质量和产量，节约能源和材料；②有利于技术改造，能做到投资少、见效快、收益大；③能扩大产品出口，增加外汇收入；④能培训技术人员和经营管理人员。

**2. 设立合营企业的申请**

要在中国境内设立合营企业，应由中国合营者向企业主管部门呈报，拟与外国合营者设立合营企业的项目建议书和初步可行性研究报告。该建议书和初步可行性研究报告经企业主管部门审查同意并转报审批机关批准后，合营各方方可正式进行谈判，并从事以可行性研究为中心的各项工作，在此基础上才能商谈签订合营企业协议、合同和章程。

**3. 设立合营企业的审批机关**

设立合营企业的审批机关。在中国境内设立合营企业，必须经国家对外经济贸易主管部门审查批准。批准后，由国家对外经济贸易主管部门发给批准证书。

设立合营企业的审批期限。审批机关自接到中国合营者按规定报送的全部文件之日起，要在3个月内决定批准或不批准。审批机关如发现前述文件有不当之处，应要求限期修改，否则不予批准。

**4. 设立合营企业的登记**

登记的申请和登记注册的主要事项。合营企业办理开业登记，应当在收到国家对外经济贸易主管部门发给的批准证书后30天内，由企业的组建负责人向登记主管机关提出申请。

登记的核准及其意义。合营企业由国家工商行政管理局或者国家工商行政管理局授权的地区工商行政管理局核准注册登记。上述工商行政管理局是合营企业登记主管机关。登记主管机关应当在受理申请后30天内，作出核准登记或者不予核准的决定。

合营企业经主管机关核准登记注册，领取《企业法人营业执照》后，企业即告成立，取得中国法人资格，其合法权益受国家法律保护。合营企业可凭《企业法人营业执照》刻制公章、开立银行账户、签订合同，开展经营活动。

**案例2－8　中外合资经营企业的设立应办理的法律手续问题**

**案情与问题：**中国某厂与美国某公司经多次接触和洽谈，双方有意共同建立服装厂，为此签署了意向书。意向书写明：由美方提供技术、设备和大部分资金，中方某厂提供厂房和小部分资金；双方共同经营，共负盈亏。请问：（1）筹建的服装厂属什么性质，应适用哪个法律？（2）根据有关法律规定的程序，该厂在最终成立前还应办理什么手续？经过几个步骤？

**分析要点：**（1）此厂属于中外合资经营企业，适用《中外合资经营企业法》。（2）第一步，由中方合营者向其主管部门呈报拟与美方合营者设立合营企业的项目建议书和初步可行性研究报告。第二步，该建议书和初步可行性报告经上级主管部门审查同意并转报审批后，合营各方开始进行以可行性研究为中心的各项工作，在此基础上签订合营企业协议、合同、章程。第三步，由内地合营者负责正式向审批机构申请建立合营企业。第四步，申请者在收到批准证书后1个月内，凭批准证书向合营企业所在地的省级工商行政管理部门办理登记手续，领取营业执照。营业执照签发日，即为该合营企业成立日。

## （三）中外合资经营企业的组织形式与注册资本

**1. 合营企业的组织形式**

《中外合资经营企业法》第4条规定："合营企业的形式为有限责任公司。"《中外合资经营企业法》的《实施条例》第19条规定："合营各方对合营企业的责任以各自认缴的出资额为限。"作为有限责任公司股东的合营各方，以其认缴的出资额为企业承担有限责任，合营企业以其全部资产对其债务承担责任。所谓认缴的出资额，是指合营各方为设立合营企业同意投入的资金数额。合营各方应按合营企业合同规定的期限，一次或几次分期缴清各自认缴的出资额。

合营各方缴付出资额后，应由中国注册会计师验证，出具验资报告。然后，由合营企业根据验资报告发给合营各方能够证明其出资数额的出资证明书。

**2. 合营企业的注册资本与投资总额**

合营企业的注册资本，是指为设立合营企业在登记管理机构登记的资本总额，应为合营各方认缴的出资额之和。注册资本与投资总额是两个不同的概念。《中外合资经营企业法》第4条规定："在合营企业的注册资本中，外国投资合营者的投资比例一般不低于25%。"

合营企业投资总额是按照合营企业合同、章程规定的生产规模需要投入的基本建设资金和生产流动资金的总和。如果合营各方的出资额之和达不到投资总额，可以以合营企业的名义进行借款。在这种情况下，投资总额包括注册资本和企业借款。

合营企业在合营期内，不得减少其注册资本。合营企业的一方如向合营伙伴以外的第三者转让其全部或者部分出资，应当经合营他方的同意。

合营企业的注册资本，应当与生产经营的规模、范围相适应。注册资本与投资总额的比例应为：①合营企业的投资总额在300万美元以下（含300万美元）的，其注册资本至少应占投资总额的7/10。②合营企业的投资总额在300万美元至1 000万美元（含1 000万美元）的，其注册资本至少应占投资总额的1/2，其中投资总额在420万美元以下的，注册资本不得低于210万美元。③合营企业投资总额在1 000万美元至3 000万美元（含3 000万美元）的，其注册资本至少应占投资总额的2/5，其中投资总额在1 250万美元以下，注册资本不得低于500万美元。④合营企业的投资总额在3 000万美元以上的，其注册资本至少应占投资总额的1/3，其中投资总额在3 600万美元以下的，注册资本不得低于1 200万美元。

**案例2－9　中外合资经营企业的投资总额与注册资本的比例问题**

**案情与问题：**某省外贸总公司与国外某公司合资创办了一家电子有限公司，投资总额为人民币720万元。注册资本为人民币20万元，两者比例为36/1，其中国外某公司的出资额为6万元人民币，另14万元由中方投资。请问：本案中投资总额与注册资本的比例是否恰当？

**分析要点：**根据《中外合资经营企业法实施条例》的规定，合营企业的投资总额是指按照章程规定的生产规模所需要投入的基本建设资金和生产流动资金的总和，由注册资本和借款构成。合营企业的借款是指为弥补投资总额的不足，以合营企业的名义向金融机构借入的款项。合营企业的注册资本是指为设立合营企业在工商行政管理机关上报登记注册的资本，应为合营各方认缴的出资额之和。合营企业的注册资本和投资总额之间应当保持正确、合理的比例关系。《关于中外合资经营企业注册资本与投资总额比例的暂行规定》中规定投资总额在300万美元以下的，其注册资本至少应占投资总额的70%。

本案中投资总额为720万元人民币，在300万美元以下，和注册资本之比为36/1。注册资本和投资总额之比大大低于70%，不符合法律规定，因而是不恰当的，中国法律不允许设立这样的公司，另外，外方认缴的出资额占投资总额的比例极低，这在注册资本和借贷资本的比例过小的情况下，对中方尤为不利。如果企业赢利，外方将得近3成分红，如果亏损乃至破产，外方的最大损失不过6万元人民币，而合营企业的借款是由中方担保或者由中国银行贷款的，其风险将全部转嫁给中方，这也极为不合理。

## （四）中外合资经营企业的出资方式与出资期限

合营企业的出资方式。合营各方可以用下列方式出资：一是用货币出资，即用现金出资；二是用实物出资，即用建筑物、厂房、机器设备或其他物料作价出资；三是用工业产权、专用技术、场地使用权等作价出资。

合营企业的出资期限。合营合同中规定一次缴清出资的，合营各方应当从营业执照签发之日起6个月内缴清；合营合同中规定分期缴付出资的，合营各方第一期出资，不得低于各自认缴出资额的15%，并且应当在营业执照签发之日起3个月内缴清。合营各方未能在合营合同规定的上述期限内缴付出资的，视同合营企业自动解散，合营企业批准证书自动失效。

## （五）中外合资经营企业的组织机构

### 1. 合营企业的权力机构

合营企业的董事会，是合营企业的权力机构。董事会的职权是按合营企业章程的规定，讨论决定合营企业的一切重大问题。董事会的人数，由合营各方协商，在合营企业合同、章程中确定，但不得少于3人。董事名额的分配，由合营各方参照出资比例协商确定。然后，由合营各方按照分配的名额分别委派董事。董事的任期为4年，经合营者继续委派可以连任。

下列事项由出席董事会会议的董事一致通过方可作出决议：合营企业章程的修改；合营企业的中止、解散；合营企业注册资本的增加、转让；合营企业与其他经济组织的合并。关于其他事项，可以根据合营企业章程载明的议事规则作出决议。

### 2. 合营企业的经营管理机构

合营企业的经营管理机构负责企业的日常经营管理工作。经营管理机构设总经理1人，副总经理若干人，其他高级管理人员若干人。总经理、副总经理、总工程师、审计师由合营企业董事会聘请，可以由中国公民担任，也可以由外国公民担任。总会计师由合营企业董事会聘请，一般由中国公民担任。总经理执行董事会会议的各项决议，组织领导合营企业的日常经营管理工作。在董事会授权范围内，总经理对外代表合营企业，对内任免下属人员，行使董事会授予的其他职权。副总经理协助总经理工作。

**案例2-10 中外合资经营企业的组织机构和组织形式问题**

**案情与问题：**某电器设备有限公司系1993年1月成立的中英合资经营企业（以下简称合营企业)。1993年10月该公司总经理辞职后，由董事长常某委托理查德（英籍）全权代理总经理。1994年1月，公司职工李某企图通过本公司的司机王某，趁其用车清运垃圾的机会，将公司的一批电线带出公司占为己有，因王某拒绝而未得逞。此事经人告发，虽李某矢口否认，但公司认为李某已严重违反劳动纪律，且李某曾因违反劳动纪律受过两次处分，屡教不改，遂根据公司奖惩条例，以总经理理查德的名义对李某作了开除的处分决定。李某不服公司开除的处分决定，向某市劳动争议仲裁委员会申请仲裁。1994年5月16日，某市劳动争议仲裁委员会根据《中外合资经营企业劳动管理规定》第5条和《中外合资经营企业劳动管理规定实施办法》第10条的规定，裁决维持该公司对李某作出开除的处分决定。对此，李某不服，向法院起诉，以该公司认定自己企图盗窃电线缺乏证据，且总经理理查德作出开除本人的处分决定不合法为由，要求撤销该开除处分决定，由该公司补偿其工资、奖金等经济损失。请问：（1）该公司的组织形式合法吗?（2）理查德具有总经理资格吗?（3）公司开除李某合法吗?

**分析要点：**根据《中外合资经营企业法》的有关规定，中外合资经营企业是指中国的公司、企业或其他经济组织同外国公司、企业和其他经济组织或个人，按照平等互利的原则，经中国政府批准，在中华人民共和国境内共同举办的合营企业。合营企业的形式为有限责任公司。合营企业设立董事会，董事会有权任命或聘任总经理。在本案中，由于原总经理辞职，董事长常某委托理查德全权代理总经理。因此，理查德具有公司总经理的职务资格。李某曾因违反劳动纪律受过两次处分，又企图盗窃公司的电线，已有证人证言证实。因此依照公司奖惩条例规定，可以将其开除。理查德以公司总经理的名义作出对李某的处分决定，是依法行使总经理的职权。

## （六）中外合资经营企业的经营管理

### 1. 合营企业的物资购买

不论是中国还是其他国家，为发展本国经济，凡举办合营企业，一般都要求尽可能使用本国物资。但是，有些物质如果本国没有供应，或者虽有供应但规格、质量不符合需要，或者虽然规格、质量符合需要，但价格高于国际市场，合营企业可以在国外购买。所以《实施条例》第57条规定，合营企业所需的机器设备、原材料、燃料、配套件、运输工具和办公用品等，有权自行决定在中国购买或向国外购买，但在同等条件下，应优先在中国购买。

### 2. 合营企业的产品销售

中国政府鼓励合营企业向国际市场销售其产品。合营企业生产的产品，属于中国急需的或中国需要进口的，可以在中国国内市场销售为主。

合营企业出口产品的价格，由合营企业自行制定，报企业主管部门和物价管理部门备案。合营企业在中国国内销售的产品，除经物价管理部门批准可以参照国际市场价格定价的以外，应执行国家关于价格管理的规定，实行按质论价，收取人民币。合营企业制定的产品销售价格，应报企业主管部门和物价管理部门备案。

3. **利润分配**

合营企业缴纳所得税后的利润按下列顺序分配：一是支付各项赔偿金、违约金、滞纳金、罚息、罚款；二是弥补企业以前年度亏损；三是提取储备基金、企业发展基金和职工奖励及福利基金；四是向投资人分配利润。

合营企业的储备基金、企业发展基金和职工奖励及福利基金的提取比例由董事会确定。合营企业的税后利润中可向投资人分配的利润，按照投资人出资的实际比例进行分配。合营企业以前年度尚未分配的可向投资人分配的利润，可并入本年度的可向投资人分配的利润进行分配。合营企业以现金分配利润时，除合同、章程另有规定者外，原则上按企业经营所得的货币进行分配。

《实施条例》第 90 条规定，合营企业的下列文件、证件、报表，应经中国注册会计师验证和出具证明，方为有效：一是合营各方的出资证明书；二是合营企业的年度会计报表；三是合营企业清算的会计报表。

4. **合营企业出资额的转让**

中外合资经营企业出资额的转让是指在合营企业中合营一方将其全部或部分出资额转让给合营企业另一方或第三者。

合营企业出资额的转让须经合营各方同意。合营企业出资额的转让须经董事会会议通过后，报原审批机构批准。合营企业一方转让其全部或部分出资额时，合营他方有优先购买权。转让程序：申请出资额转让；董事会审查决定；报告审批机构批准；办理变更登记手续。

## （七）中外合资经营企业的合营期限与解散

1. **合营企业的合营期限**

《中外合资经营企业法》规定，合营企业的合营期限，按不同行业、不同情况，作不同的约定。有的行业的合营企业，应当约定合营期限；有的行业的合营企业，可以约定合营期限，也可以不约定合营期限。约定合营期限的合营企业，合营各方同意延长合营期限的，应在距合营期满 6 个月前向审批机关提出申请。审批机关应自接到申请之日起 1 个月内决定批准或不批准。

2. **合营企业的解散**

合营企业具有下列情况之一时解散：①合营期限届满；②企业发生严重亏损，无力继续经营；③合营一方不履行合营企业协议、合同、章程规定的义务，致使企业无法继续经营；④合营企业因自然灾害、战争等不可抗力遭受严重损失，无法继续经营；⑤合营企业未达到其经营目的，同时又无发展前途；⑥合营企业合同、章程规定的其他解散原因已出现。

在发生上述第②、③、④、⑤、⑥种情况时，应由董事会提出解散申请书，报审批机关批准。在上述第③种情况下，不履行合营企业协议、合同和章程规定义务的一方，应对合营企业由此所造成的损失负赔偿责任。

## 三、中外合作经营企业法

### （一）中外合作经营企业的概念

中外合作经营企业，简称合作企业，是指中国合作者与外国合作者依照中华人民共和国法律的规定，在中国境内共同举办的企业。中外合作者举办合作企业应当签订合作企业合同，约定投资或者合作条件、收益或者产品的分配、风险和亏损的分担、经营管理的方式、合作企业终止时财产的归属等事项。

中外合作经营企业属于契约式的合营企业。中外合作者的投资或者提供的合作条件，并不折算成股份。因此，也就不存在按持有股份的比例分配收益或者产品、分担风险和亏损的问题。中外合作者按何种比例进行收益或者产品的分配、风险和亏损的分担，是在合作企业合同中约定的。这与合资经营企业这种股权式的合营企业有明显区别。

中外合作经营企业同中外合资经营企业的另一个显著区别是：中外合作者可以共同举办具有中国法人资格的合作企业，也可以共同举办不具有中国法人资格的合作企业，而依法在中国境内设立的中外合资经营企业都是中国的公司型企业法人。

此外，中外合作经营企业同中外合资经营企业相比，在组织机构的设置等方面也具有自己的特征。合营企业只有在依法终止时，外国合营者才能收回自己的资本，而合作企业中的外国合作者在一定条件下可以先行回收投资。合作期满后，合作企业的全部资产一般归中国合作者所有。

### （二）中外合作经营企业的设立

国家鼓励兴办中外合作经营企业。《中外合作经营企业法》第 4 条规定："国家鼓励举办产品出口或者技术先进的生产型合作企业。"

**1. 设立中外合作企业的申请和审批**

申请设立合作企业，应当将中外合作者签订的合作企业协议、合作企业合同和合作企业章程等文件报审批机关审查批准。审批机关应当自接到申请之日起 45 天内决定批准或者不批准。合作企业协议是指合作各方对设立合作企业的原则和主要事项达成一致意见后形成的书面文件。合作企业合同是合作各方就相互之间的权利、义务关系达成一致意见后形成的书面文件。合作企业章程是指按照合作企业合同的约定，经合作各方一致同意，约定合作企业原则、经营管理方法的书面文件。合作企业协议、章程的内容与合同不一致的，以合作企业合同为准。

**2. 设立中外合作企业的登记**

《中外合作经营企业法》第 6 条规定，设立合作企业的申请经批准后，应当自接到批准之日起 30 日内，向工商行政管理机关申请登记，领取营业执照。营业执照签发日期为该企业的成立日期。合作企业自成立之日起 30 日内，向税务机关办理税务登记。

**案例2－11　中外合作企业合作方履行债务是否受回收投资影响**

**案情与问题：**日本某食品有限公司与某市食品厂成立合作企业。双方签订的合作合同规定：（1）日方以提供技术咨询、非专利技术、筹建资金作为合作条件，中方以现金、厂房、机器设备、销售渠道等作为合作条件；（2）双方合作期限为10年；（3）合作期满后，合作企业全部资产归中方所有，日方从利润分成中先行收回投资，中方与日方以4:6的比例分配利润，承担风险责任，并设联合管理机构来经营。双方完成出资后，日本公司委托合作者以外的别一家销售公司进行销售管理，合作企业的联合管理机构会议通过了此项议案，并决定实行。合作企业运营初期，企业利润全部用以偿还日本公司的投资，日本公司于第5年收回全部投资。后合作企业由于产品缺乏市场竞争力，连年亏损，无法履行某些合同，而日本公司以其已先行收回投资并委托其他公司管理为由拒绝履行债务。请问：日本公司拒绝履行债务是否合法?

**分析要点：**本案中，日方不能以已收回投资为由拒绝承担债务责任。《中外合作经营企业法》第21条第2款规定："中外合作者在合作企业合同中约定合作期满时合作企业的全部固定资产归中国合作者所有的，可以在合作企业合同中约定外国合作者在合作期限内先行回收投资的办法。"《中外合作经营企业法实施细则》补充规定，外国合作者在合作期限内先行回收投资的，中外合作者应当依照有关法律的规定和合作企业合同的约定，对合作企业的债务承担责任。另外，日方也不能以委托他方管理为由拒绝履行债务。日本公司委托其他公司管理经营，它们之间的关系是代理雇佣关系，日本公司仍然是合作企业的合作者，经营风险仍然应当由日本公司承担。

## （三）中外合作经营企业的组织形式与注册资本

**1. 中外合作经营企业的组织形式**

《中外合作经营企业法》第2条第2款规定："合作企业符合中国法律关于法人条件规定的，依法取得中国法人资格。"这就是说，可以申请设立具有法人资格的合作企业，也可以申请设立不具有法人资格的合作企业。具有法人资格的合作企业，其组织形式为有限责任公司。不具有法人资格的合作企业，合作各方的关系是一种合伙关系。

**2. 中外合作经营企业的注册资本**

合作企业的注册资本，是指为设立合作企业，在工商行政机关登记的合作各方认缴的出资额之和，注册资本可以用人民币表示，也可以用合作各方约定的一种可自由兑换的外币表示。注册资本与投资总额可能不同。投资总额包括注册资本和借贷资本。只有当企业没有借贷资本时，注册资本与投资总额才是一致的。合作企业注册资本在合作期限内不得减少。但是，因投资总额和生产规模等变化，确需减少的，须经审查批准机关批准。

## （四）中外合作经营企业的投资与合作条件

**1. 合作各方的出资方式**

合作各方应依照法律和合作企业合同的约定向合作企业投资或提供合作条件。合作各方投资或提供合作条件的方式可以是货币，也可以是实物或者工业产权、专有技术、土地使用权等财产权利。合作各方以自有的财产或财产权利作为投资或合作条件，对该投资或合作条件不得设立抵押或其他形式的担保。合作各方缴纳投资或提供合作条件后，应由中国注册会计师或有关机构验证，并由合作企业发给合作各方出资证明书。

**2. 合作各方的出资比例**

依法取得法人资格的中外合作企业，外方合作者的投资一般不低于合作企业注册资本的25%。不具备法人资格的中外合作企业，对合作各方向合作企业投资或者提供合作条件的具体要求，由对外经济贸易主管部门确定。

**3. 合作各方的出资期限**

合作企业的合作各方应当根据合作企业的生产经营需要，在合作企业合同中约定合作各方向合作企业投资或提供合作条件的期限。未按合作企业合同缴纳投资或提供合作条件的一方，应当向已经缴纳投资或提供合作条件的一方承担违约责任。

**案例2－12　中外合作企业先行回收其投资应履行的法律手续问题**

**案情与问题：**某市旅游公司与新加坡某贸易公司商定，共同投资组建一家中外合作企业，合作经营期限为15年，新加坡公司在合作期的前10年通过利润分成的办法（在税前）先行回收其投资，期满后全部固定资产归中方所有。请问：（1）如果在合作企业存续的第12年企业发生债务危机，新加坡方对企业债务还承担清偿责任吗？（2）合作企业的外国投资者在税前先行回收投资，须履行什么手续？（3）资本回收的方式除利润分成外，还可以是什么？

**分析要点：**（1）新加坡方对企业债务是否承担清偿责任应以合作合同中的约定为准。根据《中外合作经营企业法》规定，中外合作者依照合作企业合同的约定，分配收益或者产品，承担风险和亏损。外国合作者在合同期限内先行回收投资的，中外合作者应当依照有关法律的规定和合作企业合同的约定对合作企业的债务承担责任。（2）根据规定，合作企业合同约定外国合作者在税前先行收回投资的，必须向财政税务机关提出申请，由财政税务机关依照国家有关税收的规定审查批准。（3）资本回收的方式除利润分成外，还可以是产品或者是通过固定资产加速折旧的办法，用折旧费偿还的方式回收投资。

## （五）中外合作经营企业的组织机构及其议事规则

**1. 中外合作企业的组织机构**

《中外合作经营企业法》第12条规定，合作企业应当设立董事会或者联合管理机构，依照合作企业合同或者章程的规定，决定合作企业的重大问题。此外，还规定合作企业成立后可以委托中外合作者以外的他人经营管理，但必须经董事会或联合管理机构同意，并报审批机关批准和工商行政管理部门办理变更登记手续。可见，合作企业在组织机构的设置上有较大的灵活性，同中外合资经营企业有很大区别。

**2. 中外合作企业的议事规则**

合作企业的董事会会议或者联合管理委员会会议每年至少召开一次，由董事长或主任召集并主持。董事长或者主任因特殊原因不能履行职务时，由副董事长、副主任或者其他董事、委员召集主持。1/3以上董事或委员可以提议召开董事会议或联合管理委员会会议。

## （六）中外合作经营企业的收益分配和投资回收

**1. 合作企业收益或者产品的分配**

根据《中外合作经营企业法》第 2 条规定，关于合作企业收益或者产品的分配，中外合作者应当依照本法的规定，在合作企业合同中约定。合作企业在分配方式上，可以实行利润分成，也可以实行产品分成。后者一般是在资源开发项目中采用。至于利润分成、产品分成的比例，也是由中外合作者在合作企业合同中约定。由于具体情况不同，合同当事人可以约定在合作企业期满前始终按同一个比例实行利润或产品分成，也可以在合作企业期满前的一定时期按某种比例分成，在另外的时期按别的比例分成。

**2. 合作企业外国合作者投资的回报**

《中外合作经营企业法》第 22 条第 2 款规定，中外合作者在合作企业合同中约定合作期满时合作企业全部固定资产归中国合作者所有的，可以在合作企业合同中约定外国合作者在合作期限内先行回收投资的办法。回收投资的办法一般有两种：一是通过加速固定资产折旧，用折旧金偿还；二是扩大外国合作者利润或产品分成的比例。

## （七）中外合作经营企业的期限和解散

**1. 期限**

中外合作企业的期限由中外合作者协商，并在合作企业合同中规定。合作企业期限届满，合作各方同意延长合作期限的，应当在期限届满 180 天前向审查批准机关提出申请。合作延长期限一经批准，合作企业应到工商行政管理部门办理变更登记手续。

**2. 解散**

中外合作企业解散的原因有：合作期限届满；合作企业发生严重亏损，或者因不可抗力遭受严重损失，无力继续经营；中外合作者一方或数方不履行合作企业合同、章程规定的义务，致使合作企业无法继续经营；合作企业合同、章程规定的解散原因已经出现；合作企业违法，被依法责令关闭。合作企业解散，应依法按合作企业合同、章程的规定办理。

**案例 2－13　中外合作企业的出资及合作期限问题**

**案情与问题：**中外双方经过多次协商，准备签署一项中外合作经营的合同，合作企业合同的内容中有以下条款：（1）中外合作企业设立董事会，中方担任董事长，外方担任副董事长。董事会每届任期为 4 年，董事长和董事均不得连任。（2）合作企业投资的注册资本为 50 万美元，中方出资 40 万美元，外方出资 10 万美元，自营业执照核发之日起一年半内，应将资本全部缴齐。（3）合作企业的合作期限为 12 年，合作期满时，合作企业的全部固定资产无偿归中国合作者所有，外国合作者依法可以在合作期限内先行回收投资。请问：上述条款是否合法？为什么？

**分析要点：**（1）上述第一条的约定违反了《中外合作经营企业法》关于合作企业组织机构的规定：董事会每届任期不得超过 3 年。董事任期届满，委派方继续委任的，可以连任。（2）上述第二条的约定也违反了《中外合作经营企业法》的有关规定：对取得法人资格的合作企业，外国合作者的投资比例一般不得低于注册资本的25%。而上述约定中外方出资10万美元，只占注册资本总额50万美元的20%，显然低于法定比例。此外，投资者分期出资的总期限也不符合规定：注册资本在50万美元以下（含50万美元）的，自营业执照核发之日起一年内，应将资本全部缴齐。（3）上述第三条约定符合《中外合作经营企业法》的规定，是合法的，可以保留。

## 四、外资企业法

### （一）外资企业的概念

外资企业，就是外商来我国举办的独资企业。它是指依照中华人民共和国法律的规定，在中国境内设立的，全部资本由外国投资者投资的企业，不包括外国的企业和其他经济组织在中国境内的分支机构，也不包括外国的企业和其他经济组织或者个人在中国境内与中国的企业或其他经济组织联合举办的企业。

### （二）外资企业的设立与变更

**1. 外资企业的设立**

（1）设立外资企业的条件。根据《外资企业法》第3条和《中华人民共和国外资企业法实施细则》（以下简称《实施细则》）第3条的规定，设立外资企业，必须有利于中国国民经济的发展，能够取得显著的经济效益，并应当至少符合下列一项条件：①采用先进技术和设备，从事新产品开发，节约能源和原材料，实现产品升级换代，可以替代进口的；②年出口产品的产值达到当年全部产品产值50%以上，实现外汇收支平衡或者有余的。

（2）设立外资企业的申请。外国投资者在提出设立外资企业的申请前，应当就下列事项向拟设立外资企业所在地的县或县级以上地方人民政府提交报告。报告内容包括：设立外资企业的宗旨；经营范围、规模；生产产品；使用的技术设备；产品在中国和外国市场的销售比例；用地面积及要求；需要用水、电、煤、煤气或者其他能源的条件及数量；对公共设施的要求等。县或县级以上地方人民政府应当在收到外国投资者提交的报告之日起，30天内以书面形式答复外国投资者。

（3）设立外资企业的审批。《外资企业法》第6条规定，设立外资企业的申请由国家对外经济贸易主管部门或者国务院授权的机关审查批准。审批机关应当在接到申请之日起90天内，决定批准或者不批准。

（4）设立外资企业的登记。设立外资企业的申请被批准后，外国投资者应当在接到批准证书之日起30天内，到工商行政管理部门申请开业登记。外资企业应当在企业成立之日起30天内，在企业所在地税务机关办理税务登记。

**2. 外资企业的变更**

外资企业改变名称、住所、经营场所、法定代表人、经济性质、经营范围、经营方式、注册资本、经营期限以及增设或撤销分支机构，应当报审批机关批准。外资企业申请变更登记，应当在审批机关批准后30天内，向登记主管机关申请办理变更登记。外资企业分立、合并、迁移，应当报审批机关批准，并在批准后30天内，向登记主管机关申请办理变更登记、开业登记或者注销登记。

**案例2－14　外资企业的变更与审批的问题**

**案情与问题：** 外商A在中国投资建立了一家独资企业，1998年8月取得了企业用地的土地使用权证，使用期限与企业年限相同，均为30年。2002年5月，因A管理不佳，独资企业负债累累，濒临倒闭。6月初，A至日本遇到B，B有意在中国投资，向A了解办厂的情况，并询问有无好的投资项目。A便说其要移居加拿大，正好打算转让在中国的一个工厂。B实地察看了后表示同意。双方在香港签订了转让合同。B以150万美元买下A在中国的工厂。A负责将工厂现有的债权债务了结。双方签订合同后，A即了结了债权债务。最后，除了厂房外，只有土地使用权了，B觉得吃了亏，A说因该工厂所处地理位置很好，土地增值快，况且还有26年的土地使用权，光26年的土地使用权就值150万美元。B想也对，听信了A的话。双方商定B先付30万美元，待办理完工厂过户手续后，再付余款。A拿了30万美元后逃之夭夭。工商管理部门拒绝了B的申请，认为协议无效。B不服，申请复议。

**分析要点：** 本案中，（1）A了结债权债务的行为是独资企业终止行为，其行为不符合法律规定。因为外资企业的终止，应向审批机关提交终止申请书，报审批机关批准，同时成立清算委员会清算独资企业的债权债务，在审批机关批准后，该企业即为终止。同时，应到工商行政管理部门办理注销登记手续，缴销营业执照，退还土地使用证书。（2）A与B的企业转让行为未生效，因为外资企业合并、分开、转让等重大事项要经审查批准机关批准，再向工商行政管理部门办理变更手续。（3）A与B土地使用权转让行为无效，因为法律规定，外商独资企业在经营期限内，未经批准，不得买卖、转让其持有的土地使用权。本案适用法律规定为《外资企业法》第10条，《外资企业法实施细则》第18条、第36条。

## （三）外资企业的组织形式与注册资本

**1. 外资企业的组织形式**

《实施细则》第19条规定，外资企业的组织形式为有限责任公司。经批准也可以为其他责任形式。

**2. 外资企业的注册资本**

《实施细则》第21条规定，外资企业的注册资本，是指为设立外资企业在工商行政管理机关登记的资本总额，即外国投资者认缴的全部出资额。外资企业的注册资本要与其经营规模相适应，注册资本与投资总额的比例应当符合中国法律的规定。

《实施细则》第22、23、24条规定，外资企业在经营期内不得减少其注册资本。外资企业注册资本的增加、转让，须经审批机关批准，并向工商行政管理机关办理变更登记手续。外资企业将其财产或权益对外抵押、转让，须经审批机关批准，并向工商行政管理机关备案。

## （四）外国投资者的投资方式与出资期限

**1. 外国投资者的投资方式**

《实施细则》第26条规定，外国投资者可用自由兑换的外币出资，也可用机器设备、工业产权、专有技术等作价出资。经审批机关批准，外国投资者也可用其从中国境内兴办的其他外资企业获得的人民币利润出资。工业产权、专有技术的作价应当与国际上通常的作价原则一致，其作价金额不得超过外资企业注册资本的20%。

**2. 外国投资者的出资期限**

《实施细则》第31条规定，外国投资者缴付出资的期限应当在设立外资企业申请书和外资企业章程中载明。外国投资者可以分期缴付出资，但最后一期出资应当在营业执照签发之日起3年内缴清。其第一期出资不得少于外国投资者认缴的出资额的25%，并应当在外资企业营业执照签发之日起90天内缴清。

## （五）外资企业的经营管理工作

**1. 外资企业的物资购买**

《实施细则》第44条规定，外资企业有权自行决定购买本企业自用的机器设备、原材料、燃料、零部件、配套件、元器件、运输工具和办公用品等。上述物资，外资企业可以在中国购买，也可以在国际市场购买；在同等条件下，应当优先在中国购买。外资企业在中国购买物资，在同等条件下，享受与中国其他企业同等待遇。

**2. 外资企业的产品销售**

《实施细则》第45、46条规定，外资企业在中国市场销售其产品，应当依照经批准的销售比例进行。外资企业超过批准的销售比例在中国市场销售其产品，须经审批机关批准。外资企业有权自行出口本企业生产的产品，也可以委托中国的外贸公司代销或者委托中国境外的公司代销。外资企业有权依照批准的销售比例自行在中国销售本企业生产的产品，也可以委托中国的商业机构代销。

**3. 利润分配**

《实施细则》第61条规定，外资企业依照中国税法的规定缴纳所得税后的利润，应当提取企业储备基金和职工奖励及福利基金。储备基金的提取比例不得低于税后利润的10%，当累计提取金额达到注册资本的50%时，可以不再提取。职工奖励及福利基金的提取比例由外资企业自行确定。外资企业以往年度的亏损未弥补前，不得分配利润；以往年度的未分配利润，可与本会计年度可供分配的利润一并分配。外资企业的会计年度自公历的1月1日起至12月31日止。

## （六）外资企业的经营期限、终止与结算

**1. 外资企业的经营期限**

《外资企业法》第20条规定，外资企业的经营期限由外国投资者申报，由审查批准

机关批准。期满需要延长的，应当在期满 180 天以前向审查批准机关提出申请。审查批准机关应当在接到申请之日起 30 天内决定批准或者不批准。

2. **外资企业的终止**

外资企业有下列情形之一的，应予以终止：①经营期限届满；②经营不善，严重亏损，外国投资者决定解散；③因自然灾害、战争等不可抗力而遭受严重损失，无法继续经营；④破产；⑤违反中国法律、法规，危害社会公共利益被依法撤销；⑥外资企业章程规定的其他解散事由已经出现。外资企业如存在上述第②、③、④项所列情形，应当自行提交终止申请书，报审批机关批准。审批机关作出核准的日期为企业的终止日期。

3. **外资企业的结算**

《外资企业法》第 21、22 条规定，外资企业终止，应当及时公告，按照法定程序进行清算。在清算完结前，除为了执行清算外，外国投资者对企业财产不得处理。外资企业终止，应当向工商行政管理机关办理注销登记手续，缴销营业执照。

## 思考题

1. 何谓公司？公司有哪些特征？
2. 试比较有限责任公司与股份有限公司的异同。
3. 如何理解股东会与董事会的关系？
4. 如何理解国有独资公司？
5. 试比较中外合资企业与中外合作企业的异同。
6. 中外合资企业法对各方的出资期限有何要求？
7. 《外资企业法》对外资企业在经营管理上有哪些规定？

# 第三章
# 商事代理法

代理是随着社会经济关系的发展而逐步发展起来的一种经济活动。在市场经济条件下，商品交换关系高度发达，社会分工愈来愈细，事事亲力亲为的做法已远不能适应社会发展，这样，代理就应运而生了，而且有很大的发展空间。在国内贸易和国际贸易中，代理均得到广泛的应用，出现了从事各种代理业务的代理人，其中包括普通代理人、经纪人、运输代理人、保险代理人、广告代理人等。代理人可以是自然人也可以是公司法人。代理人在国际贸易中扮演着十分重要的角色。

如何理顺代理人与被代理人之间的关系？他们之间的权利与义务如何确定？行为后果如何承担？这些都要由代理法加以约束。

## 第一节　代理法概述

### 一、代理的概念

代理是指代理人以被代理人（又称本人）或自己的名义，在代理权限内进行民事活动，活动的后果由被代理人（本人）承担。在商贸实践活动中，如果一个人无法亲自去与客户洽谈生意，他就可以委托授权一个他所信任的人去替他与客户谈判，该代理人在其授权范围内谈判所产生的后果，由作出委托授权的人（被代理人）承担，即若该代理人与客户签订了合同，就由被代理人和客户履行这个合同。

例如，你是一个公司的经理，有一件非常紧急的公务需要你自己亲自处理，而此时，你与一个客户事先约好要洽谈一笔生意，如果失约，可能会给你们公司造成很大的损失。因此，在你分身无术，两件事情又无法舍弃其中之一时，就可以考虑到代理了。

代理的特点：①代理人可以以被代理人的名义，也可以以自己的名义进行民事活动。②代理人所实施的代理活动不得超越代理权限。③被代理人（本人）对代理人的代理行为承担民事责任。④代理人可以在代理权限内以自己的独立意思表示。

**案例 3－1　代理的概念与代理人责任问题**

**案情与问题：**红升家具厂（以下简称家具厂）生产了 5 000 把餐椅欲出售，该厂委托通达贸易公司（以下简称贸易公司）代其寻找客户并签订货物买卖合同，在家具厂与贸易公司的协议中写明：该餐椅的最低售价为 180 元/把，按合同标的额的 10% 向贸易公司支付报酬，后来，贸易公司代家具厂与华兴酒店签订了买卖餐椅的合同，每把餐椅的售价为 192 元。请问：（1）家具厂和贸易公司之间属于什么关系？（2）买卖餐椅的合同当事人是谁？若餐椅出现质量问题，由谁承担责任？（3）餐椅的最终售价为192 元/把，这说明什么问题？

**分析要点：**（1）家具厂和贸易公司之间属于委托代理关系。（2）买卖餐椅的合同当事人是家具厂和华兴酒店，其中家具厂是卖方，华兴酒店是买方，贸易公司是卖方的代理人。若餐椅出现质量问题，应由卖方，即家具厂承担责任。（3）餐椅的最终售价为 192 元/把，体现了代理人——贸易公司的独立意思表示。本例中，家具厂将出售餐椅的业务委托给贸易公司，贸易公司在寻找客户的时候是以家具厂的名义联系业务的，而且他所联系业务的范围仅限于出售餐椅，贸易公司以 192 元/把将餐椅售出，这说明在客户选择、交易磋商的过程中都体现了贸易公司的独立意思，因此，家具厂和贸易公司之间是代理关系，家具厂是被代理人，贸易公司是代理人，华兴酒店是第三人。贸易公司在完成代理事项后，由此而产生的买卖合同关系，即是华兴酒店和家具厂之间的权利义务关系，代理行为所产生的结果由被代理人家具厂承担，所以日后若餐椅出现质量问题，就由家具厂承担责任。

## 二、代理权的种类

### （一）根据代理人在实施行为时的身份不同划分

根据代理人在实施行为时的身份不同，可将代理分为直接代理和间接代理。直接代理是指代理人以被代理人代表的身份实施法律行为，如委托代理等。间接代理是指代理人以自己的名义，为被代理人的利益实施法律行为而不表露其代表的身份，如居间和行纪等。

### （二）根据代理权产生原因的不同，各国法律对代理又作出了不同的划分

**1. 大陆法系对代理权的划分**

大陆法系依代理权产生原因的不同，将代理分为法定代理和意定代理两种情况。

（1）法定代理是指无须当事人作任何意思表示，由法律规定直接产生的代理权。法定代理权的产生主要有以下几种情况：根据法律的规定而享有代理权；根据法院的选任而取得代理权，例如法院指定的法人清算人；因私人的选任而取得代理权，例如亲属所选任的监护人及遗产管理人等。此外，公司法人本身是不能进行活动的，它必须通过代理人来处理各种业务。公司法人的代理人就是公司的董事长。公司的董事长是公司法人的第一代理人，因为董事长还有权指定另外的代理人。

（2）意定代理又称委托代理，指由被代理人（委托人）的授权而产生的代理。例如，

一方当事人委托另一方当事人去替自己洽谈一笔生意或签署一份合同，这就属于意定代理。委托授权可采用书面形式，也可采用口头形式；可以向代理人表示，也可以向同代理人打交道的第三人表示。

**2. 英美法系对代理权的划分**

英美法系依代理权产生原因的不同，将代理划分为明示授权的代理、默示授权的代理、紧急处分的代理、追认的代理和不可否认的代理五种情况。

（1）明示授权的代理是指本人以明示的方式授予代理人以代理权。所谓明示方式包括口头和书面两种形式，但本人若委托代理人代订要式合同（如转让不动产），则授权书需采用签字蜡封方式。

（2）默示授权的代理又称附带授权的代理，指本人虽未明示授权，但依据法律推定为具有授权意图的代理权。这种权利是为实现产生代理的目的所必需的。在英美法系上，这又叫做“不容否认的代理”。构成不容否认的代理必须具备三个要素：一是被代理人以行为表示授权给代理人；二是第三人信赖代理人有代理权；三是如果否认此项代理权的存在将给第三人造成损害。例如，某甲经常让某乙替他向某丙订购货物，并如数向丙支付货款。在这种情况下，乙便认为是具有默示的代理权。如果日后甲不让乙以他的名义订货，则甲除通知乙外，还必须通知丙，否则如果乙仍继续以他的名义向丙订货，他仍须向丙负责。也就是说，甲既然以他的行动表示乙具有代理权，而丙基于这种情况信赖乙有代理权并与之订立了合同，则甲就不能予以否认。

（3）紧急处分的代理是指在发生紧急情况时，受委托照管他人财产的人被视为具有默示授权，以代理人的身份为保全财产而采取必要的行动。紧急处分的代理与大陆法系中的“无因管理”相似，在英美法系上，这又叫“客观必需的代理”。这种情况在国际贸易中是时有发生的。例如，承运人在遇到紧急情况时，有权采取超出他的通常权限的、为保护委托人的财产所必须采取的行动，如出售易腐烂或有灭失可能的货物，并有权抵押船舶以清偿为完成航次所必需的修理费用。但要取得这种代理权是相当困难的，英美法院一般也不愿意不适当地承认这种代理权。

**案例3－2 紧急处分的代理问题**

**案情与问题：**云南某地水果商刘某委托运输个体户张某开车运输一批水果到北京，由于刘某与张某长期有生意来往，又加上刘某这几天生意比较忙，一直无法脱身，于是刘某拟定了一个价格范围，委托张某将新鲜水果按时运到指定地点卖给北京的客户，价格由张某根据当时水果的状况在刘某拟定的价格范围内自由决定。刘某给予张某运输费3 000元，并且约定抽取卖水果所得的4%给张某作报酬。在运输水果开往北京的途中，张某在安徽境内中途停车吃饭，不料饭店的酒菜存在卫生问题，导致张某食物中毒，昏迷不醒，张某被紧急送往医院抢救，等张某完全苏醒时已是第二天深夜。张某考虑到水果保鲜期较短，如果不及时运输，会导致水果无法在刘某指定的价格范围内出售，而自己身体虚弱无法开车进行长途运输，遂与刘某联系，得知刘某已出国，10天后才能回国。于是，张某找到了一个当地的运输公司委托其将水果运到北京指定地点，卖给北京的客户并告知了其价格范围，张某交纳了运输费2 000元并约定运输公司可以抽取卖水果所得的2%作为报酬。虽然运输公司及时起运，但由于已经耽搁了两天，运到时水果已经不很新鲜，北京的客户要求降价出售，运输公司联系上张某，要求降价出售，张某考虑到水果情况，答应降价出售。结果以刘某给定的最低价格的一半出售。事后，运输公司扣除了卖水果所得款项的2%后将款项交给了张某，张某又从中扣除了卖水果所得款项的2%后将款项交给了刘某。刘某计算了一下，损失将近5 000元。故刘某提出，原来说按指定价格范围卖出，按比例提成。现在卖价只有给定最低价格的一半，张某就不应再拿4%的报酬。张某则认为延误是由于饭店的酒菜存在卫生问题造成的，自己并没有过错，自己当然应当拿4%的报酬。最后，刘某起诉至人民法院。

**分析要点：**张某在中途委托运输公司处理水果，是紧急情况下作出的保护被代理人刘某利益的转委托行为，属于代理中的复代理。张某在中途委托运输公司处理水果，并没有超越代理权。所以刘某不能以张某是越权代理为由请求其赔偿损失。张某应对刘某的损失承担赔偿责任，是因为张某与刘某就运输水果一事形成了运输合同关系，根据《合同法》的规定，在运输合同中，承运人应当承担无过错责任，除非有法定的免责事由。在本案中，张某没有法定的免责事由，因此应当就造成的损失承担赔偿责任。当然，张某有权向导致其食物中毒的饭店提起侵权之诉要求赔偿。

（4）追认的代理是指本人对代理人无权代理或越权代理而订立的合同的事后确认。经追认后，该代理人越权而实施的行为所产生的后果由被代理人承担。

（5）不可否认的代理。

**3.《国际货物销售代理公约》对代理的划分**

《国际货物销售代理公约》依代理权产生原因的不同将代理分为明示授权的代理与默示授权的代理两种情况。该公约中对于代理的规定与英美法系的规定基本相同。

**4.我国法律对代理的划分**

我国法律依代理权产生原因的不同将代理分为委托代理、法定代理、指定代理三种情况。

（1）委托代理是指依被代理人的委托授权而产生的代理。

（2）法定代理是指依法律的规定而产生的代理。

**案例3-3　法定代理问题**

**案情与问题：**李凌与林红于1994年结婚，1996年生育一子李小明，1998年李凌与林红协议离婚，李小明由李凌抚养。2000年李小明在与邻居小孩玩耍过程中将一男孩张明新打伤，张明新共花去治疗费3 000余元。张的父母多次找李凌商议解决，但李凌称："这孩子我管不了，有什么事你们找他妈妈去吧，我不为他惹的事操那个心。"张明新的父母遂起诉至县人民法院，要求予以赔偿，县人民法院在开庭前通知李凌到庭，但李凌拒不到庭。县人民法院认为此案中的一些问题必须李凌到庭才能查清，遂延期审理，又向李凌送达两次传票，要求其到庭，李凌仍予以拒绝。县人民法院遂对其拘传。开庭以后，李凌到县人大常委会控告法院限制其人身自由，理由是张明新受伤并非他所致，他没有法律责任，法院的拘传是错误的，要求予以道歉并赔偿他的精神损失。

**分析要点：**所谓法定代理，是指代理人根据法律的直接规定而成为代理人的代理。法律设置法定代理制度主要是为了保护无民事行为能力和限制行为能力人而设置的。我国《民法通则》第14条规定："无民事行为能力人、限制行为能力人的监护人是他的法定代理人。"《民法通则》第16条规定："未成年人的父母是未成年人的监护人。"本案中，李凌与林红离婚，李小明与李凌共同生活，李凌自然就成为李小明的法定代理人。代理李小明参加诉讼既是他的权利，同时也是他的职责和义务。因此本案中李凌声称“不是他打伤的人，他管不了李小明”的说法是不成立的，也是推卸不了责任的。我国《最高人民法院关于贯彻执行〈中华人民共和国民法通则〉若干问题的意见》（以下简称《民通意见》）第158条规定：“夫妻离婚后，未成年子女侵害他人权益的，同该子女共同生活的一方应当承担民事责任……”据此，李凌不但要代理李小明参加诉讼，而且还要就李小明的侵权行为承担赔偿责任。正是鉴于李凌和李小明之间的法定代理关系，根据《最高人民法院关于适用〈中华人民共和国民事诉讼法〉若干问题的意见》第112条规定的“给国家、集体、他人造成损害的未成年人的法定代理人，如其必须到庭，经两次传票传唤无正当理由拒不到庭的，也可以适用拘传”，本案中人民法院的拘传是合法的。

（3）指定代理是指由法院或行政机关指定代理人而产生的代理。它实际上是法定代理的一种特殊形式。例如：某未成年人父母死亡，其他法定代理人不愿意担当代理职责，就可由法院或该未成年人所在街道为其指定代理人。

**案例3－4　指定代理问题**

**案情与问题：**张军与刘虹于1980年结婚。婚后因一直未能生育子女，造成刘虹与其公婆之间的关系紧张。由于长期心情郁闷，精神抑郁，刘虹于1988年患精神分裂症，完全丧失了行为能力。1990年张军向市人民法院起诉要求与刘虹离婚。因刘虹母亲早逝，市人民法院遂通知刘虹的父亲刘力代理刘虹参加诉讼。而刘力声称，他现在已另有妻室子女，不能作为刘虹的代理人，但他可以让刘虹的哥哥刘巍作为刘虹的代理人，刘力告知刘巍后，刘巍表示拒绝，二人遂申请刘虹住所地居民委员会解决。

**分析要点：**《民法通则》第14条规定：“无民事行为能力人、限制行为能力人的监护人是他的法定代理人。”第17条规定：“无民事行为能力或者限制民事行为能力的精神病人，由下列人员担任监护人：（一）配偶；（二）父母；（三）成年子女；（四）其他近亲属；（五）关系密切的其他亲属、朋友愿意承担监护责任，经精神病人的所在单位或者住所地的居民委员会、村民委员会同意的。对担任监护人有争议的，由精神病人的所在单位或者住所地的居民委员会、村民委员会在近亲属中指定。对指定不服提起诉讼的，由人民法院裁决。”由此可见，我国法律规定有权指定无民事行为能力人的代理人的一是人民法院，二是精神病人所在单位，三是精神病人住所地的居民委员会、村民委员会。《最高人民法院关于贯彻执行〈中华人民共和国民法通则〉若干问题的意见》第16条规定：“对于担任监护人有争议的，应当按照民法通则第16条第3款或者第17条第2款的规定，由有关组织予以指定。未经指定而向人民法院起诉的，人民法院不予受理。”第17条也规定：“有关组织依照民法通则规定指定监护人，以书面或者口头通知了被指定人的，应当认定指定成立。被指定人不服的，应当在接到通知的次日起30日内向人民法院起诉。逾期起诉的，按变更监护关系处理。”本案中刘力、刘巍都是刘虹的监护范围内的近亲属，二人对担任监护人发生争议，刘虹住所地居民委员会有权予以指定，被指定为监护人的人如果对指定不服，可以在法定期间即接到通知的次日起30日内向人民法院提起诉讼。

同时，我国法律又对追认的代理和再代理（复代理）作了明确规定。我国法律中对追认的代理的规定同英美法系中的有关规定相同。再代理又称转委托，指代理人在紧急情况下，为了保护代理人的利益，将代理事项的一部分或全部转托他人进行代理。转委托有效的条件是应事先取得被代理人的同意或事后由被代理人进行追认。

我国法律中所称的委托代理就是大陆法系中的意定代理，这种代理是在国际商贸实践中使用最广泛的一种代理形式。

## 三、国际商贸活动中常见的代理形式

由于国际商贸活动日益频繁，商贸环节复杂多样，因而在国际商贸活动中有各种各样的代理，大致也可将其分为直接代理和间接代理两大类。

### （一）国际商贸活动中直接代理的形式

**1. 独家代理商**

独家代理商是独立的商人，他通过接受被代理人的委托在被代理人指定的国家或地区享有代销被代理人某项货物的专营权。他代表被代理人，以被代理人的名义与客户洽谈生意，签订合同，被代理人按代理合同规定向代理人支付佣金，并承担经营风险。

**2. 普通代理商**

普通代理商的权利与独家代理商的不同之处在于他不享有专营权。他通过代理被代理人与第三人洽谈生意、推销货物来获取被代理人依代理合同规定应支付的佣金。

**3. 雇佣代理商**

雇佣代理商是被代理人的雇员，经授权代表被代理人与第三人订立合同。

### （二）国际商贸活动中间接代理的形式

经纪。又称居间商，俗称“掮客”。经纪不占有商品，不参与订立合同，他的主要业务是为委托人与相对人订立合同起中间联系的作用，并从中依成交额按比例收取佣金。

行纪。是指受他人委托，以自己的名义，用委托人的费用为委托人办理购销或寄售业务，以其所提供的劳务向委托人收取佣金。行纪实际上是一种狭义的信托。

经纪与行纪的相同点：二者都属于间接代理，分别产生于行纪（信托）或经纪（居间）合同。不同点：在行纪业务中，委托人必须将货物交给行纪人占有和经营，合同于委托人交付货物时才成立；而经纪业务中经纪人只是中介人的角色。

**案例 3－5　行纪合同中代理人的责任承担问题**

**案情与问题：**1995 年 9 月 12 日、23 日和 10 月 14 日，被告转运站受原告设备制造厂之委托，以自己的名义与衡水火车站签订了 102 件炉门框运输合同 4 份。之后，原告交被告铁路运杂费 13 083.68 元，交被告托运服务费 16 365.40 元。同年 9 月 29 日、10 月 17 日，被告转运站又以自己的名义在中国人民保险公司衡水火车站代理处为原告的货物办理了货物运输保险。上站前被告损坏一件。同年 10 月 12 日、26 日，货物分别到达黑龙江省鸡东县，收货人在收货时，发现损坏 24 件。按投保金额及铁路承运中的费用计算，原告的损失共计 91 178.86 元。原告拉回了该 24 件损坏的货物。原告经向被告转运站交涉索赔事宜未果，遂诉至衡水市某区人民法院。原告设备制造厂诉称：被告收取了原告的运费、上站费及各种服务费用，并给原告出具了发票，原告据此将货物交与被告，这一行为表明，原、被告之间民事法律关系应是委托代理关系。货物在运输中损坏是代理人不履行职责造成的，请求判令被告承担代办运输造成的经济损失 91 178.86 元。被告转运站答辩称：在代理期间，被告与铁路运输企业签订了运输合同，办理了货物运输保险，并将原告的货物由自己的储存地安全地送至货场站台，同铁路部门进行了验收交接，并按原告规定的时间、地点将货物运至目的地。被告全面完成和履行了受托职责。货物的损坏是在运输中造成的，是铁路部门的责任，应由承运人和保险人按规定进行赔偿。被告转运站的上级主管机关实业公司答辩内容同转运站。请问：（1）原告与被告转运站之间是什么关系？（2）被告转运站是否应对原告所受损失承担赔偿责任？（3）被告实业公司在本案中承担什么责任？

**分析要点：**法院判决被告转运站于判决生效后 10 日内赔偿原告经济损失 81 962.86 元，被告实业公司对上述给付款项负连带责任。

（1）本案是行纪合同纠纷。因为在本案中，原告设备制造厂支付给被告转运站在完成事务过程中所需的一切必要费用，如铁路费、上站费等，并支付了托运服务费（即酬金）。这说明在原告与被告之间存在一定的代理关系。但转运站以自己的名义而不是以设备制造厂的名义与铁路运输企业签订了铁路运输合同，与保险公司之间的民事法律关系符合行纪合同的法律特征，由此产生的纠纷应为行纪合同索赔纠纷。

（2）根据法律规定，行纪人应对第三人违反合同的行为承担民事责任。本案中，由于铁路运输企业的原因导致货物损坏，对此，设备制造厂只能依行纪合同关系向行纪人即转运站行使索赔权，要求其承担第三人违约而造成的损失。同时，法律规定：行纪人与第三人订立的合同，第三人不履行合同义务造成的损害，行纪人对第三人享有直接的违约赔偿请求权。即行纪人可先行向第三人索赔，也可以在向委托人赔偿后再向第三人追偿。所以本案中，转运站履行赔偿义务后，有权就其承担的赔偿数额依运输合同向违反合同义务的第三人——铁路运输企业追偿。

（3）本案中的被告转运站不具有法人资格，因而不能独立承担民事责任，所以其上级主管机关——实业公司承担连带责任。

## （三）承担特别责任的代理人

### 1. 对第三人承担特别责任的代理人

（1）保付代理人，一般由出口商担任，他作为国外买方（被代理人）的代理人承担向本国的卖方（第三人）保付的责任。即在国外买方（被代理人）未依合同约定向本国卖方付款时，由保付代理人承担向国内卖方支付货款的义务。这样可将国际贸易转化为国内贸易，从而减少货物出口中的潜在风险。

（2）保兑银行，即在跟单信用证的支付方式中，保兑银行作为开证行（被代理人）的代理人，承担向受益人（卖方，即第三人）首先付款的义务。

（3）保险经纪人，在国际商贸活动中，根据保险行业的惯例，保险经纪人替被保险人（被代理人）同保险公司（第三人）签订海上保险合同后，承担在被保险人不交纳保险费时向保险公司交纳保费的义务。

（4）运输代理人，是接受货主委托，以自己名义向承运人办理货物运输的人。在国际贸易海上货物运输中，运输代理人受货主（被代理人）委托，向轮船公司（第三人）预订舱位，如货主未按时装运货物，运输代理人须向承运人（第三人）支付空舱费，即短装货物的运费。

**2. 对被代理人承担特别责任的代理人**

对被代理人承担特别责任的代理人是信用担保代理人，信用担保代理人作为国内卖方（被代理人）的代理人，在国外买方（第三人）无力支付货款时，须对国内卖方承担付款责任。

## 四、无权代理

无权代理是指行为人不具有代理权，而以被代理人的名义与第三人订立合同或进行其他民事活动的行为。

**1. 在商贸活动中，无权代理主要体现在以下方面**

（1）没有代理权而以代理人的身份实施的行为；

（2）超越代理权限的行为；

（3）代理权终止后，行为人仍以代理人的身份实施的行为；

（4）不具备默示授权的行为。

**案例 3－6　代理人越权代理的法律后果由谁承担的问题**

**案情与问题：**1993 年 10 月 12 日，神州贸易公司业务员林某以神州贸易公司的名义，与某县建筑公司签订木材购销合同一份。合同约定：由神州贸易公司提供给某县建筑公司落叶松小径木 300 立方米，货款总额为 128 000 元，交货期限为 1993 年 11 月 18 日，某县建筑公司预付货款 3 万元，其余货款于货到后 7 日内一次付清。1993 年 10 月 27 日，某建筑公司将预付款 3 万元交给业务员林某，林某收到货款后存入其表弟王某个体经营的明新木器加工厂账内。时至 1993 年 11 月 20 日，林某未向某建筑公司供货。虽经多次催促，亦无货可供，且不退还货款。为此，某县建筑公司起诉至人民法院，要求神州贸易公司退还货款并赔偿货款利息。据查，林某系神州贸易公司的业务员，但神州贸易公司并未授权林某与某县建筑公司签订木材购销合同，因为神州贸易公司的营业执照中并无经营木材这一项目。林某以神州贸易公司的名义与某县建筑公司签订木材购销合同之事未向公司汇报，神州贸易公司也不知道此事。某县建筑公司的预付款 3 万元也未进入神州贸易公司的账户。

**分析要点：**代理人应当在被代理人授权的范围内实施代理行为，这也是代理人应当履行的义务之一。我国《民法通则》第 66 条规定："没有代理权、超越代理权或者代理权终止后的行为，只有经过被代理人的追认，被代理人才承担民事责任。未经追认的行为，由行为人承担民事责任。"本案中，林某是神州贸易公司的业务员，但却未经过神州贸易公司的授权，因此，林某无代理权。而他却以神州贸易公司的名义与某县建筑公司签订了木材购销合同，这属于典型的无权代理，根据《民法通则》的规定，应当由无权代理行为人承担由此产生的民事责任。故应由明新木器加工厂返还林某 3 万元，而林某返还某县建筑公司预付款 3 万元并偿付货款利息。

**2. 无权代理所产生的法律后果**

（1）大陆法系规定，无权代理需经被代理人追认才能对被代理人产生效力。

（2）中国法有关无权代理产生的法律后果的规定与大陆法系的规定相同。我国《民法通则》规定：没有代理权、超越代理权或代理权终止后的行为，只有经过被代理人的追认，被代理人才承担民事责任。换言之，无权代理转变为有权代理的前提是必须经过被代理人的追认。

（3）英美法系将无权代理称为"违反有代理权的默示担保"。英美法系认为，代理人在与相对第三人订立合同时，应承担他拥有代理权的默示担保义务。否则第三人可对其提起损害赔偿之诉，要求代理人承担因合同得不到履行而受到的损失赔偿责任。但是如果第三人明知代理人为无权代理人仍与之行为，则代理人可以不承担责任。

**案例 3－7　无权代理事后被追认的代理责任问题**

**案情与问题：**甲某原来是某百货公司的采购员，因经常利用职务的便利吃回扣而被百货公司开除，现在自己经营一家商店。一日他与朋友吃饭时得知某大学正在筹建一语音教室，需彩电 20 台，便用以前在百货公司的盖有百货公司公章的空白合同书与该大学签订了一份彩电购销合同，每台彩电 3 000 元，共计价款 6 万元。合同签订后甲某便把合同交给百货公司，并对公司经理说，他自己开的商店没有彩电经营权，因原来是百货公司的人，想帮助百货公司做点生意，生意做成后百货公司每销售一台彩电支付给他好处费 100 元。百货公司经理未提出反对意见，并将甲某拿回的某大学的 6 万元支票入进百货公司的账户。因当时彩电为紧俏商品，百货公司在一个月后才分别两次向某大学交付了彩电 11 台，余下 9 台一直没有交货，某大学多次催百货公司供货，百货公司因确实无货可供，就以此事是甲某所为，他不是我公司职工，这事与我们无关，你们应向甲某要货为由，拒绝向某大学交货。某大学见索货无望，便要求百货公司退回余下货款 2. 7 万元，百货公司则说钱并未交给他们公司，而是交给了甲某，要退款就找甲某去要。某大学无奈，遂向人民法院提起诉讼，要求百货公司退回剩余货款，并赔偿某大学的损失。百货公司辩称，甲某并非我公司的工作员工，他代表我公司与某大学签订的合同我公司并不知道，我们并未授权给甲某让他代我们签订合同，甲某使用在我单位工作期间私藏的空白合同书在外签订合同，这样的合同是无效的，给我们公司也造成了重大损失，我们还要追究甲某的经济责任，因此某大学应该向甲某要求赔偿损失，这事与我们公司无关。

**分析要点：**在此案中，甲某已经被某百货公司开除，确实已经不是该公司的员工，因此他用在百货公司工作期间私藏的盖有本公司公章的空白合同书与某大学签订合同购销 20 台彩电的行为属于无权代理。对此，被代理人某百货公司享有追认权。被代理人行使追认权的方式既可以是明示的，也可以是默示的。明示的方式就是向相对人作出明确的追认的意思表示；默示的方式是指被代理人虽然没有明确表示承认无权代理行为对自己的效力，但以特定的行为，如以履行义务的行为对无权代理行为予以承认；或是被代理人明知他人以自己的名义实施民事法律行为，但不作否认表示。本案中百货公司表示追认的方式显然属于后者。当甲某把他与某大学签订好的电视机购销合同书交给百货公司经理时，百货公司经理并未提出异议，可以视为对甲某代理行为的默认，而且还答应生意做成后每销售一台彩电就给甲某好处费 100 元，在实际中又部分履行了与某大学的彩电购销合同，这些都证明了百货公司对甲某的代理行为的追认。所以，甲某的代理行为的法律后果就应当由被代理人即某百货公司承担。

## 五、表见代理

**1. 表见代理的概念**

表见代理是指无权代理人的代理行为客观上存在使相对人相信其有代理权的情况，且相对人主观上为善意且无过失，因而可以向被代理人主张代理的效力。

**案例 3－8　表见代理问题**

**案情与问题：**甲长期担任 A 公司的业务主管，在 A 公司有很大的代理权限。在甲的努力下，A 公司生意兴隆，新老客户遍及世界。由于甲公司的董事长嫉妒甲的才能，无理解雇了甲。甲怀恨在心，于是在遭解雇一个月后，继续假冒 A 公司的名义从老客户 B 公司处骗得货物，逃之夭夭。B 公司要求 A 公司付款，A 公司则以甲假冒公司名义为由拒绝付款。B 公司坚持认为在其与甲做生意期间，他并不知甲已被 A 公司解雇，并且也未收到关于 A 公司已解雇甲的任何通知，故 B 公司是不知情的善意第三人，A 公司仍应对甲的无权代理行为负责。双方相持不下，对簿公堂。请问：（1）按照国际商法的代理法原则，A 公司是否要为甲的无权代理行为负责？（2）甲是否也要承担责任？

**分析要点：**（1）这是个委托人撤回了代理人的代理权后，委托人与代理人之间代理关系的消灭是否对第三人生效的问题。英美法系和大陆法系的许多国家法律普遍认为，这取决于第三人是否知情。如果第三人知情，第三人就不能要求原委托人对代理人的行为负责；反之，委托人则应负责，以保护善意的第三人的利益。在本案中，由于 B 公司对 A 公司与甲之间在交易前已终止代理关系并不知情，故有权要求 A 公司对甲的无权代理行为负责。（2）甲的行为从商法的角度来看是无权代理行为。在确定了 A 公司对 B 公司的付款责任后，甲要向 A 公司承担还款的责任。如果 A 公司不承担对 B 的付款责任，则甲应向 B 公司承担付款责任。从另一角度来说，甲骗得货物逃之夭夭，若构成诈骗，则同时要负刑事责任。

**2. 表见代理的效力**

《合同法》规定：行为人没有代理权、超越代理权或代理权终止后以被代理人名义订立合同，相对人有理由相信行为人有代理权的，该代理行为有效。即表见代理的法律效力在于使无权代理发生如同有权代理一样的效果。

**案例 3－9　表见代理的效力问题**

**案情与问题：**某时装公司产品积压，急于推销产品、周转资金，便号召每个职工都去销售时装，并宣布，凡本公司职工推销出去的时装一定按合同标的总额的百分比发给奖金。该公司女职员张某有一位朋友李某在某百货公司当业务员，张某就去找李某帮忙。某百货公司进货都得领导批准，最近某百货公司刚进了几批时装，所以领导不会同意进货。但李某有盖过章的空白合同书，为讨好张某，李某就用它和张某签订了一份购买某时装公司 10 万元时装的服装买卖合同，交给了张某。张某向领导交差后，某时装公司很高兴，按规定发给了张某一大笔奖金。不久，某时装公司按这份合同给某百货公司发去了价值 10 万元的时装，并通过银行托收货款。某百货公司的负责人得知此事后，认为其从未授权李某购买过这批货，所以他们不能对此负责，并通知银行拒付货款。某时装公司则说，合同上盖了某百货公司的公章，怎么能说没有授权呢？某时装公司为了履行这一合同，开支了一大笔钱，因此他们坚持合同必须履行，双方协商不成，某时装公司起诉至人民法院。

**分析要点：**表见代理，本属于广义的无权代理的一种，指代理人没有代理权，但在外观上足以使一般的第三人相信其有代理权的代理。表见代理的代理行为所产生的法律效果直接归属于本人，法律使之具有与有权代理相同的法律效果，以保护动态交易的安全和经济秩序的稳定。本案中，李某具备有代理权的外观，李某是某百货公司的业务员，并具有某百货公司盖过章的空白合同书，足以使张某相信李某有代理权，且张某并无恶意，也不知道李某并无代理权。虽然某百货公司进货都需要领导批准，但是某百货公司不能以这个内部制度来对抗善意相对人。因此，李某的行为符合表见代理的构成要件，应当由被代理人即某百货公司来承担代理行为的法律后果。由于合同签订人李某有滥用代理权的行为，李某应对某百货公司因此而受到的损失承担赔偿责任。

**3. 表见代理的构成要件**

（1）无权代理人须以被代理人的名义进行活动；

（2）无权代理人与相对人之间的民事行为，须具备成立的有效条件；

（3）客观上须有使相对人相信无权代理人具有代理权的情形；

（4）相对人须为善意且无过失。

法律确立表见代理规则的主要意义在于维护人们对代理制度的信赖，保护善意无过失的当事人，进而保障交易的安全。

**案例3－10　表见代理的构成要件问题**

**案情与问题：**甲在1990年至2000年4月期间是A公司的业务员，在这个期间负责A公司法国部的业务工作，多次代表A公司与法国B公司洽谈业务、签订合同。2000年5月，甲从A公司辞职并设立了自己的公司。6月，甲以A公司的名义与法国B公司签订服装进口合同。合同签订后，甲又以A公司的名义向卖方B公司汇付了部分货款。对此，A公司一概不知。10月20日，A公司收到了卖方B公司寄来的货物提货单，A公司在查询后方知这其中的原因，于是在10月25日电告法国B公司，说明原委，要求取消合同，但是遭到了B公司的拒绝。A公司于是干脆放任不管，不提货也不付款。后来，B公司以A公司违约为由将A公司起诉至法院。请问：A公司是否应承担违约责任？为什么？

**分析要点：**A公司应赔偿B公司的金额损失。A公司对甲的侵权行为另案起诉。A公司应当承担违约责任。理由是，B公司在整个交易过程中并不存在任何过失，因为长久以来，甲均是以A公司代理人的身份出现在有关的业务活动中，并且他所实施的行为，以及这些行为产生的法律后果均为A公司所接受、认可的，为何突然有一天A公司就改变这样的做法了呢？这显然是B公司不能接受的。就本案而言，虽然在甲和A公司之间确实已经不存在代理关系了，甲的行为实际上是“代理权终止后的行为”，但是B公司却没有得到相关的通知，鉴于B公司通过甲与A公司长期以来形成的业务关系，从客观上看，B公司完全有理由认为甲和A公司之间的代理授权关系仍存在。我国《合同法》规定，在表见代理情况下，不需要被代理人的追认，代理行为就有效。

# 第二节　代理关系

由于代理行为在被代理人、代理人及第三人之间必然产生一定的关系，这就是我们通常所说的代理关系。我们一般将被代理人与代理人之间的关系称为代理的内部关系，将被代理人和代理人对第三人的关系称为代理的外部关系。

## 一、代理的内部关系

### （一）代理人的主要义务

（1）履行代理职责。

（2）对被代理人诚信、忠实。

**案例 3－11　代理人的诚信、忠实义务的正面例子**

**案情与问题：**

原告：章春芳，女，38 岁，在上海制药机械二厂工作

被告：章建华，男，44 岁，在上海市食品进出口公司活畜禽经营部工作

原告章春芳诉称：被告因工作原因经常往返于广州、上海。她闻悉广州录像机价格低于上海，遂委托被告章建华代购。为此交付被告人民币 2 600 元，要求被告在四种型号中任选一台录像机。数日后，被告交付给她录像机一台，她发现外观不好，商标贴纸折叠脱落，无产品说明书，经试放发现性能异常，请人打开机盖，发现内部零件锈迹斑斑，由此判定该机是旧机器、废机器、“海水机”，无修理和使用价值。经她与被告交涉无结果，为此起诉要求被告退回录像机价款人民币 2 270 元。审理中，原告变更诉讼请求，要求被告赔偿录像机修理费人民币 1 500 元。被告章建华辩称：原告主动要求他代购录像机，他按原告的委托要求，经挑选试放完好才购下录像机，原告取录像机时放弃试放要求。现银货两讫，自己的代理行为已完毕。至于原告所称该机内部质量问题，他无义务予以确保，故不同意原告的赔偿要求。

**分析要点：**本案中，被告接受原告的委托在广州为原告购买录像机一台，因而具有了代理权。被告又是在原告授权的范围内实施民事法律行为，即为原告购买了松下 J20 录像机一台，也符合原告的要求，没有滥用代理权和超越代理权，在此过程中未发现被告不履行职责或与他人串通、故意损害原告利益的行为，且被告已将该机交付原告，原告也已付清了价款，至此，被告的代理事务已完成，双方的委托代理关系即告终止。原告提出录像机外观有质量问题，因其发现后未及时向被告提出异议，对此可视为接受。至于原告提出录像机内部零件质量问题，因原告未能举证证明被告有与他人恶意串通故意损害原告利益的行为，故应由原告向出售商店交涉。因此被告的行为是有权代理，那么由此产生的法律效果就直接归属于被代理人即原告。

**案例3－12　代理人的诚信、忠实义务的反面例子**

**案情与问题：**王立生是某单位后勤处的负责人。1995年9月，其亲戚家的一头牛得了一种传染病，且使其他15头牛全部被传染，王立生便利用职权之便以该单位食堂的名义买下其亲戚家中的16头病牛，随后又找人将该16头病牛全部杀掉，并将牛皮送其亲戚，牛肉运回本单位食堂。其亲戚送给他1 000元作为酬谢。由于牛肉感染病毒，本单位职工食用后发生9人中毒，食堂只好将剩余的牛肉倒掉，造成经济损失20 000余元。有人将此事向单位反映后，单位责令王立生追回牛肉款。王立生表示，牛肉是其亲戚的，他是代理单位购买牛肉，发生损失应当由单位负责，与其个人没有关系。其所在单位遂起诉至区人民法院，要求王立生及其亲戚归还牛肉款。

**分析要点：**本案所涉及的是代理行为无效的问题。我国《民法通则》第66条第3款规定："代理人和被代理人串通，损害被代理人利益的，由代理人和第三人负连带责任。"本案中，王立生作为单位后勤处的负责人，明知买下这16头病牛会给单位造成很大的经济损失，但仍然与其亲戚通谋，具备了主观上损害本单位利益的故意。在客观上，牛肉被本单位的职工食用后不仅造成了食物中毒，而且给本单位造成的直接经济损失达20 000元，损害实际发生。在因果关系上，该单位的经济损失正是由于王立生及其亲戚的恶意串通将病牛卖给该单位食堂而直接造成的。因此，王立生的行为虽然在形式上是代理该单位的行为，但根据《民法通则》第66条第3款的规定，在本质上是一种无效的代理行为，因而王立生应与其亲戚对该单位的损失负连带赔偿责任。

（3）及时向被代理人报告账目及所代理事务的进展情况。

（4）为被代理人保密。

（5）向被代理人移转权利。

（6）代理人不得把他的代理权委托给他人。

**案例3－13　代理人转委托的问题**

**案情与问题：**1999年6月，吉林省某市一画店请画家马某为其作画。双方约定，由马某在本年内为画店作国画四幅，其中包括：两幅山水画，两幅仕女画。纸张、笔墨由画店提供。每幅国画，画店先行付给马某人民币2 000元。第二天，画店将预付款8 000元及纸张、笔墨送交马某。但是由于马某忙于自己画展的准备，一直无暇为画店作画。同年12月初，马某又应某国之邀出访。临行前，马某将印章、纸墨等留给其学生李某、孙某，要其二人代为作画四幅，于年内送至画店。李、孙二人按照马某吩咐赶作国画四幅，于12月末送至该画店。该画店经过鉴定，发现这四幅国画无论从哪一方面，都与马某的作品有很大差距，认定不是马某所作。2000年1月，马某出访归来，画店经理到马某处，与其商量，要求重画，马某执意不肯。于是该画店起诉至某市人民法院。

**分析要点：**代理适用的范围虽然很广，但不是任何民事法律行为和具有法律意义的行为都能由代理人代为进行的。法律对代理行为的适用是有限制的。我国《民法通则》第63条第3款规定："依照法律规定或者按照双方当事人约定，应当由本人实施的民事法律行为，不得代理。"其中，一种是法律直接规定不能适用代理的民事行为，例如，结婚登记、离婚登记。另一种是双方当事人约定不得由他人代理的行为，不得代理。例如，根据出版合同和演出合同的约定，撰稿人或表演人必须亲自进行，因为这些行为与个人的身份、感情、艺术风格、思维方式及工作能力等密不可分，只能由当事人亲自进行，否则，该行为无效。本案就属于以上所说的第二种情况。所以，本案中马某必须亲自为画店作画，而李、孙二人代为作画的行为无效。

## （二）被代理人的主要义务

**1. 向代理人支付报酬**

被代理人应向完成委托事项的代理人支付佣金或其他约定的报酬。在商订代理合同时，对佣金问题必须特别注意以下两点：①被代理人不经代理人的介绍，直接从代理人所代理的地区内收到订货单，直接同第三人订立买卖合同时，是否仍须对代理人照付佣金；②代理人所介绍的买主日后连续订货时，是否仍须支付佣金。这些问题都应当在代理合同中明确作出规定，因为有些国家在法律上对此并无详细规定，完全取决于代理合同的规定。

**2. 向代理人偿还费用**

被代理人应向代理人偿还代理人为处理受委托的事务所支出的必要费用，但不包括代理人的正常业务支出。一般地说，除合同规定外，代理人履行代理任务所开支的费用是不能向被代理人要求偿还的，因为这是属于代理人的正常业务支出。但是，如果他因执行被代理人指示的任务而额外支出了费用或遭到损失时，则有权要求被代理人予以赔偿。例如，代理人根据被代理人的指示在当地法院对违约的客户进行诉讼所遭受的损失或支出的费用，被代理人必须负责予以补偿。

**3. 允许代理人核对账目**

在代理关系中，代理人所获得的报酬往往是根据其代理行为所产生的效益来确定的，所以被代理人应允许代理人核对有关的账目，以确定被代理人所付给的佣金是否准确。这一规定在大陆法系中是属于强制性的规定，当事人不得在委托合同中予以排除。

我国《合同法》规定，有偿的委托合同，因受托人的过错给委托人造成损失的，委托人可以要求赔偿损失；无偿的委托合同，因受托人的故意或重大过失给委托人造成损失的，委托人可以要求赔偿损失；受托人超越权限给委托人造成损失的，应当赔偿损失。

# 二、代理的外部关系

**1. 大陆法系的规定**

大陆法系规定，如果属于直接代理，则被代理人可直接向第三人请求权利；如果属于间接代理，则被代理人不可直接向第三人主张权利，而必须通过债权让与，将权利从代理人身上移转给被代理人后，被代理人才可以向第三人主张权利。

**2. 英美法系的规定**

英美法系规定了三种情况：

（1）如果代理人在订立合同时明确指出被代理人的姓名，并以被代理人的名义与第三人订立了合同，则该合同的双方当事人即为被代理人和第三人，代理人无须对合同承担责任。但如果代理人在签字蜡封合同或汇票上签下自己的名字，他就要对该合同或汇票负责。

（2）如果代理人在订立合同时表明自己是代理人，但不指明被代理人是谁，此合同仍被看做是被代理人和第三人之间的合同，代理人也无须对合同承担责任。但在这种情况下，代理人应在合同上写明是买方代理人还是卖方代理人，被代理人的姓名不在合同中写明。

（3）如果代理人不披露被代理人姓名，而以自己的名义与第三人订立合同，则在这种情况下，代理人应对合同承担个人责任。但未经披露的被代理人可以行使介入权，从而直接成为合同的一方当事人，他可以对第三人行使请求权或在必要时通过诉讼要求第三人向他承担合同义务，并向第三人履行合同义务。同时，在这种情况下，第三人如果发现被代理人的存在，就可以享有选择权，他可以在代理人或被代理人中选择一人对其行使请求权，也可以在必要时对其中任何一人起诉，主张权利。第三人一旦选择之后，不得向另一方再主张权利或起诉。

以上英美法系条款中的第（1）、（2）种情况，相当于大陆法系中的直接代理；而第（3）种情况，则相当于大陆法系中的间接代理。大陆法系与英美法系对代理的外部关系规定的不同之处在于它们对间接代理所产生的合同权利及义务于何人持不同的观点。大陆法系中规定，间接代理的后果不能由委托人（被代理人）直接承担，只能间接承担，即只有在代理人将有关权利移转给被代理人后，被代理人才能向第三人主张权利或履行合同义务。因此，在大陆法系中，间接代理的被代理人必须通过两个合同才能与第三人建立权利义务关系，而英美法系却无须借助两个合同，即可使被代理人和第三人通过间接代理建立权利义务关系。

**3. 中国法律的规定**

中国法律规定，在委托合同的情况下，该合同即为委托人和第三人之间的合同，代理人无须对此合同承担个人责任。若属于通过行纪行为而签订的合同，则该合同不能直接对委托人发生效力，委托人不得凭此合同向第三人主张权利。行纪人以自己的名义与第三人订立的合同，直接对行纪人自己发生效力，但行纪人与委托人有特别约定的不在此限。我国法律中还规定了居间行为。居间即狭义的经纪，经纪人在居间活动中是以自己的名义进行活动的，但他只负责向委托人报告订约机会或为委托人与第三人订约居中斡旋，不参与委托人与第三人订约的具体商洽活动，因而对于他所促成的合同，他不承担个人责任，该合同由委托人和第三人履行。即通过居间行为而签订的合同是委托人和第三人之间的合同，委托人可凭合同直接向第三人主张权利。

## 三、代理关系的终止

### （一）代理关系终止的原因

代理关系的终止有两种原因：一种是根据当事人的行为，一种是根据法律。

**1. 根据当事人的行为终止代理关系**

代理关系可以依当事人的行为而告终止。如果双方当事人在代理合同中订有期限，则代理关系于合同规定的期限届满时终止。如果代理合同中没有规定期限，当事人也可以通过双方的同意终止他们的代理关系。至于被代理人是否可以单方面撤回代理权的问题，根据各国的法律，原则上都允许被代理人可以在代理关系存续期间内撤回代理权。但是，被代理人在终止代理关系时，须事先给代理人以合理时间的通知。如果被代理人在代理关系存续期间不适当地撤销代理关系，被代理人须赔偿代理人的损失，其中包括代理人的佣金损失或其他报酬。这里需要特别指出以下两点：

（1）有些大陆法国家为了保护商业代理人的利益，在法律上规定：被代理人在终止代理合同时，必须在相当长的时间以前通知代理人。

（2）有些国家对被代理人单方面撤回代理权有一定的限制。根据英美法国家的判例，如果代理权的授予是与代理人的利益结合在一起的，本人就不能单方面撤回代理权。例如，某甲向某乙借款若干，并指定乙为代理人代其收取房地产租金，以清偿其借款。在这种情况下，代理权的授予就同代理人的利益结合在一起，甲在其借款清偿完毕之前，不能单方面撤回对乙的代理权。

**2. 根据法律终止代理关系**

根据各国的法律，在下列情况下，代理关系即告终止。

（1）被代理人死亡、破产或丧失行为能力。但是，根据某些大陆法国家民商法的规定，上述情况只适用于民法上的代理权，至于商法上的代理权，则应适用商法典的特别规定，不因被代理人的死亡或丧失行为能力而消灭。

**案例 3－14　被代理人死亡后，代理人的代理行为是否还有效**

**案情与问题：**李某在上海市工作，父母住在黑龙江省牡丹江市，每年春节李某都要回家看望父母。李某在上海的一个邻居张某开了一家饭馆，在李某回家看望父母前，张某来找李某问东北黑木耳的行情，并委托李某买100斤带回来。张某并说如果黑木耳在上海好销，就建立起长期联系，以后就可以贩卖黑木耳，这样对大家都有好处。李某听后满口答应，并说这次回牡丹江市一定把这事给张某办好。春节过后，李某从牡丹江市托运回100斤黑木耳，当他欲交给张某准备要钱时，得知张某在大年初一因酒后驾车出了车祸，经抢救无效死在医院里，他因欠别人的债，饭馆已被债主接管。李某把100斤黑木耳送到张某家交给他妻子林某，并向他妻子要钱。张某的妻子说她不知道此事，而且张某已死，饭馆已由别人经营，他要这些黑木耳也没有什么用，故拒绝接受并拒绝支付黑木耳的钱。李某认为张某的妻子应该接受这100斤黑木耳，因为这是继承的一部分内容。张某的妻子则说，张某已死，这同她没有任何关系，继承只继承财产，没听说过还要继承这些的。李某没办法，遂向人民法院提起诉讼，要求张某的妻子接受这些黑木耳，并支付黑木耳的价款。

**分析要点：**代理的终止，是指代理人与被代理人之间的代理关系消灭。代理作为一种民事法律关系，可以因为一定的民事法律事实的出现而终止。我国《民法通则》只是把被代理人死亡作为法定代理和指定代理终止的原因，而在委托代理中并未把它作为代理终止的原因，只是把被代理人的死亡作为一种法定原因，这是因为，代理行为通常都具有一定的连续性，在代理行为完成之前为了被代理人的利益不宜中断。如果法律规定被代理人死亡代理关系就终止，那么就可能会给代理人及被代理人的继承人带来较大的财产损失，并且也会给第三人造成财产上的损失。因此，我国《最高人民法院关于贯彻执行〈中华人民共和国民法通则〉若干问题的意见（试行）》第82条规定："被代理人死亡后有下列情况之一的，委托代理人实施的代理行为有效：（1）代理人不知道被代理人死亡的；（2）被代理人的继承人均予承认的；（3）被代理人与代理人约定到代理事项完成时代理权终止的；（4）在被代理人死亡前已经进行、而在被代理人死亡后为了被代理人的继承人的利益继续完成的。"此案就属于因为被代理人死亡后，代理人不知道而继续完成代理，但被代理人的继承人不同意接受而产生的纠纷。张某的继承人林某因为张某的死亡而拒绝接受李某的代理行为所购买的100斤黑木耳，这是没有法律依据的。因此，根据《民法通则》以及相关法律的规定，法院判决张某的妻子林某接受这100斤黑木耳并支付款项是正确的。

（2）代理人的死亡、破产或丧失行为能力。根据各国的法律，当代理人死亡、破产或丧失行为能力时，无论是民事上的代理权或商事上的代理权均因之而消灭。

## （二）代理关系终止的后果

各国法律均规定如果本人撤回代理权或终止代理合同，则本人与代理人之间的权利义务即告终止，代理人不得再以被代理人的名义实施代理行为，否则构成无权代理。代理人所做的行为，原则上不再由被代理人承担责任，而由代理人自己承担责任。但如果相对第三人在订立合同时，不知道代理人与被代理人之间的关系已经终止，本着对该代理人善意的信任与之订立了合同，则根据我国法律规定，构成表见代理，即在相对第三人与被代理人之间产生法律关系，被代理人应受无权代理人与第三人之间所签订的合同的约束。根据英美法系的规定，无权代理人需承担赔偿的责任，即如果因代理人的行为使第三人受到了损失，第三人可要求该无权代理人予以赔偿。根据大陆法系的规定，第三人可行使催告权或撤回权，即如果在事后第三人知道了该代理人为无权代理，就可以催告被代理人追认该无权代理为有权代理，从而使被代理人和第三人之间产生合同关系；或者第三人可行使撤回权，在被代理人追认之前撤回他与无权代理人之间所签订的合同，从而使被代理人和第三人之间不产生合同关系，因为合同一经撤销即不生效。

在我国有关法律规定中，也赋予了相对第三人以催告权和撤销权。我国《合同法》明确规定：限制民事行为能力人订立的合同，相对人可以催告法定代理人在1个月内予以追认。法定代理人未作表示的，视为拒绝追认，合同无效。在合同被追认之前，善意相对人有撤销的权利，撤销应以通知的方式作出。合同一旦撤销，自始即不生效。

**案例3－15　代理关系终止的问题**

**案情与问题：**林某和胡某是邻居，二人关系非常好。1998年10月，林某准备去天津打工，胡某听说天津的红小豆好，价格低，便托林某回家时托运回300千克，想卖出去赚一笔钱。林某觉得数量大，怕胡某变卦，便让他写了一份委托书。1999年9月，林某听一同打工的同乡说胡某已于1999年4月病重身亡，胡某的儿子继承了他的财产。后来胡某的儿子也通过电话告知林某此事。林某于1999年11月份回家时，依委托书购买了300千克天津红小豆，并托运回家，要求胡某的儿子付款。胡某的儿子拒绝接受红小豆。二人诉至法院。林某诉称：购买天津红小豆是当初胡某委托他办的事情，且有委托书为证。胡某的儿子作为胡某的继承人，应该承担接受货物并支付货款的责任。胡某的儿子辩称：委托林某购买天津红小豆是他父亲的事，况且他父亲会做生意，而他本人从未做过生意，现在胡某已死，委托事项就无效了，要求林某自行处理该批红小豆。请问：胡某委托林某购买天津红小豆的事项是否有效？这批红小豆应如何处理？

**分析要点：**法院判决：胡某委托林某购买天津红小豆的事项无效，这批红小豆应由林某自行处理，胡某的儿子没有接受的义务。林某是胡某的代理人，享有代理胡某购买300

千克红小豆的权利。但由于胡某死亡，根据法律规定：被代理人死亡，代理关系终止。所以，胡某和林某之间购买红小豆的关系就终止了。代理关系终止后的代理行为所产生的后果应由行为人自己承担，因而购买红小豆的款项应由行为人林某自己承担。但若本案的林某在购买红小豆时不知胡某已死亡，则胡某的儿子作为胡某的继承人应承担该批红小豆的付款责任。

# 第三节　代理合同与外贸代理制

## 一、代理合同

### （一）国际代理合同的概念

国际代理合同又称国际代理协议，是指一国的委托人与境外的代理人之间签订的明确代理权限、规定相互权利义务关系的书面协议。

代理人按合同规定的权限范围以委托人的名义在指定的区域内进行一定的商业行为，委托人按照约定向代理人支付报酬（佣金）。

### （二）国际代理合同的种类及条款

依据国际商贸活动的实际情况，国际代理合同主要分为总代理合同、一般代理合同和独家代理合同三大类。

一般来说，订立国际代理合同应具备以下条款：①协议的名称。它应指出本代理协议属哪种类型。②协议的当事人。它应指出代理人和被代理人（委托人）的姓名（或名称）、住所（或营业所）。③双方当事人的权利义务。此项内容可分条阐述，尤其要详细规定代理授权事项及佣金的支付方式和代理费用的负担这几个问题。④争议的解决。⑤协议的效力。在这部分条款中应体现协议的生效日期、有效期限及其修改、变更和解除的有关规定。⑥协议使用的文字及效力。⑦双方当事人的签字（盖章）及签约日期。

### （三）签订国际代理合同应注意的问题

因为国际代理事项比较繁杂，所以必须借助签订代理合同来约束当事人之间的权利和义务关系。在签订国际代理合同时，应注意以下几个问题：

**1. 调查了解代理商的资信、经营业绩、设施和代理业务能力**

因为这代表了代理商的综合素质和能力水平，高素质和高能力的代理商是为本人取得最大经济利益的一个十分重要的决定因素。

**2. 要了解代理商所在国家、地区的市场状况**

如果该国（地区）市场萧条或对被代理人欲销往该地区的货物需求已近饱和，则即使代理商的素质再高、能力再强，恐怕也难以达到预期的目的。

3. **要慎重对待代理权的授予**

如果代理权限较大，一般就不应授予代理人进行非商业活动的权利；对于不太了解情况的市场和外商，宜授予一般代理权；也可采取独家代理的方式，因为独家代理能充分利用代理商的销售渠道和经营能力等条件，发挥其经营的积极性并可避免代理商品在同一市场上的自相竞争。

4. **代理授权要明确**

签订的代理合同的内容特别是在授权方面要尽可能明确具体，用词要准确，不能模棱两可，以免在事后出现纠纷时因责任不明而导致不必要的损失。

## 二、我国的外贸代理制

我国的外贸代理制是指由我国的专业外贸公司充当国内用户或供货部门的代理人，代其办理进出口业务，并从中收取一定的佣金和手续费的制度。我国《对外贸易法》、《合同法》对此都作了相应规定。

### （一）在我国外贸代理制中涉及的法律关系

在外贸代理制实施过程中，外贸活动通常涉及两方面的法律关系：①国内供货部门或用户与专业外贸公司之间的委托代理关系；②外贸公司与国外客户之间的货物买卖关系。

### （二）在外贸业务活动中通常采用的方式

1. **专业外贸公司以自身的名义与外商签订进出口合同**

在这种方式下，国内供货单位或用户首先与某一专业外贸公司订立委托合同，外贸公司再根据委托事项，以自身的名义与外商签订进出口合同，外贸公司承担合同的全部责任并按进出口货物价格的一定比例收取佣金或手续费。该方式主要适用于被代理人是在国内没有进出口权的企业，它类似于商事代理中的行纪。

2. **外贸公司直接以委托人的名义订立进出口合同**

在这种方式下，外贸公司接受享有外贸经营权的国内企业的委托，以这些企业的名义与外商订立进出口合同，委托人直接对进出口合同承担责任。这种方式属于我国法律中所规定的委托代理，它主要适用于被代理人是国内有进出口权的企业的情况。

### 思考题

1. 什么是代理？直接代理和间接代理有何不同？
2. 代理关系终止的原因是什么？代理关系终止的法律后果是什么？
3. 两大法系对代理的外部关系有何不同规定？

# 第四章
# 商事合同法

## 第一节 商事合同法概述

### 一、合同的概念及其分类

#### （一）合同的概念及其特征

合同，也称契约。《合同法》第2条规定："合同是平等主体的自然人、法人、其他组织之间设立、变更、终止民事权利义务关系的协议。"依此规定，凡是平等主体之间设立、变更、终止民事权利义务关系的协议，都是合同。

合同具有以下法律特征：①合同是双方或多方当事人之间的协议。合同的成立，至少必须有两个以上的当事人。例如，买卖合同必须有买方和卖方，缺一不可，法律允许合同当事人多于两方。②合同是当事人各方意思表示一致的反映。只有一方作出意思表示，或者虽然双方都有意思表示但意思表示不一致，不能成立合同。③合同当事人法律地位平等。当事人地位平等，是合同最根本的法律特征。合同当事人之间不存在服从与被服从、领导与被领导的关系，任何一方不能把自己的意志强加给另一方。④合同以确立民事权利义务关系为目的。当事人签订合同，目的在于建立某种权利义务关系。依法成立的合同所确立的权利义务关系受法律保护。

#### （二）合同的分类

**1. 双务合同与单务合同**

根据合同当事人双方权利义务的分担方式，合同可分为双务合同和单务合同。双务合同是合同当事人双方相互享有权利、承担义务的合同。例如买卖合同，卖方负有将出卖的财物交付给买方的义务，享有请求买方给付价款的权利；买方负有向卖方支付价款的义务，享有要求卖方交付出卖的货物的权利。单务合同是当事人一方只承担义务而不享受权利，另一方只享受权利而不承担义务的合同。例如赠与合同，赠与人只有将赠与物交付受赠人的义务，但不享有任何权利；受赠人只享有接受赠与物的权利，不承担任何义务。

2. **主合同与从合同**

根据两个合同之间的关系，合同可分为主合同和从合同。主合同是不依赖他合同而独立存在和单独成立的合同；从合同是以他合同的存在和成立为存在前提的合同。例如为担保借款合同而订立的抵押合同，借款合同为主合同，抵押合同为从合同。主合同不存在，从合同也不能存在；主合同消灭，从合同也随之消灭。

3. **诺成性合同与实践性合同**

根据合同成立是否以交付标的物为要件，合同可分为诺成性合同和实践性合同。诺成性合同，是指当事人意思表示一致即可成立的合同。例如买卖合同，双方当事人就合同的主要条款协商一致，合同就成立生效。实践性合同，是指须实际交付实物或款项才能成立的合同。例如，借用合同只有在出借人将借用物交付借用人时，合同才能成立生效。

4. **要式合同与非要式合同**

根据合同的成立是否需要特定的形式，合同可分为要式合同和非要式合同。要式合同是必须采用特定形式才能成立生效的合同。例如房屋售卖合同，必须办理房产登记才能生效。非要式合同是法律没有特别规定，当事人也没有特别约定必须采用特定形式的合同，采取任何合同形式不影响合同的成立及效力。

5. **有名合同与无名合同**

根据法律上有无统一规定名称，合同可分为有名合同和无名合同。有名合同是指《合同法》中规定了确定名称的合同。无名合同是指有名合同以外的、尚未由立法统一确定名称的合同。无名合同形成于长期的交易习惯并经法律确认后，可以转化为有名合同。处理有名合同纠纷，直接适用有关该类合同的法律规定。处理无名合同纠纷应比照类似的有名合同的法律规定，或根据合同法和民法的一般原则。

**案例 4－1　赠与合同属诺成性合同还是属实践性合同**

**案情与问题：**曹某与陈某两人是好朋友。一日，曹某到陈某家做客，见陈某家里有一幅画，很是喜欢，陈某见状对曹某说让我先挂几天就送给你，曹某表示不信，陈某当即立据为凭。后曹某与陈某两人因事发生争执导致关系恶化，陈某一直也就没有将画送给曹某，曹某很生气，拿着陈某所立凭据找陈某索要画不成，曹某遂起诉至法院，要求陈某承担违约责任。请问：（1）陈某与曹某订立的合同是什么性质的合同？（2）法院会支持曹某的主张吗？为什么？

**分析要点：**（1）陈某与曹某所订立的合同是赠与合同。（2）法院会支持曹某的主张。首先，我国《合同法》上所规定的赠与合同属于诺成性合同，只要双方协商一致，合同关系即可成立，符合合同生效条件，即从成立之时起生效。其次，尽管《合同法》第 186 条第 1 款规定：“赠与人在赠与财产的权利转移之前可以撤销赠与。”但本案中，直至曹某起诉，陈某也没有行使任意撤销权，赠与合同仍有法律约束力。所以，陈某应对曹某承担违约责任。

## 二、合同法的概念和适用范围

合同法是规范合同关系的法律规范的总称，传统意义上的合同法属于债法的范畴，受债法统领。目前，我国除《民法通则》对合同关系进行规范以外，还有专门的《合同法》。

第九届全国人民代表大会第二次会议通过的、1999 年 10 月 1 日开始实施的现行《合同法》规定："合同是平等主体的自然人、法人、其他组织之间设立、变更、终止民事权利义务关系的协议。"这就对合同法的适用范围作了明确的规定：一是规定了合同适用的主体范围。《合同法》不仅适用于法人、其他组织之间订立的合同，还适用于自然人与法人、其他组织之间以及自然人之间订立的合同。二是规定了合同种类的适用范围。《合同法》不仅适用于经济合同、技术合同，而且还适用于其他各种民事合同。三是规定了合同适用的空间范围，《合同法》不仅适用于国内的合同，而且还适用于涉外合同。

《合同法》也规定了不适用的情况："婚姻、收养、监护等有关身份关系的协议，适用其他法律的规定。"也就是说，《合同法》不适用于那些与人身关系或身份关系相关的法律关系的协议。

# 第二节　合同的订立

## 一、订立合同应遵循的原则

### （一）合法原则

当事人在订立合同时要坚持合法原则。任何单位都不得利用合同进行违法犯罪活动，不能订立违反国家法律和政策的合同，不能订立损害国家和社会公共利益的合同。我国《合同法》第 7 条规定："当事人订立、履行合同，应当遵守法律、行政法规，尊重社会公德，不得扰乱社会经济秩序，损害社会公共利益。"

**案例 4－2　合同内容违反法律，当事人利益是否受法律保护**

**案情与问题：**甲公司与乙公司签订一份秘密从境外买卖免税香烟并运至国内销售的合同。甲公司依双方约定，按期将香烟运至境内，但乙公司提走货物后，以目前账上无钱为由，要求暂缓支付货款，甲公司同意。3 个月后，乙公司仍未支付货款，甲公司多次索要无果，遂向当地人民法院起诉，要求乙公司支付货款及违约金。请问：（1）该合同是否具有法律效力？为什么？（2）应如何处理这个经济纠纷？

**分析要点：**（1）该合同属于无效合同。依据《合同法》第 52 条规定："有下列情形之一的，合同无效：①一方以欺诈、胁迫的手段订立合同，损害国家利益；②恶意串通，损害国家、集体或者第三人利益；③以合法形式掩盖非法目的；④损害社会公共利益；⑤违反法律、行政法规的强制性规定。"甲公司与乙公司之间的买卖合同属于违反法律、行政法规强制性规定的合同，故为无效合同。（2）由于合同为无效合同，合同自始、绝对、确定、永久没有法律约束力，因此法院应驳回甲公司的诉讼请求。同时，甲公司和乙公司的交易损害了国家利益，法院可以采取民事制裁措施，没收双方用于交易的财产。

### （二）自愿、平等、公平原则

自愿、平等、公平是《合同法》第3、4、5条所规定的基本原则，是订立合同应当遵循的一项重要原则。合同各方当事人，不论是法人，还是非法人经济组织、个体工商户、农村承包经营户或者个人，法律地位一律平等，不允许任何一方将自己的意志强加给对方，不能只强调一方的利益而损害对方的利益。订立合同，必须经过双方当事人充分协商，达到真实意思一致。当事人依法享有自愿订立合同的权利，任何单位和个人不得非法干预。

**案例4－3　赠送的冰箱发生故障引起火灾造成经济损失该由谁负赔偿责任**

**案情与问题：**周某与郑某是老邻居。周某买了新房要搬家，见郑某因经济一直比较困难没有冰箱，自己搬新家要买新冰箱，就对郑某说，这台冰箱用了12年了，但一直都很好用，如不嫌弃就留下用。郑某说，有得用总比没得用强。半年后，这台冰箱在使用中突然因故障起火，烧毁了郑家的大部分财产。郑某向法院起诉，认为是周某送给他那台有质量问题的冰箱，造成其家庭财产损失，要求周某承担损害赔偿责任。请问：（1）郑某的诉求是否有法律依据？为什么？（2）应由谁承担损害赔偿责任？为什么？

**分析要点：**（1）郑某的诉求没有法律依据。《合同法》第191条规定："赠与的财产有瑕疵的，赠与人不承担责任。附义务的赠与，赠与的财产有瑕疵的，赠与人在附义务的限度内承担与出卖人相同的责任。赠与人故意不告知瑕疵或者保证无瑕疵，造成受赠人损失的，应当承担损害赔偿责任。"周某送冰箱时没有要求郑某承担任何义务，并且告知郑某此冰箱使用了12年，郑某对冰箱的品质是知悉的，不存在赠与人故意不告知瑕疵的情况。（2）郑某应自己承担损害赔偿责任。我国《产品质量法》第33条规定："因产品存在缺陷造成损害，要求赔偿的请求权，在造成损害的产品交付最初用户、消费者满10年丧失；但是，尚未超过明示的安全使用期的除外。"该冰箱已使用了12年，超过了10年的行使请求权期限，在我国冰箱未明确标明安全使用期，所以，郑某无法向生产者或销售者请求损害赔偿。

## 二、合同订立的程序

### （一）合同订立的一般程序

《合同法》第13条规定，"当事人订立合同，采取要约、承诺方式。"合同订立的一般程序，可分为要约和承诺两个阶段。

**1. 要约**

（1）要约的概念和成立条件。

要约是订约当事人一方向另一方发出的缔结合同的提议。发出要约的一方为要约人，另一方为受要约人或相对人。法律上，要约就是希望和他人订立合同的意思表示。

要约成立的条件是：①是以订立合同为目的的意思表示。当事人作出的意思表示不是以订立合同为目的，就不是要约。②是由特定的当事人向相对人作出的意思表示。要约的作用在于唤起相对人的承诺。因此，要约人必须是特定的，否则受要约人无法承诺。③其内容必须包括足以决定合同成立的主要条款。要约是订立合同的提议，就应含有合同的主要条款。这样对方才可考虑是否接受，而对方一旦接受，合同就可成立。④要约人必须表明一经受要约人承诺，要约人即受该要约的约束。⑤必须有特定的有效期限。

（2）要约的效力。

要约到达受要约人时生效。要约的法律效力即是要约所引起的法律后果。要约的法律效力表现在：①对要约人而言，要约一旦生效即对要约人产生约束力。要约人在要约有效期间内不得随意变更或撤销要约，否则，如给对方造成损失必须负赔偿责任。②对受要约人而言，要约一旦生效即取得承诺的资格。要约生效后，受要约人有权在要约的有效期间内作出接受要约的承诺。但受要约人不负答复义务，受要约人逾期不答复的，失去承诺的资格。

要约发出后，遇有下列情形之一时不生效力或效力终止：①要约被撤销或被声明作废；②要约被拒绝；③要约的有效期限届满；④受要约人对要约的内容作出实质性变更；⑤其他情形，如要约人丧失民事行为能力或死亡等。

**2. 承诺**

（1）承诺的概念和成立条件。

承诺是受要约人向要约人作出的对要约完全同意的意思表示。承诺成立的条件：①是对要约作出的答复；②是受要约人作出的意思表示；③与要约的内容完全一致；④是在要约的有效期限内作出；⑤具备相应的形式。

（2）承诺的效力。

承诺的效力是指承诺引起的法律后果，其表现是使合同成立，合同的订立阶段结束。《合同法》第 25 条规定，承诺生效时合同成立。承诺到达要约人时生效。承诺被撤回或承诺迟到的情况下，承诺不发生效力。

例如，甲向乙发出要约，乙收到甲的要约后及时向甲作出承诺，甲收到乙的承诺时合同即成立。但如果乙作出的承诺信函由于邮递原因未能及时送达甲，乙所作出的承诺就不能生效，合同也就不能成立。

**案例 4－4　订立合同过程中如何确认要约、要约邀请与承诺**

**案情与问题：**某果品公司因市场上西瓜脱销，向新疆某农场发出一份传真：“因我市西瓜脱销，不知贵方能否供应。如有货源，我公司欲购 10 个冷冻火车皮。望能及时回电与我公司联系协商相关事宜。”农场因西瓜丰收，正愁没有销路，接到传真后，喜出望外，立即组织 10 个车皮货物，第 3 天就给果品公司发去，随后给果品公司回电：“10 个车皮的货已发出，请查收。”在果品公司发出传真后，农场回电前，外地西瓜大量涌入，价格骤然下跌。接到农场回电后，果品公司立即复电：“因市场发生变化，贵方发来的货，我公司不能接收，望能通知承运方立即停发。”但货物已经起运，果品公司拒收。农场指责果品公司违约，并向法院起诉。请问：（1）本案的纠纷是因谁的原因导致？（2）为什么？（3）此案应如何处理？

**分析要点：**（1）此案的纠纷是农场方面的原因导致。（2）双方发生纠纷的原因是农场没有理解要约和要约邀请的区别。其法律依据是《合同法》第 15 条。果品公司给农场的传真询问农场是否有货源，虽然该公司在给农场的传真中提出了具体数量和品种，但同时希望农场回电通报情况。因此，果品公司的传真属于要约邀请。农场没有按果品公司的传真要求通报情况，而是在直接向果品公司发货后才向果品公司回电，这种发货行为因没有要约而不具备承诺性质，因此合同根本没有成立。（3）基于上述原因，法院判决农场败诉，果品公司不负赔偿责任。

### （二）合同订立的竞争程序

依竞争程序订立合同，主要有招标和拍卖两种方式。

**1. 招标**

招标是由多个竞争人（投标人）各自提出条件，由招标人从竞争者中选择一人与之订立合同的订约方式。招标一般要经过招标、投标、开标和决标三个阶段。其中招标是要约邀请，投标是要约，决标是承诺。

**2. 拍卖**

拍卖是由拍卖人从多个竞争人中选择出价最高者与之订立合同的订约方式。拍卖一般经过拍卖表示、认买表示和拍定三个阶段。其中拍卖表示是要约邀请，认买表示是要约，拍定是承诺。

## 三、合同的内容与形式

### （一）合同的内容

合同的内容是指合同的各项条款，即合同中据以确定合同当事人权利、义务的内容。合同内容包括主要条款和普通条款。

**1. 合同的主要条款**

合同的主要条款是合同必须具备的条款，又称必要条款。主要条款是合同的核心部分，它确定了当事人的基本权利和义务，是履行合同与承担责任的基本依据。根据我国法律及司法实践，合同的主要条款包括：

（1）当事人的名称或者姓名和住所。

（2）标的。合同标的，是指合同当事人的权利和义务共同指向的对象。合同标的可以是货物，如买卖合同、租赁合同中的标的；可以是劳务，如运输合同、委托合同中的标的；可以是智力成果，如技术转让合同、专利许可合同中的标的等。

**案例 4－5　合同规定的标的不明确时应如何解释**

**案情与问题：**甲公司与乙公司订立一份合同，约定由乙公司在 10 天内向甲公司提供新鲜蔬菜 6 000 千克。乙公司在规定时间内向甲公司提供了小白菜 6 000 千克，甲公司拒绝接收，认为职工食堂炊事员有限，不可能有那么多人力用于洗小白菜，小白菜不是合同所定的蔬菜。甲公司认为与乙公司是长期合作关系，每次进货都是大白菜、萝卜等容易清洗的蔬菜，从未进过小白菜，乙公司明知如此，仍然送来小白菜，是曲解合同标的含义。乙公司辩称，合同规定标的是新鲜蔬菜，而小白菜最新鲜，所以送去小白菜没有违反合同规定，甲公司所称蔬菜就是大白菜或萝卜的说法既没有合同依据也没有法律依据。请问：（1）什么是合同的标的？（2）应如何解释该合同的标的？

**分析要点：**（1）合同约定的权利义务所指向的对象就是合同的标的。（2）①根据我国合同法第61条规定，当事人对合同条款发生争议的，通过协商、订立补充协议解决，不能达成一致意见的，按照合同条款的意思或者订立合同的目的解释。②乙公司按照自己的意思解释合同，按合同的条款来看，无大的过错，但据甲公司与乙公司长期合作的事实，乙公司应当熟知并考虑甲公司的实际情况，按习惯提供大白菜和萝卜等蔬菜，或在供货前征求甲公司的意见。甲公司强调自己的炊事员少并不能成为单方面解释合同标的的理由。③如果按照合同文字含义及其条款原则解释不能达成一致意见，只能按照交易习惯原则，即订立合同的目的解释合同标的。按照交易习惯原则，甲公司与乙公司有供应蔬菜的多年合作关系，平时供应的是大白菜、萝卜等蔬菜，合同争议时其标的也应该确定为大白菜、萝卜等蔬菜。

（3）数量和质量。数量是以数字和计量单位来衡量标的的尺度。质量是标的内在素质和外观形态的综合，包括标的名称、品种、规格、型号、等级、标准、技术要求等。数量和质量应作为主要条款在合同中作明确、具体的规定。

（4）价款或者报酬。价款是根据合同取得财产的一方当事人向另一方当事人支付的以货币表示的代价，如承租人向出租人支付的租金。报酬是根据合同取得劳务的一方当事人向另一方当事人支付的货币，如委托人向代理人支付的代理费。价款或报酬是有偿合同的必备条款。

（5）合同的履行期限、地点和方式。合同履行的期限是当事人履行合同的时间限度，是合同是否履行或迟延履行的标准。履行地点和方式关系到合同履行的费用，对于明确当事人的权利、义务和责任也有重要意义。

（6）违约责任。违约责任是违反合同义务的当事人应承担的法律责任。在合同中明确规定违约责任，有利于促使当事人自觉履行合同，有利于发生纠纷时确定违反合同的当事人的责任。

（7）解决争议的方法。当事人在签订合同时就明确以后发生纠纷或争议的情况时，通过什么方式来加以解决，一般是在合同中加入仲裁协议。

**2. 合同的普通条款**

合同的普通条款，是指合同主要条款以外不影响合同成立的条款，也称一般条款。实践中，当事人除了就上述主要条款进行约定外，往往还要约定不少其他有关双方权利义务的内容。例如，在买卖合同中，双方除了约定标的质量标准外，还要就验收地点、验收方法、验收人员等有关质量问题的其他内容作出约定。又如租赁合同中，除主要条款外，双方往往需就承租方能否转租、出租物的修缮、出租方提前收回房屋的权利等内容作出约定。

## （二）合同的形式

合同的形式，是指合同的当事人达成协议的表现形式。《合同法》第10条规定："当事人订立合同，有书面形式、口头形式和其他形式。法律、行政法规规定采用书面形式的，应当采用书面形式。当事人约定采用书面形式的，应当采用书面形式。"据此规定，我国合同的形式主要有下列三种：

1. **普通书面形式**

书面形式，是指当事人以文字叙述的方式进行意思表示而订立合同。当事人协商同意的有关修改合同的文书、电报和图表，也是书面合同的组成部分。书面合同由当事人签字或盖章，法人订立书面合同应加盖法人公章（或合同专用章），并由法定代表人或其授权代表签名盖章。

2. **特殊书面形式**

特殊书面形式，是指合同除文字表述内容外，还须履行某种特别程序方能成立，如登记、批准、公证等。

（1）登记，是指由主管机关对合同进行登记或者公告。例如，转让专利权的合同要经专利局登记、公告；房屋买卖合同要经房管机关登记；有偿转让土地使用权须经土地主管机关登记等。

（2）批准，是指根据法律或主管机关的规定，由主管机关对合同加以审核批准。例如，中外合资各方签订的合资经营合同要报主管机关批准，向外国人转让专利申请权或专利权的合同，须经主管部门批准等。

（3）公证，是指国家公证机关对合同的真实性和合法性所作的公证证明。经过公证的合同具有可靠的证据力，当事人除有相反的证据外，不能推翻。公证并非合同成立生效的必经程序，但若法律规定对某种合同必须公证或当事人在合同中约定须经公证才能生效的，则合同不经公证程序便不能生效。

3. **口头形式**

口头形式，是指当事人以口头交谈或电话交谈的方式进行意思表示而订立合同。口头合同简便易行，在日常生活中广泛应用，如商店里的零售买卖。但是，口头合同在发生纠纷时举证困难，不能即时清理、结算的合同和较为重要的合同，不宜采用口头形式。

**案例4-6　房屋租赁案例**

**案情与问题：**李某与刘某签订一房屋租赁合同。根据所学的《合同法》和相关法律知识，回答下列问题：（1）假如房屋租赁合同的期限为30年，合同是否有效？为什么？（2）假如租赁期间房屋需要维修，承租人也要求维修，但由于没有维修，致使房屋侧墙倒塌，造成承租人财产损失，责任应当由谁承担？为什么？（3）为了美观舒适，承租人自行对房屋进行装修，要求出租人按照装修费用的一半支付是否合理？为什么？（4）承租人经出租人同意将房屋转租，承租人和出租人之间的关系是否解除？为什么？（5）在承租期间，出租人将房屋出售，是否需要承租人的同意？为什么？

**分析要点：**（1）合同部分有效，部分无效。《合同法》第214条规定，租赁期限不得超过20年。超过20年的，超过部分无效。（2）责任应当由出租人承担。《合同法》第216条规定，出租人应当按照约定将租赁物交付承租人，并在租赁期间保持租赁物符合约定的用途。《合同法》第220条规定，出租人应当履行租赁物的维修义务，但当事人另有约定的除外。（3）不合理。《合同法》第223条规定，承租人经出租人同意，可以对租赁物进行改善或者增设他物。承租人未经出租人同意，对租赁物进行改善或者增设他物的，出租人可以要求承租人恢复原状或者赔偿损失。该承租人没有得到出租人的同意自己进行装修，违反法律的规定，因此要求出租人支付一半的费用就更是没有道理了。（4）没有解除。《合同法》第224条规定，承租人经出租人同意，可以将租赁物转租给第三人。承租人转租的，承租人和出租人之间的租赁合同继续有效。(5) 不需要承租人的同意。但应当提前通知承租人。《合同法》第 230 条规定，出租人出卖租赁房屋的，应当在出卖之前的合理期限内通知承租人，承租人享有以同等条件优先购买的权利。

## 四、无效合同和可撤销合同

### （一）无效合同

依法成立的合同具有法律强制约束力，双方必须按合同约定履行义务，同时获得相应的权利。但只有依法订立的合同才具有这种法律效力，否则就是无效合同。无效合同就是指虽经当事人订立，但不能产生有效的法律后果，不受国家法律保护的合同。

按照我国法律和司法实践，无效合同主要有以下几种：

(1) 主体不合格的合同。无民事行为能力人订立的合同，以及限制民事行为能力人订立的依法不能独立订立的合同；不具备法人资格的社会组织以法人名义签订的合同；未经核准登记领取经营执照的个体工商户，以个体工商户名义签订的合同；法人、个体工商户等组织超越经营范围或者违反经营方式签订的合同；无权处分人处分他人财产的合同。但第三人善意、有偿取得财产的，应当维护第三人的合法权益，对所有人的损失，可由无权处分人负责赔偿。

(2) 内容不合法的合同。内容不合法的合同主要包括以下情况：违反法律和国家政策的合同；合同标的为国家明令禁止买卖的物，未经许可经营的物或者法律、政策所不允许的行为的合同；当事人逃避法律，损害国家利益、社会公共利益或者他人利益的合同；非法垄断技术、妨碍技术进步的合同；侵害他人合法权益的合同。

(3) 严重违反当事人一方意思的合同。严重违反当事人一方意思有以下情况：采用胁迫手段签订的合同；乘人之危签订的合同；采用欺诈手段签订的合同，包括明知自己没有履行能力，仍与他人签订的无实际履行能力的自始不能履行的合同。

(4) 无效代理订立的合同。无效代理包括以下情况：无权代理人订立且未经被代理人追认的合同；代理人以被代理人的名义同自己签订的合同；代理人以被代理人的名义同自己代理的其他人签订的合同；代理人与对方恶意串通签订的损害被代理人利益的合同；盗用单位的介绍信、合同专用章或者盖有公章的空白合同书签订的合同；借用其他单位的业务介绍信、合同专用章或者盖有公章的空白合同书签订的合同。

### （二）可撤销合同

可撤销合同是指由于法定原因享有撤销权的一方合同当事人可以请求撤销合同效力的合同。可撤销合同包括：①因重大误解订立的合同；②显失公平的合同。

可撤销的合同，只有当事人申请撤销时，人民法院或仲裁机构才能作出撤销的裁决。

**案例 4－7　当事人对标的有重大误解，能否撤销合同**

**案情与问题：**某商场新进一种 CD 机，价格定为 2 598 元。柜台组长在制作价签时，误将 2 598 元写为 598 元。赵某在浏览该柜台时发现该 CD 机物美价廉，于是用信用卡支付 1196 元购买了两台 CD 机。一周后，商店盘点时发现少了 4 000 元，经查是柜台组长标错价签所致。由于赵某用信用卡结算，所以商店查出是赵某少付了 CD 机货款，于是找到赵某，提出补交 4 000 元或退回 CD 机（商店退还 1 196 元）。赵某认为彼此的买卖关系已经成立并交易完毕，商店不能反悔，拒绝商店的要求。商店无奈只得向人民法院起诉，要求赵某返还 4 000 元或 CD 机。请问：（1）商店的诉讼请求有法律依据吗？为什么？（2）应如何处理？

**分析要点：**（1）商店的诉讼请求有法律依据。《合同法》第 54 条规定：因重大误解订立的合同，当事人一方有权请求人民法院或者仲裁机构变更或撤销合同。第 58 条规定：合同被撤销后，因该合同取得的财产，应当予以返还……基于上述理由，商店的诉讼请求有法律依据。本案中，当事人因对标的物的价格认识错误而实施商品买卖行为，这一错误不是出卖人故意造成的，而是因疏忽标错价签所致，这一误解对出卖人造成较大的经济损失。根据本案的情况，符合重大误解的构成要件，应依法认定为重大误解的民事行为。（2）法院可根据《合同法》第 58 条规定，裁决赵某将 CD 机返还给商店，由柜台组长对由此给赵某造成的损失承担责任。

## （三）确认合同无效和被撤销的法律后果

无效和被撤销合同由人民法院或者仲裁机构确认。合同被确认无效和被撤销后，从订立时起就没有法律约束力。当事人双方已确立的权利义务关系随之无效。合同尚未履行的，不得履行；正在履行的，应当立即终止履行。合同所涉及的财产应依照法律规定作下列处理：

**1. 返还财产**

合同被确认无效和被撤销后，当事人依合同所取得的财产，应返还给对方。如果标的物已不存在或者已被第三人合法取得，不能返还时，可用赔偿损失的办法抵偿。

**2. 赔偿损失**

合同被确认无效和被撤销后，有过错的一方应赔偿对方因此所受的损失。如果双方都有过错，各自承担相应的责任。所谓各自承担相应的责任，不是各自承担自己的损失，也不是平均分担损失，而是要分清双方当事人责任的主次、轻重，分别承担经济损失中与其责任相适应的份额。

**3. 收归国库**

合同被确认无效后将当事人合同项下财产收归国库所有。这是对当事人故意损害国家利益或社会公共利益的行为所采取的一种惩罚手段。双方都是故意的，追缴双方已经取得或者约定取得的财产，收归国库所有；只有一方是故意的，故意的一方应将从对方取得的财产返还给对方，非故意的一方已经从对方取得或者约定取得的财产，应收归国库所有。

**案例 4－8　赠与合同是否可以撤销**

**案情与问题：**钱某在外地工作，将儿子送入北京一所学校上学，并托北京的同学孙某抽空去照顾儿子的生活。孙某非常尽心，常去照顾钱某儿子的生活。钱某在感激之余，就决定将自己的一台八成新的手提电脑送给对方。请问：（1）如果手提电脑在答应送给孙某但尚未履行前由于双方关系变坏，钱某是否可以撤销赠与？为什么？（2）如果已经将手提电脑交付给孙某，钱某是否可以撤销赠与，取回手提电脑？为什么？（3）如果孙某没有按照约定照顾钱某的儿子，钱某在交付手提电脑后是否可以撤销赠与？为什么？

**分析要点：**（1）李某可以撤销赠与。《合同法》第 186 条规定，赠与人在财产权利转移之前可以撤销赠与。（2）不可以撤销赠与。法律规定在财产权利转移之前可以撤销赠与，也就是说，权利已经转移的情况下不可以撤销。（3）由于钱某在赠与孙某手提电脑时，并未声明孙某在接受赠与的同时必须对钱某的儿子尽到照顾义务，孙某照顾钱某的儿子是基于此前的委托合同，故本赠与合同并非附义务的赠与合同，在赠与物权利移转后，钱某不得撤销赠与合同。

## 第三节　合同的担保、履行、变更、转让和终止

### 一、合同的担保

合同担保是当事人确保合同履行的方式。依照我国担保法，合同担保的方式有保证、定金、抵押、质押、留置五种方式。

#### （一）保证

**1. 保证的概念及特征**

根据《担保法》规定，保证是保证人和债权人约定，当债务人不履行债务时，保证人按照约定履行债务或者承担责任的行为。承担担保责任的第三人称为保证人，债务被担保的人称为被保证人。我国《民法通则》规定，保证人向债权人保证债务人履行债务，债务人不履行债务的，按照约定由保证人履行或者承担连带责任。

保证具有以下特征：①保证本身是一种合同关系，是第三人与债权人签订的关于保证债务人履行主合同的义务的一种从属性合同；②一般的保证合同虽然与其所保证的债权的关系密不可分，但保证人并非主合同的当事人。只有债务人（即被保证人）不履行义务时，债权人才可以要求保证人承担履行债务的责任。

**2. 保证成立的条件**

保证成立的条件是：①保证人应当具有代偿能力和民事行为能力；②保证人有承担保证责任的明确意思表示；③保证合同应采用书面形式。

**3. 保证的方式**

保证的方式依《担保法》的规定分为两种：一是一般保证，一是连带责任保证。如

果当事人对保证方式没有约定或约定不明确，则按连带责任保证承担保证责任。

连带责任保证，是指债务人在主合同规定的履行期届满而没有履行债务的，债权人可以要求债务人履行债务，也可以要求保证人承担责任。

**案例4－9　商业银行借款问题**

**案情与问题：**某股份有限公司与某商业银行签订了一份借款合同。合同约定：某商业银行向某股份有限公司贷款人民币1 500万元，借款期限为三年，借款用途为技术改造。根据所学的《合同法》和相关法律知识，回答下列问题：（1）借款合同没有采用书面形式是否合法？为什么？（2）某股份有限公司按照银行要求提供保证担保，保证人为某股份有限公司的主管部门，即市冶金工业局。该担保是否合法？为什么？（3）某商业银行为了控制风险，将利息225万元预先在本金中扣除。这种行为是否合法？为什么？（4）假如当事人双方没有在合同中约定利息的支付期限，应当怎么处理？为什么？

**分析要点：**（1）借款合同没有采用书面形式不符合法律规定。《合同法》第197条第1款规定，借款合同采用书面形式，但自然人之间借款另有约定的除外。本案例中两个法人之间的借款应当采用书面形式。（2）不符合法律规定。根据《担保法》的规定，国家机关不能做保证人。冶金工业局是国家机关，不能作为保证人。（3）不合法。《合同法》第200条规定，借款的利息不得预先在本金中扣除。利息预先在本金中扣除的，应当按照实际借款数额返还借款并计算利息。（4）如果当事人没有约定利息支付期限，应当根据《合同法》第61条、205条的规定处理，即当事人之间协商，协商不成的，按照合同的其他条款和交易习惯确定。如果仍不能确定，按照下列规定办理：本合同的借款期限为三年，应当在每届满一年时支付。

## （二）定金

**1. 定金的成立要件**

定金是合同当事人一方为保证合同的履行，在合同成立之后或履行之前，按合同约定给付对方的一定数额的款项。定金由当事人订立定金合同确定。定金合同除具备合同成立的一般条件外，还须具备以下条件：①定金合同以主合同（主债）的有效成立为前提；②定金合同以定金的交付为成立要件；③定金的数额由当事人约定，一般不得超过主合同标的总额的20%。

**2. 定金的效力**

《民法通则》第89条规定："当事人一方在法律规定的范围内可以向对方给付定金。债务人履行债务后，定金应当抵作价款或者收回。给付定金的一方不履行债务的，无权要求返还定金；接受定金的一方不履行债务的，应当双倍返还定金。"据此，定金给付后，发生以下三方面的效力：一是证明合同成立。二是履行合同时抵作价款。三是在合同不履行时，适用定金罚则，即若交付定金一方不履行合同，则丧失定金；接受定金一方不履行合同，应当双倍返还定金。

## （三）抵押

**1. 抵押的设立**

抵押是合同当事人一方或第三人向对方提供一定的财产，以保证履行合同义务的担保方式。抵押应签订抵押合同。抵押合同一般应当包括以下内容：①被担保的主债权的种类和数额；②债务人履行债务的期限；③抵押物的名称、数量、质量、状况、所在地、所有权权属或使用权权属；④抵押担保的范围，一般包括原债权及利息、抵押权实现费用、违约金和损害赔偿金；⑤当事人认为需要约定的其他事项。

由于抵押设立后，其法律效果不仅直接涉及到抵押人和抵押权人，而且还涉及到抵押人的一般债权人和其他与抵押物有利害关系的人，因此法律对抵押权的设立，要求具备严格的形式要件。根据《担保法》第41条、42条的规定，下述财产的抵押，应当办理抵押物登记，抵押合同自登记之日起生效。①无地上定着物的土地使用权，其登记部门为核发土地使用权证书的土地管理部门；②城市房地产或者乡（镇）、村企业的厂房等建筑物，其登记部门为县级以上地方人民政府规定的部门；③林木，其登记部门为县级以上林木主管部门；④航空器、船舶、车辆，其登记部门为运输工具的登记部门；⑤企业的设备和其他动产，其登记部门为财产所在地的工商行政管理部门。

**2. 抵押的标的**

抵押的标的，习惯上称为抵押物。它是指债务人或第三人提供担保的财产。下列财产可以作为抵押物：①抵押人所有的房屋和其他地上定着物；②抵押人所有的机器、交通运输工具和其他财产；③抵押人依法有权处分的国有土地使用权、房屋和其他地上定着物；④抵押人依法有权处分的国有机器、交通运输工具和其他财产；⑤抵押人依法承包并经发包方同意抵押的荒山、荒沟、荒丘、荒滩等荒地的土地使用权；⑥依法可以抵押的其他财产。

根据我国有关法律规定，下列财产不得抵押：①土地所有权；②耕地、宅基地、自留地、自留山等集体所有的土地使用权，但法律有特别规定的除外；③学校、幼儿园、医院等以公益为目的的事业单位和社会团体的教育设施、医疗卫生设施和其他社会公益设施；④所有权、使用权不明或有争议的财产；⑤依法被查封、扣押、监管的财产；⑥依法不能抵押的其他财产。

## （四）质押

质押分为动产质押和权利质押。

**1. 动产质押**

所谓动产质押，是指债务人或第三人为了担保债务的履行，将其动产移交债权人占有，将该动产作为债权的担保，当债务人不履行债务时，债权人有就其占有的动产进行折价、拍卖、变卖，以优先受偿的权利。

（1）质押的设立。

质押的设立，通常以签订合同为依据。质押合同的当事人称为质权人和出质人，其中，债权人是质权人；移交动产或权利的债务人或第三人是出质人。

《担保法》规定，出质人和质权人应当以书面形式签订质押合同，其内容包括：①被担保的主债权种类、数额；②债务人发行债务的期限；③质物名称、数量、质量、状况；④质权的担保范围；⑤质物移交的时间；⑥当事人认为需要约定的其他事项。

质押合同为实践性合同。质押合同自质物从出质人交于质权人占有时生效。出质人和质权人不得在合同中约定在债务发行期届满、质权人未受清偿时，质物的所有权转移为质权人所有。质押担保的范围包括主债权及利息、违约金、损害赔偿金、质物保管费用和实现质权的费用。但质押合同另有约定的，按照约定执行。

（2）质押当事人的权利。

质权人的权利：①占有质物。对质物的占有，既是质权的成立要件，也是质权的存续要件。质权人有权在债权受清偿前占有质物。②收取孳息。质权人有权收取质物的孳息，但质押合同另有约定的除外。质权人收取的孳息可以先充抵收取孳息的费用。③质权的保全。质物有损坏或价值明显减少的可能，足以危害质权人权利时，质权人可要求出质人提供相应的担保。出质人不提供的，质权人可拍卖或变卖质物，并与出质人协议将拍卖或变卖所得的价款用于提前清偿所担保的债务或向与出质人约定的第三人提存。④优先受偿。债务履行期届满，质权人未受清偿的，可与出质人协议以质物折价，也可依法拍卖、变卖质物。质物折价或拍卖、变卖以后，其价款超过债权数额的部分归出质人所有，不足部分由债务人清偿。

出质人的权利：①出质人在质权人因保管不善致使质物损灭时，有权要求质权人承担民事责任。②债务履行期届满，债务人履行债务的，或者出质人提前清偿所担保的债权的，出质人有权要求质权人返还质物。③出质人如果是债务人以外的第三人，该第三人代为清偿债务或因质权人丧失质物的所有权时，有权向债务人追偿。

**2. 权利质押**

所谓权利质押，是指债务人或第三人为了担保债务的履行，将其财产权利移交债权人占有，将该项财产权利作为债权的担保，当债务人不履行债务时，债权人有就其占有的财产权利优先受偿的权利。

权利质押合同的标的是权利。根据《担保法》规定，权利质押有以下几种类型：①汇票、支票、本票、债券、存款单、仓单、提单；②依法可以转让的股份、股票；③依法可以转让的商标专用权、专利权、著作权中的财产权；④依法可以出质的其他权利。

以汇票、支票、本票、债券、存款单、仓单、提单等权利出质的，出质人应当在合同规定的期限内将权利凭证交付质权人。质押合同自权利凭证交付之日起生效。以载明兑现或者提货日期的汇票、支票、本票、债券、存款单、仓单、提单出质的，其兑现或者提货日期先于债务履行期的，质权人可以在债务履行期届满前兑现或者提货，并与出质人协议将兑现的价款或提取的货物用于提前清偿所担保的债权或向出质人约定的第三人提存。

## （五）留置

**1. 留置的概念和特征**

留置是债权人按照合同中约定占有债务人的财产，在债务人逾期不履行债务时，有留置该财产并就该财产优先受偿的权利。

留置有以下特征：①留置是以动产标的物为限。留置的作用，在于担保债权受偿，而不在于对物的使用、收益。②留置是债权人留置债务人动产的权利。留置是债权人对于自己的债权受清偿前，拒绝返还所占有的债务人的动产。在债务人超过法定期限仍不履行债务时，债权人即可就留置物受偿，以满足其债权。③留置权是一种法定担保。留置权在符合一定条件时，依法律的规定产生，而不是依当事人之间的协议设定。我国《担保法》规定，因保管合同、运输合同、加工承揽合同发生的债权，债务人不履行债务的，债权人有留置权，但当事人可以在合同中约定不得留置的标的物。

**2. 留置权人的权利和义务**

留置权人的权利：①留置标的物。在债务人不履行债务时，债权人就可以留置标的物。②收取留置物的孳息。收取的孳息，应先充抵取得孳息的费用。③请求偿还费用。债权人因保管留置物所支出的必要费用，有权向债务人请求返还。④就留置物优先受偿。留置权所担保的范围包括主债权及利息、违约金、损害赔偿金、留置物保管费用和实现留置的费用。

债权人留置财产后，应当确定2个月以上的期限，通知债务人在该期限内履行债务。债务人逾期仍不履行的，债权人可以将留置物折价、拍卖、变卖。留置物折价或拍卖、变卖后，其价款超过债权数额的部分归债务人所有，不足部分由债务人清偿。

留置权人的义务：①保管留置物。债权人因保管不善造成留置物灭失或毁损的，应当承担责任。②返还留置物。在留置权所担保的债权消灭或者债权虽未消灭，债务人另行提供担保时，债权人应返还留置物予债务人。

另外，规定违约金也是合同担保的一种方式。违约金是指由法律或合同规定的，当事人一方因过错不能履行或不能完全履行合同时，应向对方支付的一定数额的货币。违约金是承担合同违约责任最常见的一种方式。我国《合同法》规定，违约金的支付条件有两个：一是要有违约行为，即当事人一方或双方有不履行合同或不完全履行合同的行为；二是当事人一方或双方有违约过错，即当事人一方或双方不履行或者不完全履行合同是出于故意或过失。可见，我国合同法在违约责任上坚持过错责任原则，至于是否给对方造成损失，并不是违约金支付的条件。

**案例4－10　合同成立后，知道对方无法履行合同，可否要求其提供担保再履行合同**

**案情与问题：**甲乙两公司签订一份总价为500万元的钢材购销合同，合同约定：甲公司预支200万元。在甲公司即将支付预付款前，得知乙公司因经营不善，无法交付钢材，并有确切证据证明。于是，甲公司拒绝支付预付款，除非乙公司能提供一定的担保，乙公司拒绝提供担保。为此，双方发生纠纷并诉至法院。请问：（1）甲公司拒绝支付预付款是否合法？（2）甲公司的行为若合法，法律依据是什么？（3）甲公司行使的是什么权利？行使该权利应具备什么条件？

**分析要点：**（1）甲公司拒绝支付预付款合法。（2）《合同法》第68条规定："应当先履行债务的当事人，有确切证据证明对方有下列情形之一的，可以中止履行：①经营状况严重恶化。②转移财产、抽逃资金以逃避债务。③丧失商业信誉。④有丧失或者可能丧失履行债务能力的其他情形……"本案中甲公司作为先行给付的一方当事人，在对方于缔约后财产状况明显恶化，且未提供适当担保，可能危及其债权实现时，可以中止履行合同，以保护权益不受损害。因此在发生纠纷时，法院应支持甲公司的主张。(3) 甲公司行使的是不安抗辩权。不安抗辩权的适用条件是：①须是同一双务合同所产生的两项债务，并且相互为对价给付。②互为对价给付的双务合同规定有先后履行顺序，且应先履行债务的一方的履行期已到。③应在后履行债务的一方当事人，在合同依法成立之后，出现丧失或有可能丧失履行债务的能力。④应在后履行债务的当事人未能为对方给付或为债务的履行提供适当的担保。

## 二、合同的履行

合同的履行，是指合同双方当事人按照合同的规定，完成各自承担的义务。《合同法》第60条规定："当事人应当按照约定全面履行自己的义务。""当事人应当遵循诚实信用原则，根据合同的性质、目的和交易习惯履行通知、协助、保密等义务。"

### (一) 履行主体

履行主体，是指履行合同义务和接受合同履行的人。在某些情况下，第三人也可以成为合同履行主体。它包括以下两种情况：一是由第三人代替债务人履行义务。例如，甲欠乙借款到期未还，经协商，丙同意替甲向乙偿还借款。这种情况下，丙是以第三人的身份代替债务人甲履行债务。二是由第三人代替债权人接受债务人的履行，即由第三人接受履行。债权人可以要求债务人向其指定的第三人履行。例如，甲向乙定购一批机器，甲指定乙将这批机器交付给丙厂，丙厂接受这批机器，就是第三人接受履行。

**案例4－11　债权人可否对其债务人的债权行使代位抗辩权**

**案情与问题：**甲公司为开发新项目，急需资金，于2000年3月12日与乙公司签订一个借款合同，规定乙公司借给甲公司50万元，借期为6个月，月息为银行贷款利息的1.5倍，至同年9月12日一次还清本息。甲公司因新项目开发不顺利，到期无法还本付息。乙公司向甲公司催促还款时得到一信息，丙公司正准备向甲公司送还到期借款80万元，但甲公司让某单位不用还款。于是，乙公司向法院起诉，请求甲公司以丙公司的还款来清偿债务，甲公司辩称该债权已放弃，无法清偿债务。请问：(1) 甲公司的行为是否构成违约？为什么？(2) 乙公司是否可针对甲公司的行为行使撤销权？为什么？(3) 乙公司是否可以行使代位权？说明理由。

**分析要点：**(1) 甲公司的行为已构成违约。甲公司与乙公司之间的借贷合同关系，系自愿订立，无违法内容，又有书面借据，合法有效。甲公司系债务人，负有按期清偿本息的义务；甲公司因新项目开发不顺利，不能如期履行清偿义务，构成违约。(2) 乙公司可行使撤销权。请求法院撤销甲公司放弃债权的行为。债权人对于自己享有的债权，完全可以根据自己的意志，决定行使或者放弃。但是，当该债权人同时又是其他债权人的债务人时，如果他放弃债权的行为使其他债权人的权利无法实现，其他债权人享有依法救济的权利。本案中，甲公司放弃对丙公司享有的债权，表面上是处分自己的权益，但实际上却损害了乙公司的债权，依照我国合同法的规定，乙公司可以行使撤销权，撤销甲公司放弃债权的行为。(3) 乙公司可以行使代位权。根据《合同法》第73条的规定，债权人可享有代位权，在债务人怠于行使自己的到期债权，危及债权人的权利时，债权人可以向人民法院请求以自己的名义代位行使债务人的权利，实现自己的债权。乙公司可以直接向丙公司行使代位权。

## （二）履行标的

履行标的，是指债务人向债权人履行义务应交付的对象。当事人必须严格按照合同约定的标的履行义务，只有在法律规定或者合同约定允许以其他标的代替履行时，债务人才可以在债权人同意后以其他标的履行。

（1）债务人以给付实物履行债务的，交付的标的物的数量、质量必须符合法律规定和合同约定。标的物的质量应按合同约定的标准履行。

（2）以完成一定工作或劳务履行义务的，债务人应当严格按合同和法律规定的质量、数量完成工作或提供劳务。

（3）以货币履行义务的，除法律另有规定外，必须用人民币计算和支付。除国家允许的现金交易外，法人之间的经济往来，必须通过银行转账结算。

（4）在支付标的之价款或报酬时，当事人应按照合同约定的标准和计算方法确定的价款来履行。合同中约定价款不明确的，按照国家规定的价格履行；国家没有规定价格的，参照市场价格或者同类物品的价格或者同类劳务的报酬标准履行。

**案例 4－12　卖方供货质量不合格，买方可否拒付余款**

**案情与问题：**甲公司与乙公司签订一份买卖木材的合同，合同约定甲公司应在合同生效后 15 日内向乙公司支付 40% 的预付款；乙公司收到预付款后 3 日内发货至甲公司，甲公司收到货物验收后即结清余款。乙公司收到甲公司 40% 的预付款后的第二天即发货给甲公司。甲公司收到货物后经验收发现木材质量不符合合同约定，遂及时通知乙公司并拒绝支付余款。请问：（1）甲公司拒绝支付余款是否合法？（2）甲公司的行为若合法，法律依据是什么？（3）甲公司行使的是什么权利？行使该权利必须具备什么条件？

**分析要点：**（1）甲公司拒绝支付余款是合法的。（2）《合同法》第 67 条规定："当事人互负债务，有先后顺序，先履行一方未履行的，后履行一方有权拒绝其履行要求。先履行一方履行债务不符合约定的，后履行一方有权拒绝其相应的履行要求。"乙公司虽然将木材如期运至甲公司，但其木材质量不符合合同约定，根据《合同法》第 67 条规定，甲公司有权拒绝支付余款。（3）甲公司行使的是先履行抗辩权。先履行抗辩权的行使应当具备以下三个条件：①双方当事人须由同一双务合同互负债务。②须双方所负的债务有先后履行顺序。③应当先履行的当事人未履行债务或履行债务不符合约定。

## （三）履行期限

履行期限，是指债务人向债权人履行义务和债权人接受债务人履行义务的时间。履行期限可以是具体的某一期日，也可以是某一期间。如果合同中约定的期限不明确，当事人又协商不成的，则合同债务人可以随时向债权人履行义务，债权人也可以随时要求债务人履行义务，但应当给对方必要的准备时间。

债务人在履行期限届满后履行，称为合同的逾期履行或迟延履行。债务人在履行期限届满前就履行自己的义务称为合同的提前履行。经债权人同意的提前履行，应视为双方对履行期限的变更，其履行便是适当的。未经债权人同意，原则上是不能提前履行合同的。

**案例4－13　收下对方逾期交付的货物，是否应该支付货款**

**案情与问题：**甲公司与乙袜厂于某年4月6日签订了一份丝袜供应合同。合同规定：乙袜厂向甲公司供应丝袜2万双，总价款为人民币4万元，同年4月20日交货，货到付款，合同有效期至同年4月30日止，双方若有违约应支付违约金。5月9日，乙袜厂送来2万双丝袜。甲公司以交货已过合同有效期为由拒收货物。经乙袜厂再三请求，甲公司同意接受2万双丝袜。次日，甲公司销售人员将丝袜售出5 000双，其余入库存放。6月底乙袜厂电话催付货款，甲公司原签约人称，丝袜已卖出5 000双，其余存在库中。同年10月8日，乙袜厂派人去收取货款，甲公司认为该批货系暂时代为保管，除已代售的5 000双丝袜货款如数支付外，其余丝袜应由乙袜厂取回。但乙袜厂要求给付全部货款。请问：（1）甲公司起初拒收货物是否有法律依据？（2）乙袜厂要求甲公司给付全部货款是否有理？（3）乙袜厂在履约过程中应承担什么违约责任？（4）甲公司在履行合同中是否应该承担违约责任？

**分析要点：**（1）乙袜厂逾期交货，又未在发货前与甲公司协商，应认定乙袜厂违约。按照《合同法》的有关规定，甲公司起初拒收货物是有法律依据的。（2）后甲公司同意接受乙袜厂迟延交付的货物并将部分货物出售，因此乙袜厂要求甲公司给付全部货款有理。（3）乙袜厂逾期交货，应按照合同的约定，向甲公司偿付逾期交货违约金。（4）甲公司逾期付款，应比照银行有关延期付款的规定向乙袜厂偿付逾期付款违约金。

### （四）履行地点

履行地点，是指债务人履行义务和债权人接受履行的地点。当事人对履行地点约定不明确，给付货币的，在接受给付一方所在地履行，其他标的在履行义务一方所在地履行；但标的为工程项目和建筑物的，应在标的所在地履行。凡符合上述规定的履行地点的履行，均属适当履行。

### （五）履行方法

履行方法，是指债务人履行义务的方式。履行方法是由法律规定或合同约定的。合同的性质和内容不同，其履行方法也不同。《合同法》第60条、62条规定，“当事人应当遵照诚实信用原则，根据合同性质、目的和交易习惯履行通知、协助、保密等义务。”“履行方式不明确的，按照有利于实现合同目的的方式履行。”

## 三、合同的变更、转让和终止

### （一）合同的变更

合同的变更是指依法成立的合同在尚未履行或者未履行完毕之前，由于一定法律事实的出现而使合同内容发生变化。合同变更有广义和狭义两种理解。广义的合同变更是指合同法律关系的主体、客体和内容中任何一个方面的改变。狭义的合同变更只是指合同法律关系的客体和内容的改变。我国《合同法》规范的是狭义的合同变更。合同主体的变更即债的转移，被视为合同的转让来规范。

根据合同法的基本原理，合同一旦依法成立生效，即具有法律约束力，当事人不得擅自对合同的内容加以改变。但是，根据合同自由原则，当事人如果意思表示一致，可以变更合同的内容。所以，《合同法》第 77 条规定："当事人协商一致，可以变更合同。"但合同法也同时规定，法律、行政法规规定变更合同应当办理批准、登记等手续的，当事人必须依法办理有关手续。另外，合同法还规定，在当事人对合同变更的内容约定不明确时，应该推定为合同未变更。

### （二）合同的转让

合同的转让是指合同当事人一方依法将其享有的合同权利义务全部或部分转让给第三人。合同的转让，按照所转让的权利义务情况的不同，可以分为债权转让、债务转移和债权债务的一并转让三种情况。

**1. 债权转让**

债权转让是指不改变合同关系的客体和内容，债权人通过与第三人订立合同的方式，将债权全部或部分转让给第三人享有的情况。其中，债权人称作让与人，第三人称作受让人。债权人转让权利应当通知债务人。《合同法》第 79、80 条规定："债权人可以将合同的权利全部或者部分转让给第三人。""债权人转让权利的，应当通知债务人。未经通知，该转让对债务人不发生效力。"

尽管在各种经济活动中，可转让的债权十分广泛，但依《合同法》第 79 条规定："下列三种债权不能转让：①根据合同性质不得转让的债权；②按照当事人约定不得转让的债权；③依照法律的规定不得转让的债权。"另外，《合同法》第 87 条还规定："法律、行政法规规定转让权利或者转移义务应当办理批准、登记等手续的，依照其规定。"依此规定，对于法律、行政法规规定转让债权应当办理批准、登记手续的，必须办理批准、登记手续。

**案例4－14　甲公司将与乙公司签订的合同转让给丙公司是否有效**

**案情与问题：**1999年10月15日，甲公司与乙公司签订合同，合同约定由乙公司于2000年1月15日向甲公司提供一批价款为50万元的电脑配件，1999年12月1日甲公司因销售原因，需要乙公司提前提供电脑配件，甲公司要求提前履行的请求被乙公司拒绝，甲公司为了不影响销售，只好从外地进货，随后将对乙公司的债权转让给了丙公司，但未通知乙公司。丙公司于2000年1月15日去乙公司提货时遭拒绝。请问：（1）乙公司拒绝丙公司提货有无法律依据？为什么？（2）甲公司与丙公司的转让合同是否有效？如何处理。

**分析要点：**（1）乙公司拒绝丙公司的提货有法律依据。我国《合同法》第80条规定："债权人转让权利的，应当通知债务人。未经通知，该转让对债务人不发生效力。"本案中，甲公司将债权转让给丙公司，但未通知乙公司，因而对乙公司不发生效力。（2）依《合同法》第79条的规定，甲公司与丙公司的债权转让合同有效。丙公司的履行要求被拒绝，应当由甲公司对丙公司承担责任。

2. **债务转移**

债务转移是指合同当事人在不改变合同关系的客体和内容的前提下，约定将债务部分或全部转移给第三人承担的情况。债务人将全部债务转移给第三人，从而使自己脱离原合同关系，就是彻底的债务转移。在这种情况下，原债务人在原合同关系中不再承担任何责任；债务人将部分债务转移给第三人，第三人加入合同关系，只是承担原合同关系中的一部分债务，称为部分的债务转移。在这种情况下，原债务人不脱离合同关系，仍然要与新债务人一起共同承担原合同关系中的债务。

由于债务人的改变会对债权人实现债权产生影响，所以《合同法》第84条规定："债务人将合同的义务全部或者部分转移给第三人的，应当经债权人同意。"另据《合同法》第87条规定，对于法律、行政法规规定债务转移应当办理批准、登记手续的，应当办理批准、登记手续。

**案例4－15　合同转包他人是否仍需承担违约责任**

**案情与问题：**某商场（甲方）与某服装厂（乙方）于4月初签订了便式西服定做合同。合同规定：甲方提供样品，由乙方购料制作便式西服600套，每套270元，以所封存的样品为检验产品质量的依据。乙方分3次交货，4月底交200套，5月底交200套，6月初交200套。每次交货后甲方在6天内付款。4月底，甲乙双方如期履行了合同。但5月底，乙方交付的第二批便式西服，经甲方检验，发现存在同一规格的西服领头大小不一、口袋上下左右偏位等质量问题，与样品不相符。于是，甲方要求乙方停止加工，双方解除合同，乙方赔偿甲方错过销售旺季所造成的经济损失。乙方则提出，该批西服已转给某个体裁缝加工，质量问题也应由个体裁缝独立承担责任。双方协商不成，甲方遂向法院提起诉讼，要求乙方赔偿损失。法院受理此案后，进行了调查取证，发现乙方于5月初与某大公司签订了出口服装加工合同，乙方全部设备与劳动力都投入加工出口服装中，故将制作便式西服的任务在未与甲方协商的情况下，擅自转给个体裁缝。请问：（1）在此纠纷中谁负有违约责任？法律依据是什么？（2）定做合同转让中要注意什么问题？（3）此案如何处理？

**分析要点：**（1）此案中乙方负有违约责任。其法律依据是《合同法》第253条。因为甲方与乙方签订的是便式西服定做合同。从甲方的角度来看，它是基于对乙方的技术条件、工作能力和信誉的信任，才与其订立合同；而乙方未同甲方协商，就擅自转让定做合同，私自让某个体裁缝独立完成加工西服，影响了西服的质量，使甲方利益受损。（2）定做合同是一种以行为为标的的合同。在合同履行过程中，承揽方可能有需要将合同中规定的主要工作转让给第三人的情形。在转让之前，承揽方应认识到转让一事不仅与己相关，而且也与定做人的权益紧密相连，故应与定做人商量，在征得其同意后，方可将其承揽的主要工作交由第三人完成，否则定做人有权解除合同，并要求承揽人赔偿损失。（3）本案应如下处理：解除定做合同。第二批西服由乙方收回，其损失乙方自行承担（或与加工者共同承担，但这属于另一法律关系）。对甲方的间接经济损失给予适当补偿。

**3. 债权债务的一并转让**

债权债务的一并转让是指合同当事人一方将自己在合同关系中的权利义务全部一并转移给第三人的情况。《合同法》第88条规定："当事人一方经对方同意，可以将自己在合同中的权利和义务一并转让给第三人。"债权债务一并转让必须具备下列条件：①让与人与第三方达成意思表示一致的协议并取得合同另一方当事人的同意；②被转让的合同应为双务合同；③依法必须采取特定形式的合同转让，让与人与第三人遵循了法律规定。

债权债务的一并转让是债权转让和债务转移同时发生，故前文关于债权转让和债务转移的规定，一般均可适用。但债权债务的一并转让毕竟不是债权转让和债务转移的简单相加，其中的第三人（即债权债务一并转让的受让人）取得的地位优于债权转让或债务转移中的第三人，故其享有与合同命运相关的形成权，如合同的解除权、撤销权等。

当事人的合并和分立，是典型的债权债务一并转让的情况。《合同法》第90条规定，当事人订立合同后合并的，由合并后的法人或者其他组织行使合同权利，履行合同义务。当事人订立合同后分立的，除债权人和债务人另有约定外，由分立的法人或者其他组织对合同的权利和义务享有连带债权，承担连带债务。

## （三）合同的终止

合同的终止是指当事人终止合同关系，使合同所确立的当事人之间的权利义务关系消灭。

根据《合同法》第91条规定，合同基于下列事由而终止：①债务已经按照约定履行；②合同解除；③债务相互抵消；④债务人依法将标的物提存；⑤债权人免除债务；⑥债权债务同归一人；⑦法律规定或者当事人约定终止的其他情形。同时《合同法》规定，合同的权利义务终止后，当事人应当遵循诚实信用原则，根据交易习惯履行通知、协助、保密等义务。

解除合同是合同终止的一种方式。当事人协商一致，可以解除合同。当事人可以约定一方解除合同的条件。解除合同的条件成立时，解除权人可以解除合同。据《合同法》第94条规定，有下列情形情况之一时，当事人可以解除合同：①因不可抗力致使不能实现合同目的；②在履行期限届满之前，当事人一方明确表示或者以自己的行为表明不履行主要债务；③当事人一方迟延履行主要债务，经催告后在合理期限内仍未履行；④当事人一方迟延履行债务或者其他违约行为致使不能实现合同目的；⑤法律规定的其他情形。但是，在法律规定或者当事人约定的解除权行使期限内，当事人不行使合同解除权的，期限届满后，就不再拥有合同的解除权。

如前所述，提存也是合同终止的重要情形之一。根据《合同法》第101、103、104条规定，有下列情形之一，难于履行债务的，债务人可以将标的物提存：①债权人无正当理由拒绝受领；②债权人下落不明；③债权人死亡，未确定继承人或者丧失民事行为能力未确定监护人；④法律规定的其他情形。提存的费用由债权人负担。债权人可以随时领取提存物，但债权人自提存之日起5年内不行使领取提存物的权利的，提存物扣除提存费用后归国家所有。

# 第四节　违反合同的责任

## 一、违约责任的概念与违约的表现形式

违反合同是指合同当事人一方或双方不履行或者不完全履行合同。违反合同的责任，是指合同当事人一方或双方不履行或者不完全履行合同所应承担的责任，简称违约责任。

违约行为是合同当事人违反合同债务的行为。违约行为有两种表现形式：①违反合同的作为，即合同约定禁止的行为，当事人本应负有不作为的义务，但其违反合同的约定，作出此种禁止行为；②违反合同的不作为，即依法成立的合同所要求的行为，当事人本应负有作为的义务，但其违反这一约定，不作出此行为。合同当事人违约行为的后果是导致对合同债权的侵害。

## 二、承担违约责任的方式

违约行为的复杂性决定承担违约责任方式的多样性。《合同法》第107、108条规定："当事人一方不履行合同义务或者履行合同义务不符合约定的，应当承担继续履行、采取补救措施或赔偿损失等违约责任。""当事人一方明确表示或者以自己的行为表明不履行合同义务的，对方可以在履行期限届满之前要求其承担违约责任。"根据《合同法》有关规定，违约责任的承担方式主要有以下几种方式：

### （一）继续履行合同

继续履行合同是指一方当事人不履行合同义务或履行合同义务不符合合同之约定的情况下，另一方当事人在合同履行期限届满后，可以要求对方继续按照原合同之约定履行合同义务。《合同法》规定："当事人就迟延履行约定违约金的，违约方支付违约金后，还应当履行债务。"

### （二）采取补救措施

违约补救，是指合同当事人一方违约时，为减少或弥补另一方当事人因此遭受的损失而采取的各种合理措施，如及时通知对方当事人等。

### （三）支付违约金

有关违约金的内容已在本章第二节合同的担保中介绍过，在此不再详述。

### （四）赔偿损失

依《合同法》规定，承担赔偿责任有两种情况：①约定的违约金不能弥补所造成的损失，遭受损失的合同当事人有权要求违约方赔偿未弥补的那部分损失；② 合同没有约定违约金，又不适用法定违约金的，由于对方违约而造成损失时，遭受损失的合同当事人有权要求对方赔偿全部损失。赔偿金的范围一般为所遭受的实际损失，包括直接损失和间接损失。

### （五）支付迟延支付金额及其利息

当事人一方未按期支付合同规定的应付金额或与合同有关的其他应付金额，另一方有权要求支付迟延支付金额及其利息。

### （六）解除合同

解除合同也是违约方承担责任的方式之一。当事人一方违约，另一方有权解除合同。有权解除合同的一方，不影响其要求赔偿损失的权利。

## 三、违约责任的免除

《合同法》第 117、118 条规定："因不可抗力不能履行合同的，根据不可抗力的影响，部分或者全部免除责任。""当事人一方因不可抗力不能履行合同的，应当及时通知对方，以减轻可能给对方造成的损失，并应当在合理的期限内提供证明。"

据此规定，当事人一方违约免责的条件是不可抗力事件的发生。不可抗力事件，是指当事人在订立合同时不能预见、对其发生和后果不能避免并且不能克服的事件。不可抗力事件的成立必须具备下列三个条件：①该事件是当事人在订立合同时不能预见的；②该事件是在合同履行期间发生的；③该事件的发生及其所导致的不能履行合同的后果是不能避免、不能克服的。

遭遇不可抗力事件的当事人一方的义务。因不可抗力事件不能履行合同的全部或者部分义务的当事人一方，负有两方面的义务：①应当将因不可抗力事件而不能履行合同的全部或者部分义务的情况及时通知另一方，以减轻可能给另一方造成的损失；②应当将其不能履行合同的全部或者部分义务的不可抗力事件的情况，在合理期间内提供有关证明。

## 四、合同纠纷的解决方式

合同纠纷，是指双方当事人订立合同后，对合同内容的理解和合同的具体履行等方面发生的争议。根据《合同法》第128条规定，合同纠纷的解决方式有以下四种：

### （一）和解

和解，是指在合同纠纷发生后，合同当事人双方自愿进行平等协商，互谅互让，最终就双方争议的问题达成共识，实现解决纠纷的方式。通过和解解决合同纠纷，是在当事人之间直接进行的，既可更直接、更充分地反映双方的意见，消除误会，不致伤害作为贸易伙伴的情感，同时也可节省解决纠纷的费用，因此它是解决纠纷的最好方式。

### （二）调解

调解，是指在第三方主持下，双方当事人就所争议的合同内容进行协商从而解决纠纷的方式。需要注意的是，主持调解的第三方必须是具有较高的信赖度、与双方当事人没有直接利益关系的机构或个人。

### （三）仲裁

根据有关规定或当事人的约定，由仲裁机构对双方所争议的问题进行判断和裁决以解决纠纷的方式。仲裁裁决一裁终局，具有法律约束力。当事人若不执行裁决，另一方可以请求人民法院强制执行。

### （四）诉讼

当事人向人民法院起诉，通过司法途径解决合同争议与纠纷的方式。当事人没有订立仲裁协议或仲裁协议无效的，可以向人民法院起诉，对发生法律效力的判决书，当事人必须执行。如拒不执行，另一方可以请求人民法院强制执行。

**思考题**

1. 什么是商事合同？合同的种类主要有哪些？
2. 订立合同的原则和程序分别是什么？
3. 合同的内容和形式主要有哪些？

4. 什么情况下订立的合同是无效或可撤销的合同？
5. 合同的担保主要有哪些方式？各自的特点是什么？
6. 承担违约责任的方式主要有哪些？
7. 解决合同纠纷的方式主要有哪些？

# 第五章
# 国际货物买卖法

## 第一节 国际货物买卖法概述

### 一、国际货物买卖合同的概念与特征

#### （一）国际货物买卖的概念

国际货物买卖是指不同国家的企业、其他经济组织或个人之间货物的购入和售出。国际货物买卖，不是指国家与国家之间的货物买卖，而是指超越一国边界的货物买卖，是国际贸易中的主要活动之一。国际贸易是指国际间的商品贸易、技术贸易和劳务贸易，它不仅包括货物买卖，还包括货物的运输、货物以及运输工具的保险、货款的支付等。

例如，中国某进出口公司卖一批货物给法国的某公司，就是一个国际货物买卖行为。而为了准备该批出口货物，中国某进出口公司与国内其他公司签订的买卖合同，则不是国际货物买卖合同，根据这些合同所进行的买卖行为也不是国际货物买卖。

国际货物买卖，对一个国家来说，就是进出口贸易。如我国的出口商（或外国的出口商）将货物所有权转移给外国的进口商并收取价款的行为；我国的进口商（或外国的进口商）从外国的出口商取得货物所有权并支付价款的行为。毫无疑问，这是一种超越国界的货物买卖。

#### （二）国际货物买卖合同的概念与特征

国际货物买卖是以合同为依据而进行的，但各国对国际货物买卖合同的解释不尽相同。按照《联合国国际货物销售合同公约》的规定，一般把营业地处于不同国家的当事人之间所签订的货物买卖合同，称为国际货物买卖合同。国际货物买卖合同具有以下特征：

（1）国际货物买卖合同是一种跨越国境的买卖合同。国际货物买卖合同与国内合同的主要区别之一是订约双方当事人的营业地设于不同的国家。

（2）国际货物买卖合同确定进行买卖的货物必须越过国境。由此必须产生跨境运输

和国际支付过程中可能会遇到的货物毁损、汇率变动和外汇管制等方面的风险。

（3）国际货物买卖合同订约各方当事人可以是法人，也可以是自然人。

（4）国际货物买卖合同的标的是货物。所谓货物是指有形动产，不包括股票、债券、投资证券、流通票据和其他权利财产，也不包括不动产和提供劳务的交易。

**案例5－1　国际货物买卖合同的认定**

**案情与问题：**下列合同哪些属于国际货物买卖合同？为什么？（1）美国戴尔中国公司与中国国内的一家公司签订的计算机买卖合同；（2）中国海尔集团公司与设在美国的海尔纽约公司之间的房屋买卖合同；（3）日本松下电器公司与设在中国的松下电器公司之间的电视机买卖合同。

**分析要点：**（1）不属于国际货物买卖合同。因为美国戴尔中国公司和中国国内的那家公司的营业地均在同一个国家——中国。（2）不属于国际货物买卖合同。因为国际货物买卖合同的标的不包括不动产。（3）属于国际货物买卖合同。因为日本松下电器公司与设在中国的松下电器公司的营业地分别设在日本和中国，订约双方的主体符合有关规定，标的内容也符合要求。

## 二、国际货物买卖合同的内容

国际货物买卖合同一般包括三个部分：约首、正文和约尾。

### （一）约首

约首是指契约即合同的开头部分，是合同中含有导言性质的条款，主要是合同的名称、编号、订立的时间和地点、当事人双方的名称和地址及订约的目的等。

### （二）正文

正文是合同的主体部分，一般包括以下基本条款：

**1. 品质规格条款**

品质规格条款主要规定对货物的品质规格的具体要求，这是衡量卖方是否按质履行其交货义务的依据。在国际贸易中，不同种类的商品有不同的表示商品品质的方法，常用的方法有：

（1）以样品为依据。样品通常是从一批商品中抽取出来或由生产和使用部门设计加工出来的、能够代表商品品质的少量实物。在国际贸易中，交易双方以样品作为买卖和交货的品质依据，称为“凭样品买卖”。凭样品成交时，通常是由卖方提出样品，送买方确认后签约，到合同履行期时，买卖双方凭样品交货，完成交易；或者由买方提供样品，经卖方同意后签约，到合同履行期时，买卖双方凭样品交货，完成交易。

**案例 5－2　凭样品成交方式下交货品质与样品品质不同时的责任**

**案情与问题：**A 公司以凭样品成交的方式，从国外 B 公司进口当饲料用的谷物。由于 B 公司交货品质太好，使 A 公司的国家海关误以为是供人食用的谷物而课以重税，使 A 公司增加了税收负担。因此，A 要求 B 赔偿因交货品质与样品不同而造成的关税差额损失。请问：如起诉到法院，结果将会怎样？为什么？

**分析要点：**法院将支持 A 的要求，判决 B 赔偿因交货品质与样品不同而造成的关税差额损失。在国际贸易中，交易双方约定以样品作为买卖和交货的品质依据，称为“凭样品买卖”。凭样品成交方式下合同履行时，买卖双方凭样品交货，完成交易。无论卖方所交货物的品质是优于或差于样品的品质都属于违约，需要承担违约责任。

（2）以规格、等级或标准为依据。在国际贸易中，大多数商品是按一定的规格、等级或标准进行买卖的。商品的规格，是用来反映商品品质的一些主要指标，如成分、含量、纯度、性能、长短、大小等；商品的等级是指同一类商品，按其规格上的差异，分为品质各不相同的若干等级，如大、中、小；一级品、二级品、三级品等。在按规格、等级或标准成交时，卖方所交的货物必须与合同规定的规格等级或标准相符，否则，买方有权要求赔偿损失。如果货物与合同不符的情况严重，买方可以要求退货或更换不符合合同要求的货物。

（3）以品牌或商标为依据。在国际贸易中，往往采用品牌或商标来表示商品的品质，如“OK 牌花生米”等。这类商品，往往是在市场上已有良好的信誉，并为广大消费者所接受。需要注意的是，在国际市场上，同一牌号或商标的产品并不一定来自同一个生产者，其品质规格也可能有差别。因此，在签约时，除在合同中规定品牌、商标之外，有时还应对某些具体的生产厂商作出明确的规定。

（4）以说明书为依据。有些商品如大型设备等，因其构造和性能复杂，无法用几个简单的指标来表示其品质规格的内容。对这类商品必须用说明书具体说明其构造、用途、性能等，有时还需要辅以照片或图样等加以说明。在签订这类商品的买卖合同时，应在合同中规定产品说明书作为合同的附件，是合同的组成部分。

有些复杂的机械设备买卖合同，除订有品质规格条款外，还订有品质保证条款或技术服务条款，明确规定卖方须在一定期限内保证其所出售的机械设备品质良好，符合说明书上所规定的各项指标，否则，买方可视情况要求索赔、更换、修理或退货。

**案例 5－3　设备性能与说明书不符的责任**

**案情与问题：**中国甲公司向日本乙公司购买大型成套化工设备，设备安装完毕后，我方在验收时发现，该设备的某项技术指标在买卖合同中没有约定，但在日方提供的说明书中有标明，然而实际运行时却达不到要求。请问：我方可否以设备不符合合同要求为由向日方索赔？

**分析要点：**这要看合同中有无明确规定产品说明书作为合同的附件或组成部分。如果有明确规定，毫无疑问，我方可以设备不符合合同要求为由向日方索赔，法院必将支持我方的要求。如果没有规定，对方又加以拒绝，那么法院就难以支持我方的要求。因此，在签订这类商品的买卖合同时，应在合同中明确规定产品说明书作为合同的附件或组成部分。

2. **数量条款**

数量条款的基本内容主要包括两个方面：一是确定货物计量的单位，二是确定卖方交货的数量。由于各国采用的度量衡制度不同，同一计量单位所代表的数量也有所不同。目前，国际贸易中常用的度量衡制度有公制、英制和美制三种。因此，在签订合同时，除规定适当的计量单位以外，还必须明确规定使用哪一种度量衡制度，以免引起不必要的误会和纠纷。

数量条款是确定卖方交货数量的依据。按照各国法律的规定，商品的数量是买卖合同的要件，如果卖方不按合同规定的数量交货，买方有权拒收货物，并可请求损害赔偿。但是有些农副产品和工矿产品，由于商品本身的特性或受包装运输工具的限制，卖方实际交货的数量往往难以完全符合合同规定的数量。为了避免因此而引起纠纷，双方当事人往往在合同中对交货数量规定一个浮动幅度。一般有两种规定方法：

（1）在合同中规定“约量”，即在合同中规定的交货数量前面加一个“约”字，表明其为大约数量，如“约 100 000 公吨”。这样也可以使卖方在交货数量上有一定的伸缩余地。但是，“约”字的含义在国际上有不同的解释，有的解释为可增减 5%，有的解释为 3%，有的则解释为 10%，须视不同的地区和不同的行业习惯而定。

（2）在合同中规定“溢短装条款”，即允许卖方多交或少交一定数量的货物。例如，“一级大米 100 000 公吨，净重，卖方可溢交或短交 3%”。对溢装或短装部分的货物，依照国际市场的习惯做法，一般按合同规定的价格计价。

3. **价格条款**

国际货物买卖合同的价格条款比国内货物买卖合同的价格条款要复杂得多。价格条款一般应包括价格的计量单位、单位价格金额、计价货币和价格术语等四个方面。有时还要规定作价的办法。例如，某商品的价格可以规定为“每公吨 500 美元 CIF 纽约”。在这一价格条款中，计量单位是公吨，计价货币是美元，单位价格金额为 500，价格术语为 CIF 纽约。

价格计量单位的确定主要取决于商品的性质以及该商品在国际贸易中所形成的习惯做法。例如，粮食类商品一般以重量（如每公吨）为价格计量单位，轻纺产品则多以每打、每件为价格计量单位，等等。如果以重量单位作为计价的基础，则还须规定是按净重计算还是按毛重计算。

计价货币可以用出口国、进口国或第三国货币来表示。一般来说，卖方从自身利益出发，总是力争用比较坚挺的货币即“硬币”确定价格，买方则相反，愿意用易贬值的货币即“软币”来确定价格。

在国际贸易中，商品的价格总是采用某种价格术语来确定的，如前例中的“CIF 纽约”。因此，在价格条款中必须对双方同意采用的价格术语作出规定。价格术语又称贸易术语，是在国际贸易长期实践中形成的，用来说明买卖双方有关费用、风险和责任的划分，确定买卖双方在交易过程中的权利义务的一种专门术语。目前，国际上常用的价格术语有 FOB、CFR 和 CIF 三种，这些价格术语的内容及使用这些价格术语时应注意的问题，我们将在本章第三节中介绍。

在国际贸易中，买卖合同的作价方法主要有以下几种：

（1）固定价格。由买卖双方在合同中明确规定具体的成交价格，在合同有效期内不得变更。固定价格多使用于立即交货和短期交货的合同，至于长期交货合同，为了避免价格波动的影响，在使用固定价格成交时，可增订黄金或外汇保值条款，明确规定如计价货币币值发生波动，价格可作相应调整。

（2）后定价格。后定价格即买卖双方在合同中不规定具体的成交价格，而只规定确定价格的时间和方法。例如，在五金矿产品的交易中，由于这类商品是交易所交易的商品，价格经常发生变动，在合同中往往不确定具体价格，而只规定按交货时某个交易所的行市来确定价格。

（3）滑动价格。由买卖双方在合同中规定一个基本价格，在基本价格中应包括价格构成的主要指标，如固定支出（利润、杂费、折旧等）、原材料费用和工资支出等在基价中所占的百分比，并规定，如在合同执行期间上述生产费用发生变化，可对合同基价作相应的调整。滑动价格多用于生产周期长的商品的买卖合同。

**4. 包装条款**

在国际贸易中，除某些商品因其本身特点不需要包装外，其他大多数商品都需要包装，不需要包装的商品称为散装货或裸装货，需要包装的商品称为包装货。国际货物买卖合同中的商品包装条款，一般应明确规定包装材料、包装方式、运输标志、包装费用由何方负担等内容。包装材料与包装方式，要求定得明确具体，如水泥合同，可规定“水泥每包50千克，用五层水泥纸袋包装”。包装费用一般包括在货价之内，如果不是按习惯包装而由买方提出特别要求的，卖方也可另收包装费，但应在合同中明确规定。如由买方提供包装或装潢材料、物料的，则还需确定保证卖方按合同规定时间交货所需材料和物料到达卖方指定地点的时间以及包装物料未能如期到达的责任。

**5. 装运条款**

国际货物买卖合同一般都要订立装运条款，装运条款规定得清楚、合理，可以保证装运工作顺利进行和及时完成货物由卖方向买方转移。装运条款主要包括装运期、交货期、装运港（地）、目的港（地）、装卸时间、装运通知、分批装运和转船等项内容。

**案例5－4　对装运条款的理解**

**案情与问题：**我某公司与美国某客商以FOB条件出口大枣5 000箱，5月份装运，合同和信用证均规定不允许分批装运。我方于5月10日将3 000箱大枣装上“喜庆”轮，取得5月10日的海运提单；又于5月15日将2 000箱大枣装上“飞雁”号轮，取得5月15日的海运提单，两轮的货物在新加坡转船，均由“顺风”号轮运往旧金山港。请问：我方的做法是否合适？为什么？

**分析要点：**我方的做法不合适。表面上看，我方在5月份内将5 000箱大枣装运了，均符合合同和信用证规定的装运期，并且统一由“顺风”号轮运往旧金山港。但我方的做法不符合合同和信用证规定的不允许分批装运的要求。实际上我方分批装运了该批货物：5月10日将3 000箱大枣装上“喜庆”轮，取得5月10日的海运提单，此为一批；又于5月15日将2 000箱大枣装上“飞雁”号轮，取得5月15日的海运提单，此为另一批。

**6. 保险条款**

国际货物买卖中，货物一般都要经过长距离运输。在运输过程中货物可能会遇到各种各样的风险。因此，买方或卖方都要向保险公司投保货物运输保险，以便一旦货物在运输途中遭到损坏或灭失，可以向保险公司取得经济上的补偿。

在签订国际货物买卖合同的货物保险条款时，必须按价格术语的规定确定保险由买方或卖方负责，并且还可规定双方同意投保的险别、投保金额以及由哪个保险公司按哪种保险条款承保。例如，按 CIF 条件出口的货物投保可以规定如下："由卖方负责投保，按发票金额的 110% 投保一切险，按 1981 年 1 月 1 日中国人民保险公司海运货物保险条款承保。保险费由卖方承担。"

**7. 支付条款**

支付条款是买卖合同最重要的条款之一。其内容主要是规定支付货款所使用的支付工具、支付方式和付款时间等。合同中的支付条款，主要按不同的支付方式，写明支付日期、支付时应提交的单证、支付的金额与货币单位等。支付条款根据凭借的支付工具不同、支付方式不同，因而内容繁简不同。支付条款要根据不同情况，把必要的事项订得清楚、明确，以防产生不必要的争议。

**8. 检验与索赔条款**

在国际货物买卖合同中，一般都订有检验条款。其目的是为了鉴定商品的品质、数量和包装是否符合合同的要求，据以确定卖方是否已按合同规定履行义务。如果发现卖方所交货物与合同规定不符，买方可以提出索赔，甚至可以要求退货。由于检验与索赔有着十分密切的关系，在签订合同时，往往把这两方面的内容结合起来订立一个条款，即所谓检验与索赔条款。这一条款应包括以下三个方面的内容：

（1）确认交货质量的标准或依据。在国际贸易中，确认交货质量的标准或依据主要有以下三种做法：①以离岸时的品质、重量为准，即双方在合同中规定货物应在装船前进行品质和重量（数量）检验，以约定的检验机构出具的品质证书和重量（数量）证书作为确定商品品质、数量和包装是否符合合同规定的法律依据。②以到岸的品质、重量为准，即规定货物到达目的港卸货后进行检验，以约定的目的港的检验机构出具的品质、重量（数量）证明，作为确定商品品质、重量和包装是否符合合同规定的依据。③以装运港检验证明作为议付货款的依据，但货到目的港后，买方有权进行复验，如发现卖方所交货物与合同不符，买方可根据复验结果向卖方提出索赔。

（2）检验和索赔期限。检验索赔条款应规定检验和索赔的期限。检验期限和索赔期限两者在时间上应当一致，即合同所规定的检验期限同时也是买方提出索赔的期限。如合同规定："买方对货物的品质、数量如有异议，应于货物到达目的港后 60 天内进行检验并提出索赔。"这就意味着买方必须在合同规定的 60 天内对货物进行检验；如果经过检验发现货物与合同不符，亦应在合同规定的 60 天内凭约定的检验机构出具的证明，向卖方提出索赔。如果买方在规定期限内不进行检验又不提出索赔，则买方就失去索赔的权利。

（3）检验机构和检验证书。以哪个商品检验机构的检验为准，也是商品检验条款应当明确规定的一项内容。国际上的商品检验机构大致有三种：①国家设立的商品检验机构；②私人或同业公会、协会开设的公记行；③由生产、制造厂商或用货单位进行检验。我国进出口商品检验工作统一由国家设立的中华人民共和国国家质量监督检验检疫总局负责办理。

商品检验证明根据其证明的不同内容，有不同类别与名称，如品质检验证书、数量（或重量）检验证书、卫生检验证书、产地检验证书等。在签订商品检验条款时，一般应写明以何种检验机构所签发的何种证明为准。

有的商品按不同的检验标准和检验方法检验，同一品质规格，会得出不同的结论。所以，为避免产生不同解释与争议，还应在合同中订明检验标准与检验方法。

**案例5－5　对检验条款的理解**

**案情与问题：**德国G公司和意大利J公司签订一批猪肉买卖合同，货物数量一共是200公吨，10次分批交货。买方德国公司要求货物必须是包装好的，但是意大利公司书面回复货物是散装而不是袋装的，德国公司同意了意大利公司的要求。在卖方意大利公司向买方德国公司发运货物后，买方只接收了前4批货物，而拒绝接收后6批货物，理由是货物不符合当地卫生检疫的要求。卖方只好以相当于合同价格25%的价格将后面6批猪肉转售，并根据《公约》第74条要求买方赔偿损失。但德国公司声明双方曾经口头协商同意，如果由于货物状况产生任何卫生检疫或者海关方面的问题，买方有权拒绝收取货物。由于货物散装不符合德国卫生检疫要求，因此拒绝给予任何赔偿。

**分析要点：**（1）由于买方无法证明双方之间曾经达成的有关“如果产生卫生检疫或海关方面的问题，买方可以拒收货物”的口头合同，因此法院判定买方违约。（2）由于其拒绝接收的货物是整个合同总数量的大部分（卖方只获得了合同25%的价格），已经构成根本违约。总之，尽管《公约》和大部分国家的法律都允许口头合同的成立，但是口头合同的存在常常是除了当事人以外没有其他人或者方法能够加以证明，从而具有一定的弊端。在国际贸易交往过程中，应当尽量避免采用口头合同形式。一旦采用口头形式，也应当尽量能够通过录音或者由第三者加以证明。

**9. 不可抗力条款**

不可抗力条款又称人力不可抗拒条款，是国际货物买卖合同中普遍使用的一项免责条款。它的作用是在签订合同之后，如果发生了人力不可抗拒的意外事件，以致不能履行合同或不能如期履行合同，遭受不可抗力事件的一方可以免除不履行合同或不按期履行合同的责任，另一方无权要求其履行合同或要求赔偿损失。不可抗力条款的内容主要是规定不可抗力事件的含义、范围，以及不可抗力事件所引起的后果。这些均与国内法的规定基本相同，此处不再赘述。

**案例5－6　对不可抗力的理解**

**案情与问题：**中国C公司（卖方）与法国E公司（买方）签订了一份圣诞节蜡烛的销售合同，双方约定9月底前发货，免责条款为：（1）本合同任何一方因不可抗力事件不能履行合同的全部或部分义务时，不承担任何责任；（2）本合同所称不可抗力事件是指合同双方在订立合同时不能预见、对其发生和后果不能避免、不能克服的事件，如战争、罢工、火灾、地震、政策变化等。9月5日，C公司委托生产蜡烛的D工厂的工人由于工资问题同厂方发生冲突，造成全厂工人大罢工。罢工一直持续到9月20日，致使原本应于9月20日生产完毕的蜡烛直到10月20日才生产完毕并发运，货物于11月中旬到达法国。由于卖方延迟交货，圣诞节又临近，如果不尽快将货物批发给零售商，将会造成货品积压，因此买方只好以非常低的价格及时将货物批发出去。买方遂向卖方提出索赔，要求卖方赔偿因此造成的损失。请问：（1）D工厂工人罢工是否属于不可抗力事件。（2）卖方C公司是否应当赔偿买方E公司的经济损失。

**分析要点：**（1）D 工厂的罢工不属于不可抗力事件。因为 D 工厂的工人罢工行为不是全行业或全地区的大罢工，不属“不可预见、不能避免、不能克服”，C 公司完全可以寻找另一家公司进行生产，以按期履行合同。（2）C 公司应当承担 E 公司的经济损失。因为 E 公司的经济损失是由于 C 公司没有采取积极措施而造成的。因此 C 公司应当承担延迟交货给买方 E 公司造成的损失。

**10. 仲裁条款**

仲裁是解决国际贸易争议的一种习惯做法。在国际贸易中，双方当事人在发生争议时，一般都倾向于采用仲裁方式解决。但是，要把争议提交仲裁，双方必须首先达成一项书面的仲裁协议，否则仲裁机构不予受理。因此，在买卖合同中一般都订立一项仲裁条款，借以表明双方已经就仲裁的有关事项达成了协议。这样一旦发生纠纷，任何一方都可以根据合同中仲裁条款的规定，把争议提交仲裁机构解决。

仲裁条款的内容主要包括仲裁地点、仲裁机构、仲裁程序和裁决的效力等事项。我国外贸公司常用的仲裁条款格式是：“由于本合同或者由于违反本合同、终止本合同或者本合同无效发生的，或与此有关的任何争议或要求，双方应通过友好协商解决；如果协商不能解决，应提交北京中国国际经济贸易仲裁委员会，根据该会的仲裁程序规则进行仲裁。仲裁裁决是终局的，对双方都有约束力。”

**11. 法律适用条款**

国际货物买卖合同涉及到不同国家的当事人以及不同的国家，当合同发生争议时，就会涉及到适用哪一国法律解释合同和解决争议的问题。合同的法律适用条款就是要确定在合同发生争议时适用哪个国家的法律。按照世界各国通行的惯例，允许当事人通过协议确定合同争议适用哪个国家的法律，这在国际私法上叫做“意思自治原则”。但是绝大多数国家的法律、学说和判例，只允许当事人在与合同有实际联系的国家的法律中选择他们愿意适用的法律。

### （三）约尾

约尾是合同的结尾文句，其意义是与约首相呼应，并以签名来表示双方订约的合意。它包括合同的有效期限、合同使用文字及其效力、合同份数、当事人签名盖章等内容。

签订国际货物买卖合同，应力求细致，使其具备合法性、完整性、明确性和准确性的“四性”要求，以免在执行中发生误会和争执。

## 第二节　国际货物买卖合同的成立

国际货物买卖合同与国内买卖合同一样，是双方当事人意思表示一致的结果。它是通过一方提出要约（国际贸易中称为发盘），另一方对要约表示承诺（国际贸易中称为接受）而成立的。各国法律对合同成立的规则，包括要约与承诺的法律原则，都有一些具体的规定。但是，各国法律在这个问题上的规定很不统一，特别是英美法系国家与大陆法系国家之间分歧很大。由于我国已核准加入《联合国国际货物销售合同公约》（下简称《公约》）。我国企业同外国企业订立的国际货物买卖合同，如果适用该《公约》，即按该《公约》的有关规定来处理。因此本节主要结合我国的习惯做法，介绍《公约》关于合同成立的规定。

在我国对外贸易业务中，签订贸易合同一般需要经过询盘、发盘、还盘、接受等程序。在这些程序中，发盘和接受是必不可少的。只有发盘人发出实盘经受盘人有效接受，交易才能达成，合同才能订立。这是一项贸易合同的成立在法律上所要求的必要程序。而询盘、还盘并非是每项交易达成的必经程序。下面分别阐述上述程序的法律意义及应注意的问题。

## 一、询盘

询盘是买卖双方中的一方为出售或购买某种商品而向对方发出的探询买卖该商品及有关交易条件的一种表示，有时也把它称之为询价。询盘只表示一种愿望，没有必须购买或出售的义务，形式上随便由哪一方发出都可以，它是摸清市场动态进行调查研究的重要手段。

例如，广州某房地产公司在北京开发了一个新楼盘，欲在当地购进一批建筑材料，向一些建筑材料供应商询问有无钢材、水泥、火砖等建筑材料供应，价格是多少。——这就是一个求购商品的询盘。又如，上海一家百货批发公司在广州刚开了一间分公司，为打开销路，向有关的零售商发出一个信息，说明本公司经营的主要商品，价格特别优惠，询问对方有无购买意向。——这则是一个出售商品的询盘。

## 二、发盘

发盘，法律上称之为要约。它是指买卖双方中的一方向对方提出各项交易条件，并愿意按这些条件与对方订立合同达成交易的一种表示。发盘可以由卖方提出，也可由买方提出。由卖方向买方发盘称为售货发盘或卖方发盘，由买方向卖方发盘称为购货发盘或买方发盘。发盘不同于询盘，它是合同成立的主要行为之一，发盘经受盘人有效接受，合同即告成立，在当事人之间就产生了具有法律约束力的合同。

构成一项法律上有效的发盘，必须具备以下两个条件：

**1. 发盘应向一个或一个以上特定的人提出**

这里特定的人是指受盘人须为特定的，即在发盘中应指明受盘人的姓名或公司名称，如某先生或某公司等。这就将发盘与在报刊上刊登商业广告以及向广大公众散发商品目录、价目表等行为区别开来。刊登广告，散发商品目录、价目表是向广大公众发出的，其对象不是特定的，所以不具有法律约束力。但如果提出建议的人在广告或价目表中提出特定的条件，表示自己愿意受约束，这也可以作为一项有效的发盘。

例如，一家百货商店在报纸上刊登一则广告，出售某商品。广告中说明，愿按广告中所列价格出售给第二天来到商店的第一位顾客。第二天，一位妇女第一个进入商店要求按广告中所列条件购买该商品，这位妇女就成了特定的受盘人，该项广告就构成了一项发盘。

**2. 发盘的内容必须十分确定**

所谓发盘的内容十分确定，就是指发盘中所列的交易条件必须具备合同成立的主要条件，以便一旦为对方接受，就足以使合同成立，不至于由于欠缺某项重要条件而影响合同的成立。根据《公约》第14条规定，只要明确货物名称、数量和价格，发盘条件就算完整确定，至于交货、支付等其他条件，如未在发盘中表明，则可在合同签订后于履行合同时按《公约》其他条文的规定执行。但在向非《公约》成员国的当事人发盘时，通常都应强调在发盘中必须明确规定商品的品质、数量、包装、价格、装运、支付和争议的解决等七项主要交易条件。这是因为这七项条件是确定双方权利义务和履行合同必不可少的基本条件，不易在以后履行合同时按援引有关的惯例和法律条文来执行。因为双方对这些基本条件往往有不同的理解，易引起纠纷。

**案例5-7　在互联网上发布房屋销售信息属邀盘还是发盘**

**案情与问题：**广州一家房地产公司在互联网上发布消息出售广州市最繁华地段的店铺，并且列明了店铺面积、价格等。请问：房地产公司的消息是否构成一项有效的发盘?

**分析要点：**房地产公司的消息不能构成有效发盘。按照《公约》第14条规定，房地产公司发布在互联网上的消息虽然内容比较确定，但没有明确接受约束的意思表示，广告面向的并非特定的人，而是所有看到消息的人，因此房地产公司发布的消息只是一个询盘或要约邀请，而不能构成一项有效的发盘。

一项发盘只有到达受盘人时才能生效。发盘在到达受盘人之前是可以撤回的。因为发盘还未到达受盘人时尚未生效，对发盘人还没有产生约束力，法律上称之为要约的撤回或发盘的撤回。撤回发盘的条件是：①撤回发盘的通知比发盘先到达受盘人；②撤回发盘的通知与发盘同时到达受盘人。在实际业务中，发盘人如果发现发盘内容有误或市场发生变化，可以用更快的通讯方式撤回发盘。

发盘在到达受盘人之后，即已生效。这时发盘人取消该项发盘，使其丧失效力，称为发盘的撤销。各国法律对发盘能否被撤销的规定很不一致。根据《公约》第16条规定，发盘有可撤销和不可撤销两种。可撤销的发盘，其撤销通知必须在合同成立之前，即受盘人发出接受通知之前到达受盘人方为有效。

**案例5-8　发盘送达受盘人后，发盘人是否可以撤回**

**案情与问题：**中国A公司与美国B公司是有多年贸易往来的老客户。2003年10月1日，美国B公司发传真给中国A公司，请A公司速准备圣诞蜡烛一批于10月底前发运。中国公司收到传真后马上备足货源，准备于10月中旬发运美国。当中国公司已经将货物基本备齐正准备发运时，美国公司于10月12日发来传真，要求撤销10月1日的传真发盘。由于货物已基本备齐，如取消合同，中方将遭受损失，因而不同意美国公司撤销发盘。请问：美方公司是否有权撤销发盘？为什么?

**分析要点：**美国公司不能撤销发盘。因为发盘于送达被发盘人时生效。发盘在送达被发盘人之前可以撤回，一旦送达被发盘人，发盘人即不能撤回发盘。美国公司的撤销通知属无效，双方之间的合同成立，美国公司应履行作为买方接收货物的义务，否则构成违约。

但《公约》第16条规定，在下列情况下，发盘不得撤销：①明确规定接受期限或以其他方式表明该发盘是不可撤销的。如某项发盘规定“有效期至8月1日”，则该发盘是不可撤销的。又如一项发盘虽未规定接受期限，但表示“在未获贵方答复之前，不另向其他人发盘”，则该发盘也是不可撤销的。②受盘人有理由信赖该发盘是不可撤销并依该项信赖行事时发盘不可撤销。例如，受盘人来电报称："某水电站需要某种机器 2 台，每台 2 万元人民币，请答复。"在收到发盘后，本着对该发盘的信赖，受盘人已与某水电站联系洽谈，这项发盘就不能撤销。

**案例 5－9 可撤销的发盘在什么条件下转化为不能撤销发盘**

**案情与问题：**我某对外承包公司与德国某供应商有多年业务关系。我方公司于 5 月 3 日以电传要求德方供应商就一批钢材发盘。我方在电传中声明：这一发盘之钢材是为了计算承造一栋大楼的投标价和确定是否参与投标之用，我方必须于 5 月 15 日向招标人送交投标书，而开标日为 5 月 31 日。德方供应商于 5 月 5 日用电传就上述钢材向我方正式发盘。我方据以计算投标价，并于 5 月 15 日向招标人递交了投标书。5 月 20 日德方供应商因钢材价格上涨，发来电传通知撤销其 5 月 5 日的发盘。我方当即复电表示不同意对方撤盘。由此双方发生争议。5 月 31 开标，我方中标。随即电传通知德方。但德方坚持该发盘已于 5 月 20 日撤销，合同不成立。请问：该发盘是否已撤销？为什么？

**分析要点：**该发盘未撤销，也不能撤销。因为该正式发盘已于 5 月 5 日到达受盘人，5 月 20 日因钢材价格上涨才要求撤销发盘是不允许的。同时，《联合国国际货物销售合同公约》第 16 条规定，下列情况下发盘不得撤销：①明确规定接受期限或以其他方式表明该发盘是不可撤销的，不得撤销。②受盘人有理由信赖该发盘是不可撤销并依该项信赖行事时发盘不得撤销。在本案中，我方已在电传中声明：要求这一发盘是为了计算承造一栋大楼的投标价和确定是否参与投标之用，我方必须于 5 月 15 日向招标人送交投标书。而德方供应商于 5 月 5 日用电传就上述钢材正式向我方发盘。我方据以计算投标价，并于 5 月 15 日向招标人递交投标书。5 月 20 日德方供应商因钢材价格上涨，发来电传通知撤销其 5 月 5 日的发盘。我方当即复电表示不同意撤销。可见上述发盘属于我方有理由信赖该发盘是不可撤销并已依该项信赖行事，所以该发盘不得撤销。

我国外贸业务习惯把发盘分为实盘和虚盘两种。实盘的特点是对发盘人有约束力。实盘一经受盘人在有效期内无条件接受，双方即达成协议，无须再由发盘人确认。实盘必须具备两个条件：①必须提出完整、明确、肯定的交易条件，如货物名称、价格、数量、包装、交付期及支付方式等；②明确表明发盘人在得到接受时接受约束的意思。

虚盘是发盘人有保留地愿意按一定条件达成交易的一种意思表示。它对发盘人无约束力，发盘人可随时撤销或变更其内容，即使受盘人接受，仍须经过发盘人最后确认才能成立对双方都有约束力的合同。虚盘实际上是一项发盘引诱，具有以下两个特点：①在虚盘中一般都附有保留条件，如注明"以我方最后确认为准"或"仅供参考"等；②虚盘中不规定有效期。

一项发盘，无论是可撤销的还是不可撤销的，可在一定条件下被终止。发盘效力的终止除了上述发盘被撤销外，还有下列情况：①在有效期内未被接受；②被受盘人拒绝；③经受盘人还盘；④政府禁令或法律的适用。如在原发盘的有效期内，有关政府颁布命令禁止该发盘中货物的进出口或因出现了某些特定情况，按有关法律的适用而终止。

## 三、还盘

还盘又称还价，是指受盘人对发盘内容不完全同意而作出添加、限制或其他更改的表示。发盘一经还盘，原发盘的效力即告终止。还盘实质上是受盘人对发盘进行拒绝之后所作出的一项新的发盘，还盘人成为新发盘的发盘人，原发盘人成为新发盘的受盘人。在实际业务中，一笔交易往往要经过发盘、还盘、再还盘的过程，有时甚至要经过几次、几十次往返，才能达成。

## 四、接受

接受，法律上称之为承诺，是受盘人声明或以其他行为表示无条件地同意发盘的内容，并愿意按这些条件与对方达成交易的表示。构成一项具有法律效力的接受必须具备以下条件：

**1. 接受必须由发盘的受盘人作出**

因为发盘是发盘人向特定的受盘人提出的一项订立合同的建议，发盘的约束力是约束发盘人对特定的受盘人承担义务，而不是对受盘人以外的其他人承担义务，所以受盘人以外的任何人对发盘表示同意，均不能构成有效的接受。

例如，A公司与B公司有多年买卖某商品的业务往来。某年10月，A公司在广州出口商品交易会上接了一份大订单，就发了一个传真给B公司，请B公司提供一批某商品，并详细列出交易条件。由于B公司有多年做外贸产品的经验，质量可靠，信誉一直很好，所以业务繁忙，在收到A公司的传真之前，已接了别的公司的大批订单，再接订单就不能按期供货。考虑到隔壁的C公司是老邻居，产品质量不错，商业信誉也还可以，就把A公司发来的传真转给C公司，要C公司接受A公司的发盘。这种情况下，C公司的接受就不能构成有效的接受。

**2. 接受必须表示出来**

按照《公约》规定，受盘人可以用向发盘人发出声明的方式或其他行为来表示同意。受盘人按发盘的要求发运货物或支付货款等行为，也是同意发盘的一种表示方式，也可构成接受。但是受盘人在收到发盘后，仅仅表示缄默，对发盘不作出任何反应，一般不能认为是对发盘的同意或接受。因为从法律上说，受盘人没有必须对发盘作出答复的义务。但也有例外的情况，如果根据交易双方的约定或按照双方已经确认的习惯做法或惯例，受盘人保持缄默也可以构成接受。

例如，买卖双方是老客户关系，多年来卖方都是按买方的订单准备发货，不再另行通知买方表示他已接受其订单。如果有一次，卖方在收到买方的订单后既不通知买方表示拒绝其订单，又不发货，则应视为违约。因为，在这种情况下，卖方的缄默可以构成接受。

**3. 接受必须与发盘相符**

接受必须绝对、全部同意发盘条件，才能达成交易协议，附有限制、修改或增加新条件的接受，不能构成对发盘的有效接受，而是对发盘进行拒绝而构成还盘。

**案例5-10　改变原发盘条件的接受有效吗**

**案情与问题：**A公司收到B公司的发盘传真后，认为各项交易条件基本符合心目中的要求，只是觉得其价格比其他供应商略偏高一些，因而在给B公司回复时表示“同意按市价接受”。A公司觉得，与B公司有多年业务关系，同时市价也只是比B公司的发盘价低2%而已，所以在给B公司回复后就等着B公司发货。但到了交货期却迟迟不见B公司发货来。A 公司只好打电话追问 B 公司，要求 B 公司尽快发货，否则追究其违约责任。请问：B 公司是否应承担违约责任？

**分析要点：**B 公司发盘给 A 公司，A 公司没有接受，只是还了一个“同意按市价接受”的盘给 B 公司，而 B 公司也没有对 A 公司的还盘表示接受，所以合同根本就没有成立。因此 B 公司无须承担违约责任。概言之，对于发盘，不管是附加价格条件，还是附加其他任何条件的接受都不能算是接受，而只能算是还盘。贸易磋商处于还盘阶段，没有完成接受阶段就永远不能达成协议，合同就永远不能成立。

**4. 接受必须在发盘的有效期限内送达发盘人**

接受在送达发盘人时生效。受盘人委托第三人转达接受通知，同样以接受通知送达发盘人时生效。如果表示接受的函、电在邮递途中遗失，合同不能成立。但英美法系的国家认为，用信件或电报等通讯方式表示接受时，当信件投邮或电报交发时，接受即告成立。有关接受生效的时间，以信件上所盖邮戳或电报上所盖收电印章的时间为准。但是，如果发盘人在发盘中明确规定，接受通知必须在规定的有效期限内到达发盘人，则仍以接受到达为准。因此，为避免引起不必要的纠纷，在对外发盘时，最好明确规定有效期限，并规定“接受通知在有效期限内到达为准”。

如果发盘未规定接受的有效期，则接受应在合理时间内送达发盘人才有效。如接受通知到达发盘人的时间已超过有效期限或合理期限，则该接受为逾期接受。按一般原则，逾期接受为无效接受。接受逾期，因发盘已经过时失效，合同不能成立。但下列情况除外：①如果发盘人立即通知受盘人，同意他的逾期接受，则该逾期接受仍为有效，合同仍可成立。②如果逾期接受不是受盘人造成的，发盘人若不及时反对，逾期接受仍有接受的效力，合同仍然可成立。

因此，在实际业务中，如收到对方逾期接受的通知，应核查信封上的邮戳或电报的交发日期。如能证明逾期接受是受盘人无法控制的原因造成的，则该逾期接受仍有接受的效力。如表示缄默，合同成立，如不愿意与对方达成合同应立即通知受盘人。

根据《公约》的规定，接受是可以撤回的，但撤回的通知必须于接受通知到达发盘人之前或同时被送达发盘人。对此，英美法系国家的法律规定，采用信件或电报表示接受，一经发出即生效，接受不得撤回。

**案例 5－11　如何确认询盘、发盘、还盘和接受**

**案情与问题：**（1）11 月 2 日中国卖方致电美国买方：“某货物 2 000 公吨，每公吨 250 美元 CIF 旧金山，10/11 月份装运，不可撤销即期信用证付款，11 月 7 日复到有效。”（2）11 月 5 日美国买方回电：“你方 2 日电接受，但要求 D/P 60 天付款。”（3）11 月 7 日中国卖方答复：“你方 5 日电同意，但要求 D/P 即期付款。”（4）11 月 9 日上午中国卖方收到美国买方电话：“撤回我方 5 日的确认电，详情函告。”下午接到美国买方电报：“你方 7 日电确认接受。”请问：1. 请指出上述交易磋商过程中各个电话、电报哪些是询盘、发盘、还盘、接受？2. 合同是否成立？

**分析要点：**1.（1）是发盘。构成一项有效的发盘，必须具备以下两个条件：①发盘应向一个或一个以上特定的人提出。②发盘的内容必须十分确定。11 月 2 日中国卖方致美国买方的电，符合《公约》关于发盘的规定。（2）、（3）是还盘。因为受盘人对发盘内容不完全同意而作出了更改的意思表示。（4）接受是可以撤回的，但撤回的通知必须于接受通知到达发盘人之前或同时被送达发盘人。因此，11 月 9 日上午卖方收到的买方电话是对接受的撤回，11 月 9 日下午卖方接到的买方电报是未生效的已被撤回的接受。
2. 由于在上述交易磋商的过程中没有一个有效的接受，所以合同并未成立。

## 第三节 调整国际货物买卖合同的法律规范

国际货物买卖合同法的表现形式有三种：国际公约、国际贸易惯例和各国国内立法。在国际货物买卖中，随时都有可能导致适用某个国家国内法或某项国际惯例或某项国际公约的情况。下面就分别对国际货物买卖合同必然要适用的国际公约或国际贸易惯例作一个简单、概括的介绍。

### 一、国际公约

由于各国在货物买卖法方面存在不少分歧，在国际贸易中不可避免地会引起法律冲突。为了解决这个问题，1980 年 4 月 11 日，联合国在维也纳召开的外交会议上通过了《联合国国际货物销售合同公约》。该公约共分四个部分：①适用范围和总则；②合同的订立；③货物销售；④最后条款。全文共 101 条。该公约自 1981 年 1 月 1 日开始生效。

《联合国国际货物销售合同公约》是迄今为止有关国际货物买卖的一项至为重要的国际公约。我国是公约的缔约国，我国企业同其他缔约国的当事人之间所订立的货物买卖合同都将适用该公约。该公约的适用范围是：①公约只适用于营业地处于不同国家的当事人之间所订立的货物买卖合同。这是指公约仅以合同当事人的营业地点是否处于不同国家为标准，至于双方当事人的国籍是否不同则不予考虑。②当事人营业地的所在国须是该公约的缔约国，如果当事人的营业地所在国不是缔约国，但依据国际私法的规则导致适用某一缔约国的法律时，则该公约也将适用于他们之间订立的买卖合同。

根据《公约》第 2 条规定，公约不适用于下列买卖：①供私人和家庭使用的买卖合同；②以拍卖方式进行的买卖；③根据法律执行令状或其他令状进行的买卖；④股票投资证券、流通票据或货币的买卖；⑤船舶和飞机的买卖；⑥电力的买卖。此外，公约第 3 条还规定，该公约不适用于供应货物一方的绝大部分义务是提供劳务或提供其他服务的合同，也不适用于由买方提供制造货物的大部分原材料的合同。按照这一规定，来件装配合同、咨询服务合同以及来料加工合同等都不适用该公约。

根据《公约》第 4 条规定，公约只涉及有关货物买卖合同的成立以及买卖双方基于合同所产生的权利义务。除另有规定的外，它不涉及下列问题：①公约不涉及买卖合同的效力或惯例的效力等问题，即公约只解决合同是否成立，而不解决合同是否有效、是否合法的问题。②公约不涉及买卖合同对所出售的货物的所有权可能产生的影响。③公约不涉及卖方对于货物所引起的人身伤亡的责任。

最后需要指出的是，该公约的适用不具有强制性。当事人可以全部排除公约的适用，也可删减或改变公约的任何规定的效力。但是如果营业地处于不同缔约国的当事人欲排除公约的适用，则必须在他们所订立的合同中订有排除公约适用的条款。当事人也可部分地排除公约的适用，但如果营业地所在国在批准或参加公约时已对公约的有关条款提出保留的，当事人必须遵守该缔约国的保留，不得予以排除。

**案例 5－12　《联合国国际货物销售合同公约》不适用的买卖**

**案情与问题：**中国某远洋运输公司向日本订购一艘集装箱运输船。合同约定中方先付30%的货款，付款后日方6个月内交货，货到3个月内中方支付其余货款。结果中方付款后，日方未能在6个月内交货，中方向法院提起诉讼，要求日方赔偿损失。请问：该合同能否援引公约?

**分析要点：**该合同不能援引公约。根据《联合国国际货物销售合同公约》第2条规定，公约不适用于下列买卖：①供私人和家庭使用的买卖合同；②以拍卖方式进行的买卖；③根据法律执行令状或其他令状进行的买卖；④股票投资证券、流通票据或货币的买卖；⑤船舶和飞机的买卖；⑥电力的买卖。此外，公约第3条还规定，该公约不适用于供应货物一方的绝大部分义务是提供劳务或提供其他服务的合同，也不适用于由买方提供制造货物的大部分原材料的合同。按照这一规定，来件装配合同、咨询服务合同以及来料加工合同等都不适用该公约。由于该合同的标的是集装箱运输船，不属于公约的适用范围，所以在诉讼中该合同不能援引公约。

## 二、有关国际货物买卖的国际惯例

### （一）国际贸易惯例的概念和特点

国际贸易惯例是指在长期的国际贸易实践中，逐渐形成的一些通用的习惯做法和通例。

国际贸易惯例具有如下特点：①国际贸易惯例是经过长期反复实践而形成的，并在国际上经常反复使用，具有普遍性；②国际贸易惯例具有明确和确定的内容，能构成有关当事人的行为准则，具有法律约束力；③国际贸易惯例一般不是强制的，而是任意的规则，一方不能强制另一方适用，也不能自动适用。通常只有当双方当事人在合同中明确援用某惯例时，该惯例才对他们有约束力。同时，对于这类惯例，还允许当事人用合同的特殊条款，修改或补充现有惯例中的规则。

### （二）国际贸易惯例中的国际贸易术语

国际贸易术语是在国际贸易长期实践中形成的，用来说明买卖双方有关费用、风险和责任的划分，确定买卖双方在交易过程中的权利义务的一种专门术语，也称为“价格术语”或“价格条件”，它是国际贸易法范畴中最重要的国际贸易惯例之一。

国际贸易中使用的国际贸易术语很多，目前最常用的三种是：装运港船上交货（FOB）、成本加运费（CFR）和成本加运费加保险费（CIF）。

**1. 装运港船上交货（FOB）**

装运港船上交货（FOB），习惯上称为“离岸价格”，是指卖方必须在合同规定的装运期内在指定的装运港负责将货物交至买方指定的船上，并承担货物在装运港越过船舷为止的一切费用和风险。一旦货物在装运港越过了船舷，其后的风险和费用即由买方承担。

FOB 价格构成包括货物本身的价值和把货物从产地运到装运港、在指定装运港货物越过船舷前的费用。在实际应用中，通常是在 FOB 前面写明货物单价，在 FOB 后面再写装运港名称，如“铁钉每箱（50 千克）18 美元 FOB 上海”，其含义是按 FOB 条件在上海港交货，每箱铁钉的价格为 18 美元。

根据国际商会《2000 年国际贸易术语解释通则》规定，采用 FOB 这一贸易术语时，买卖双方各应承担以下责任：

卖方的责任：①按合同规定提供货物；②在合同规定期限内，在约定装运港，把货物交到买方指定的船上，并及时通知买方货物已装船；③负责自费取得出口许可证或其他必要的出口证件；④承担在装运港货物越过船舷以前的一切费用和风险；⑤负责提供商业发票和证明货物已装上指定船舶的通常单据；⑥办理货物出口所需的一切手续。

买方的责任：①负责租船或订舱位，将船名、装货泊位、装货日期通知卖方；②支付合同规定的货价，承担货物在指定装运港越过船舷以后的一切费用和风险；③承担装货船舶不能在合同规定时间内到港装货所引起的一切费用和风险；④如不能及时指定装货船舶并通知卖方，负担因此而引起的一切费用，以及自合同规定的交货日期届满以后的货物风险；⑤支付要求卖方协助取得的单证的一切费用。

**案例 5－13　FOB 条件下买卖双方的权利义务**

**案情与问题：**某公司以 FOB 条件出口一批冻鸭。合同签订后接到买方来电，称租船较为困难，委托我方代为办理租船，有关费用由买方负担。为了方便合同履行，我方接受对方要求。但时至装运期我方在规定装运港仍无法租到合适的船，买方又不同意改变装运港。因此，到装运期届满时货仍未装运，因销售季节即将结束，买方便来函以我方未按期履行交货义务为由撤销合同。请问：我方能否以对方违约为由提出索赔？

**分析要点：**我方不能以对方违约为由要求索赔。根据《2000 年国际贸易术语解释通则》规定，采用 FOB 交易条件时，虽然对方作为买方负有“负责租船或订舱位，将船名、装货泊位、装货日期通知卖方”的义务，我方作为卖方没有“负责租船或订舱位”的义务，但该通则的适用不具有强制性。当事人可以排除公约的适用，也可删减或改变通则的某项规定的效力。由于后来我方接受了为对方代为办理租船的要求，这样就视为对通则规定的交易条件进行了修改，我方就承担了办理租船或订舱的责任。所以，我方不能以对方没有“负责租船或订舱位”造成违约而要求对方赔偿。

**2. 成本加运费（CFR）**

成本加运费（CFR），是指卖方负责租船或订舱，在合同规定的装运期内将货物交至运往指定目的港的船上，承担货物运至指定目的港的运费，及货物在装运港越过船舷为止的一切费用和风险。在实际应用中，在 CFR 前面加货物单价，在 CFR 后面加目的港全称。如“铝锭每吨 310 美元 CFR 大连”，其含义是卖方自行将铝锭运至大连，每吨价格是 310 美元。CFR 与 CIF 不同之处在于：CFR 价格构成因素中不包括保险费，而由买方自行投保，并支付保险费。至于买卖双方的其他责任以及风险的划分与所有权的转移，都与 CIF 价格条件相同。按 CFR 贸易条件成交时，根据国际贸易惯例的解释和一些国家法律的规定，卖方在装船后必须及时发出装船通知。如果卖方不及时发出装船通知，致使买方未能及时投保或者漏保，卖方要承担货物在运输途中的风险。这是因为，在CFR价格条件下，由卖方负责租船订舱，而由买方自办保险。如果卖方不及时发出装船通知，买方就无法及时办理保险手续，甚至可能漏保。因此，买卖双方往往还要在合同中作出具体规定。

**案例5－14　CFR条件下卖方的通知义务**

**案情与问题：**我某公司按CFR术语与英国A客户签约成交，合同规定保险由买方自理。我方于9月1日凌晨2点装船完毕，受载货轮于当日下午起航。因9月1、2日是周末，我方未及时向买方发出装船通知。3日上班收到买方急电称：货轮于2日下午4时遇难沉没，货物灭失，要求我方赔偿全部损失。请问：我方是否应该赔偿全部损失？

**分析要点：**我方应该赔偿全部损失。CFR术语是指卖方负责租船或订舱，在合同规定的装运期内将货物交至运往指定目的港的船上，承担货物运至指定目的港的运费，及货物在装运港越过船舷为止的一切费用和风险。CFR价格构成因素中不包括保险费，而由买方自行投保，并支付保险费。《2000年国际贸易术语解释通则》规定，采用CFR这一贸易术语时，货物在装运港越过船舷后的一切费用和风险均由买方承担，但需要注意的是，卖方在装船后必须及时发出装船通知。如果卖方不及时发出装船通知，致使买方未能及时投保或者漏保，卖方应承担货物在运输途中的风险。本案中我方未及时向买方发出装船通知，没有尽到通知义务，故我方应该赔偿全部损失。

**3. 成本加运费加保险费（CIF）**

成本加运费加保险费（CIF），习惯上称为“到岸价格”，是指卖方负责租船或订舱，在合同规定的装运期内将货物交至运往指定目的港的船上，承担货物运至指定目的港的运费、保险费及货物在装运港越过船舷为止的一切费用和风险。在实际应用中，在CIF前面加货物单价，在CIF后面加目的港的名称，如“中国小麦每公吨240美元CIF温哥华”。

在采用CIF条件成交时，买卖双方各应承担以下责任：

卖方的责任是：①提供合同所规定的货物及货物证明；②自费租船或订舱位；③以正常海运方法，经通常航线，将所提供的货物运到目的港；④自费并自负风险，取得出口许可证或出口国政府所签发的有关货物出口的其他证件；⑤按合同规定的日期和期限，将货物装船并及时通知买方；⑥按合同规定办理货物保险，并支付保险费；⑦承担在装运港货物越过船舷以前的一切风险；⑧及时向买方提交货物运至约定目的港的通常运输单据、发票、保险单等单证；⑨按照买方请求，并由买方支付费用，向买方提供要求卖方协助取得的单证。

买方的责任是：①接受卖方提交的符合合同规定的单证，按合同规定支付价款；②承担在装运港货物越过船舷以后的一切风险和费用；③在合同规定买方享有确定货物装船时间和选定目的港的权利的情况下，如买方未及时把装船时间或目的港通知卖方，因此而引起的费用及风险，由买方承担；④支付要求卖方协助取得的单证的一切费用；⑤自费并自负风险取得进口许可证及其他进口所需的许可证件。

**案例 5 – 15　CIF 条件下买卖双方风险转移的界限**

**案情与问题**：中国 A 进出口公司向美国 C 公司出口一批茶叶，数量为 10 000 箱，价格条款是 CIF 纽约，卖方向中国人民保险公司投保了平安险。当货物到达纽约港时，买方对货物进行了检验。检验报告表明由于货舱进水，有 500 箱茶叶遭受浸泡，无法出售。因此，买方拒绝接受这批货物，并宣告合同无效，拒绝支付货款。

**分析要点**：首先，关于本案中货物的运输和保险。由于买卖双方采用的价格术语是 CIF 纽约，根据 CIF 价格术语的要求，货物运输和保险应当由卖方负责。在本案中，中国出口方履行了作为卖方发货和保险的义务。在一般的国际贸易买卖中，卖方的义务只负责投保最低的保险险别，如果双方选择投保中国人民保险公司海洋运输保险，最低的险种是平安险，本案中卖方的做法即是如此。根据平安险的保险范围，货物遭受水浸不包括在赔偿范围内。因此，货物的损失不属于保险公司负责赔偿的范围；同时，根据 CIF 价格术语的规定，货物风险在装运港越过船舷时转移，而本案中货物的损失发生在运输途中，早已越过装运港船舷，应当由买方自行负责货物的风险和损失，因此买方没有理由宣告合同无效、拒绝支付货款。

其次，关于货款的支付问题。本案中卖方没有采取合适的货款收取方式，因此造成货物已经抵达买方而遭到拒付的被动局面。对于以上问题可采取的预防措施有：①在 CIF 条款下，由卖方办理保险，但在货物的运输过程中的绝大多数情况下，尤其是风险相对较大的海运，风险的承担者是买方，因此，为了更好地保护自己的利益，避免因未充分保险导致遭遇的损失无法得到赔偿的情况发生，买方可以同卖方进行协商，选择更加适合的险种，多付的保险费用可以由双方协商在价格方面予以调整或者由买方额外承担；买方也可以采取自己进行额外保险的方式。②卖方应当采取信用证方式收取货款（参见本书第七章《国际结算法》），这样能有效避免货物运达目的地而买方拒付货款的情况发生。

最后，关于争议的解决。由于中国和美国都是《联合国国际货物销售合同公约》缔约国，本案的争议解决应当适用《公约》。根据《公约》第 51 条规定“只有在完全不交付货物或者不按照合同规定交付货物等根本违反合同时”，买方才可以宣告合同”无效。本案中，根据 CIF 价格术语的要求，卖方于越过装运港船舷时，风险转移到买方之前交付的货物完全符合合同的要求，不存在卖方违约的问题；并且本案中的货损只涉及全部货物的一部分——500 箱茶叶，货物的绝大部分符合合同要求，即使双方约定到达交货，也不属于“完全不交付货物”的情况，不能构成根本违约，买方无权宣告合同无效。对于本案中出现争议的解决方法：①卖方应当根据合同要求买方支付全部货款。因为卖方交付的货物在装运时完全符合合同要求，在货物越过船舷后发生的损失应当由买方承担。②买方可以要求船运公司进行赔偿，只要买方有证据证明货物的损失是船运公司在运输中因管理不当造成的。

综上所述，由于国际货物买卖的复杂性，要求交易双方必须了解有关调整国际货物买卖的法律规定，在合同协商、订立、履行以及纠纷的解决过程中，严格按照相关的法律规定进行。

## 思考题

1. 什么是国际货物买卖？有什么特点？

2. 国际货物买卖合同的内容主要有哪些？

3. 国际货物买卖合同的成立过程需要经过哪些程序？

4. 如何确认贸易洽谈过程中的询盘、发盘、还盘、接受？

5. 调整国际货物买卖合同的国际公约主要有哪些？

6. 国际贸易术语中最常用的三种是什么？各自的特点有哪些？

7. 案例分析：

（1）我某公司按每公吨242美元FOB伦敦进口200公吨钢材，我方如期开出48 400美元的信用证，但英商来电要求增加信用证金额至50 000美元，不然，有关出口捐税及签证费用应由我方另行电汇，试分析英方此举是否合理？

（2）我某进出口公司向新加坡某贸易公司出口香料15吨，报价为每公吨2 500美元FOB湛江，装运期为10月份，集装箱装运。我方10月16日收到买方的装运通知，为及时装船，公司业务员于10月17日将货物存于湛江码头仓库，不料货物因当夜仓库发生火灾而全部灭失，以致货物损失由我方承担。请问：该笔业务中，我方的做法有何不当之处？

（3）法国F公司同中国H公司商洽由中国出口一批皮手套到法国事宜，双方经过协商，初步拟订合同：价格条款采用CIF法国主要港口，保险险种为水渍险，货款支付方式为货物抵达法国买方仓库后5个工作日内，由买方以电汇方式予以支付。请问：①本案中双方拟订的合同条款是否可行？②双方在本次交易中应当注意的主要问题以及可能适用的相关法律或规定是什么？

（4）韩国K公司向美国A公司出售汽车轮毂。双方合同中注明，货物原产地必须是韩国，货款支付方式——信用证。但是，由于在韩国总公司生产的轮毂供不应求，所以在合同签订后一个星期，K公司电话告知A公司只能供给由K公司位于中国的合资企业加工的轮毂，A公司没有表示反对。两个月后，K公司向美国A公司发运了符合合同数量和质量要求的货物，并向银行交付了相关单据。但是，由于单据表明货物原产地为中国，不符合信用证的原产地要求，遭到了银行的拒付。韩国K公司要求A公司采取其他方式付款。A公司认为，K公司违反了合同中关于原产地的规定，所以要求降价。K公司提请仲裁。请问：①在什么样的条件下，K公司会得到仲裁庭的支持？②本案中，K公司应当吸取的教训是什么？

（5）美国某公司传真其中国客户，可以在当月下旬供给中国公司10公吨优质化肥。请问：①美国公司的传真是否构成一项发盘？②发盘中的价格是否必须确定？③如果发盘中没有明确的价格，是否可以以双方知晓的当时市场价格作为成交价格？

（6）5月份，某中国公司向新加坡公司发出传真，愿意在当年11月份供应10吨特级苹果，新加坡公司没有作出回复。在临近苹果收获的季节，中国苹果产地遭遇冰雹袭击，造成苹果减产，中国公司无法备齐10吨特级苹果，因此于10月份向新加坡公司发出传真撤销5月份发出的传真。请问：①5月份中国公司的传真是否构成要约？是否必须撤销？②中国公司10月份的传真是否符合撤销发盘的条件？如果不加以撤销，可能会出现什么样的情况？

(7) 2002年10月，美国西海岸港口工人大罢工，造成许多公司的进出口商品堆积于货船和码头而无法装卸，许多出口货物在装船期之后还无法发运。在这种情况下，如果对方进口商提出违约赔偿，美国出口商应当如何处理？

(8) 中国C进出口公司向某国B公司出口一批手工艺品。合同价格条款为FOB上海，合同中“不可抗力”条款的内容为：“无论卖方或买方，如因不可抗力而不能履行合同，均不承担违约责任。不可抗力包括但不限于战争、封锁、冲突、叛乱、罢工、内乱、骚动、严重水灾、火灾、地震、海啸等无法预见和不能克服的因素。”承运货物的船只在港作业时发生火灾，此时货物已经全部装运到船上，部分货物由于火灾受损。B公司得知这一消息后，传真通知C公司，由于发生不可抗力，B公司决定拒绝支付货款，并拒绝接受剩余的完好货物。请问：B公司不履行合同的理由是否正确？

(9) A公司与B公司签订购买白版纸的合同，双方约定7月前发货，6月底，卖方B公司所在地遭遇洪水，造成铁路公路运输瘫痪。汛情于7月中旬解除，但是，由于此时国际上造纸原料价格上涨，B公司认为继续按照原来价格出售货物将遭受损失，遂要求涨价，否则将以不可抗力为由拒绝履行合同。A公司不同意B公司的要求。直到10月份，B公司也没有履行发货义务。A公司遂提请仲裁，认为尽管B公司7月份前没有发货可以由于不可抗力免责，但是在障碍已经消除之后还不履行发货的职责违反了合同约定，应当承担违约责任。请问：①A公司的请求是否能够得到仲裁庭的支持，为什么？②B公司7月中旬后不履行合同的理由是否成立，为什么？

# 第六章
# 国际货物运输及保险法

## 第一节　国际货物运输法

### 一、国际货物运输法概述

#### （一）海上货物运输与海上货物运输法

**1. 海上货物运输**

海上货物运输是指承运人收取运费，将托运人托运的货物用船舶由一国的港口运至另一国的港口的过程，是国际货物运输中最主要的运输方式。相对于其他运输方式来说，海上货物运输的主要优势是：①运输量大。巨型货轮一次就可运送几万吨，甚至几十万吨货物。②通过能力强。海洋上航道宽阔，四通八达，不受公路、铁路的制约。③运费低廉。由于运量大、投入小，故海上运输成本较为低廉。因此，国际货物运输大约有 2/3 采用这种方式。我国的进出口货物绝大部分也是采用海上运输方式进行的。但海上运输也有缺点，主要表现在航行速度慢、运输时间长，受气候条件影响大，因而风险较大，涉及的当事人较多，需要调整的法律关系比较复杂。

海上货物运输按营运方式和法律特点，一般分为班轮运输和租船运输两类。

（1）班轮运输。班轮运输是指承运人按托运人的委托将属于不同托运人的货物装于同一船舶，按固定的航线、港口以及事先公布的船期表航行，并按固定标准收取运费的运输方式。在海上运输业务中，除大宗货物利用租船运输外，大都采用班轮运输。

班轮运输具有以下几个特点：①“四固定”。固定航线、固定港口、固定船期和相对固定的运费标准。②“一负责”。负责配载装卸，且装卸费已包含在运费中，不另计滞期费和速遣费。③承运人和托运人双方的权利、义务和责任的豁免以签发的提单条款为依据。④承运货物的品种、数量比较灵活，货运质量较有保证，且一般采取在码头、仓库交接货物方式，为货主提供了较便利的条件。

承运人与托运人签订班轮运输合同后，承运人接收货物，并据以签发提单。此后，承运人、托运人、收货人或提单持有人之间的权利、义务均以提单为准。承运人签发提单要受国内海商法和有关国际公约的约束，不能任意限制自己的义务或扩大托运人的责任。在实践中，一般是由船公司预先制定好提单，托运人按要求填写签字，由承运人或其代理人或船长签字，运输合同即成立，而不需要承运人与托运人另外再签订运输合同。

（2）租船运输。租船运输又称不定期船运输。它既没有固定的航线、固定的船期和固定的挂靠港口，也没有固定的运费，而是根据承租人与出租人双方签订租船合同，将船舶的全部或一部分提供给承租人使用。船舶装运的货物、航行的时间、行驶的航线、租用的时间等都在合同中规定，然后按照合同来完成特定的运输任务。租船运输通常适用于大宗货物的运输，如原油、矿砂、煤炭等。

租船运输按租赁方式不同可以分为定程租船、定期租船和光船租船三种。其中光船租船是财产租赁的一种形式，出租人并不承担运输任务。

定程租船简称程租船，是指由出租人提供船舶或船舶的一部分，按照合同约定，在指定港口之间进行一个航次或几个航次承运指定货物，由承租人支付约定运费的租船方式。定程租船合同下，出租人保留船舶的所有权和占有权，并由其雇佣船长和船员，船舶仍由出租人负责经营管理，承租人不参与船舶的经营事宜。定程租船合同的条款是由双方当事人约定的。国际条约或国内法律一般不对其进行调整。我国《海商法》仅要求出租人提供适航的船舶和行驶合理的航线。定程租船合同下可以签发提单。在提单持有人不是承租人时，承运人与提单持有人之间的权利、义务适用于提单中的规定，但提单中明示适用定程租船合同的，则双方的权利、义务适用于定程租船合同的规定。

定程租船合同的内容重在船舶和航程。我国《海商法》在海上货物运输合同中对其作出特别规定，要求出租人须承担适航义务和不得绕航的义务，其他条款可由当事人自行在合同中约定。一般来说，出租人应在约定的时间、港口码头提供约定的船舶。承租人应提供约定的货物，并在约定的时间装船、卸船。如果船舶未能在约定的时间到达约定的地点，或船舶不符合约定的条件，或者虽已到达但未能在各个方面做好装货的准备工作，承租人都有权解除合同，而且承租人的这项解约权是绝对的，不受租船合同一般免责条款的影响。即使船舶是由于不可抗力的原因而延期到达指定港口，承租人也有权解除合同，但在此情况下无权要求赔偿损失。除不可抗力的原因之外船舶延期到达指定港口，承租人不但有权解除合同，还有权要求赔偿损失。如果承租人未能在约定的时间、地点交付约定的货物，未能在约定的期限内装卸，承租人应支付空仓费、滞期费。为鼓励承租人尽快装卸，减少船舶在港口的停留时间，对承租人在约定的装卸期限内提前完成装卸任务，合同中常约定由出租人支付速遣费。速遣费常为滞期费的一半。合同中无论规定由哪一方选择装卸港，港口和泊位应具体、安全。定程租船合同中有关货物损害责任的内容由出租人和承租人协商，法律上没有强制性的规定。一般在责任终止条款中规定，在货物装船完毕之后，承租人对租船合同的责任即告终止，但在合同规定的运费、空仓费和滞期费未付清前，出租人对货物有留置权。

定期租船简称期租船，是指出租人按照与承租人签订的合同，在一定时期内把船舶提供给承租人使用，承租人支付约定的费用，承租人在此期间可以自行调度该船舶。按照定期租船合同，出租人保留船舶的所有权和占有权，并由其雇佣船长和船员，船舶仍由出租人负责管理，但是在业务上应受承租人的指挥。在出租期间的费用由双方分担。一般来说，出租人承担船长及船员的工资、船舶的保险费、淡水等与船舶有关的费用；承租人承担营运所需的港口费、码头费、燃料费等与营运有关的费用。

定期租船合同的内容主要有：①船舶说明。写明船舶的名称、国籍、船级、载重量等内容，出租人应按合同规定提供适合约定用途的船舶。在起租的时候，船舶应处于适航状态，并在整个出租期间，出租人有义务保持船舶的有效状态。②使用范围和航行区域。合同一般都写明船舶的航行区域，也就是承租人在租借期间可以使用船舶的范围。在此航行区域内，承租人可以指示船舶开往任何安全的港口，行驶任何航线。③租期。租期可以是几个月、一年或几年，由双方商定。租期从出租人在交船港把船交给承租人时开始计算。在租期届满时，承租人应在合同规定的还船港把船舶交还出租人。在还船时，船舶的条件和状态应与交船时一样良好。④使用和赔偿责任。合同主要规定船长对于有关使用、代理及其他有关事宜，应根据承租人的指示行事，但由于执行有关指示而引起的一切责任和后果，承租人负责赔偿。⑤租金的支付。租船费是按照时间来计算的，一般是以月为计算单位，按月预付。在合同规定的租期内，不论承租人是否使用了船舶，承租人都应按期支付。如果承租人不能按期支付租金，出租人有撤船的权力，并可以对船上的货物行使留置权。⑥停租。规定在一定的条件下承租人有权停止支付租金。⑦货物损害责任。出租人与承租人应对船方对货物的保管和照料的责任在合同中自行规定。

光船租船又称为净船期租船，实际上也属于定期租船的一种。它与一般定期租船的相同之处是租金也按时计算，不同之处是在租船期间船舶的占有权由出租人转移至承租人。出租人只是空船出租，不提供船员，船上的工作人员均由承租人雇佣。这种租船方式往往是承租人买船的先兆。

**2. 海上货物运输法**

（1）海上货物运输的国内法。由于海上货物运输的发展，许多国家都制定了有关海上运输的法律规范。在美国，存在多个调整海上运输的法律。1893 年的《哈特法》对提单、承运人的责任作了规定，该法适用于美国与外国间的海上运输。1916 年美国制定了《联邦提单法》，1944 年又重新修订，该法适用于美国国内的州际和对外贸易提单，只要提单在美国签发，不分陆上运输还是水上运输。1936 年美国制定了《海上货物运输法》，对《联邦提单法》进行了补充。英国 1924 年制定了《海上货物运输法》，1992 年重新修订，规定了提单转让的效力、提单与运输合同的关系等。在英国，还存在另一个《海上货物运输法》，这就是 1971 年的《海上货物运输法》。虽然两法名称相同，但调整的范围不一样。1971 年的《海上货物运输法》主要调整托运人与承运人的权利义务。中国于 1992 年 11 月 7 日通过了《中华人民共和国海商法》，调整海上货物运输、旅客运输、海上保险等法律关系。

（2）调整提单运输的国际公约。由于各国法律中关于托运人与承运人的权利义务的规定差异很大，国际社会一直在努力进行统一。目前，国际上调整提单运输的国际公约有三个：《关于统一提单若干法律规定的国际公约》（简称《海牙规则》）、《修订统一提单若干法律规定的国际公约的议定书》（简称《维斯比规则》）、《联合国 1978 年海上货物运输公约》（简称《汉堡规则》）。

《海牙规则》于 1924 年 8 月 25 日在布鲁塞尔由 26 个国家签订，于 1931 年 6 月 2 日生效，至今已有 80 多个国家加入。《海牙规则》主要由当时的航运大国签订，较多地反映了承运人的利益。《维斯比规则》是 1968 年 2 月在布鲁塞尔签订的，于 1977 年 6 月 23 日生效，目前已有 20 多个国家加入。《维斯比规则》对承运人的责任限额、集装箱运输等作了规定，对《海牙规则》作出了一些修订，而非实质性的修改。《汉堡规则》于1978年通过，已于1992年11月1日生效，目前已有30多个国家加入。《汉堡规则》对承运人与托运人的权利义务进行了修改，扩大了承运人的责任范围，加重了承运人的责任，并扩大了提单的使用范围。中国目前尚未加入以上公约。这三个国际公约仅适用于班轮运输，租船运输主要由各国国内民商法调整。

### （二）陆上货物运输

在国际货物运输中，陆上运输占有重要地位，陆上货物运输主要包括铁路运输和公路运输。

**1. 铁路运输**

铁路运输是一种仅次于海上运输，在国际货物运输中占有非常重要地位的陆上运输方式。铁路运输的主要优点是运输速度快，载运量大，受气候条件的影响小，连续性强，在运输途中的风险较小，对货物的适应面较宽等。但由于受地理条件和铁轨的限制，直接通达面较窄。所以，它主要用于陆地相连的国家之间的运输以及在国内担负货物的集散。

有关国际铁路货物运输的国际公约主要有两个，一个是由中国、朝鲜、越南、蒙古以及东欧8国共12个成员国加入的《国际铁路货物联运协定》；另一个是由欧盟12个国家以及奥地利、瑞士、土耳其等共24个国家加入的《关于铁路货物运输的国际公约》。我国是《国际铁路货物联运协定》的成员国，我国经由铁路运输进出口的货物，都是按照《国际铁路货物联运协定》的有关规定进行的。

根据《国际铁路货物联运协定》，运单是发货人、收货人与铁路之间订立运输合同的证明，对三者都有法律约束力。运单是铁路收取货物、承运货物的凭证，是铁路在终点站向收货人交付货物和核收运杂费的依据。运单不是所有权凭证，不能转让。承运货物的铁路，对货物负有连带的运输责任。即凡按《国际铁路货物联运协定》的规定，从始发站办妥手续并交付的货物，铁路要负责完成全程运输，直到在终点站把货物交付给收货人为止；负责运送某一路段的铁路对本路段的损失承担连带责任。铁路对货物的赔偿额不超过货物全部灭失时的金额。铁路对由于以下原因造成的损失不负责赔偿：铁路不能预防和不能消除的情况；货物的特殊自然性质；发货人或收货人的过失；发货人或收货人的押运员的过失；容器或包装的缺陷等。发货人或收货人有权根据运输合同，以书面形式提出具体的赔偿要求并附证明文件。当铁路全部或部分拒绝赔偿，或在180日内不作出答复的情况下，有权提出索赔的人才可以提起诉讼，诉讼只能向受理索赔的发货站或到达站铁路所在的国家有管辖权的法院提起，适用法院所在地的诉讼程序规定。逾期交货的索赔和诉讼时效为2个月，其他的请求和诉讼时效为9个月。

**2. 公路运输**

公路运输的主要优点是机动灵活，速度较快，简洁方便。它在短途货物运输上具有比铁路、船舶运输更大的优越性。但公路运输也存在运载量小、成本相对较高、车辆行驶震动较大、易造成货损等缺点。

公路运输在国际货物运输中的作用主要体现在两个方面：一方面它为其他运输方式承担两端的货物运输业务；另一方面，在条件许可的情况下，如内陆国家之间，可以作为一个独立的运输体系，直接承担国家之间的货物运输，如欧洲参加《国际公路运输公约》的各成员国之间的跨国公路运输。

## （三）航空货物运输

航空货物运输是从第二次世界大战以后才开始用于国际货物运输的。航空货物运输具有许多优点：不受地面条件的限制，货物可运往世界各地；能迅速、安全、准时地将货物运输到目的地；节省包装和储存费用。因此，它最适宜运输那些贵重、鲜活、急需、轻量、易损的货物。由于航空货物运输具有上述特点和优越性，近年来发展很快，货运量不断增加。我国于1974年参加了国际民航组织，并成为该组织的理事国之一。我国已与60多个国家签订有航空运输协定。

目前，调整国际航空运输关系的国际公约主要有三个：《关于统一国际航空运输某些规则的公约》（简称《华沙公约》）、《修改1929年统一国际航空运输某些规则的公约》（简称《海牙议定书》）、《统一非缔约承运人所办国际航空运输某些规则的公约》（简称《瓜达拉哈拉公约》）。

《华沙公约》于1933年2月13日生效，已有130多个国家加入，我国于1958年10月8日正式成为其成员国。《华沙公约》适用于始发地和目的地在两个成员国或始发地和目的地在同一个成员国但在另一个国家或地区有经停点的国际航空运输。《海牙议定书》对《华沙公约》在航行过失免责、责任限制、运输单证以及索赔期限等方面进行了修改。《海牙议定书》于1975年10月15日对我国生效。《瓜达拉哈拉公约》于1960年9月18日签订。该公约旨在统一非缔约承运人履行的国际航空运输的规则，主要是为了补充《华沙公约》而签订的。该公约于1964年5月1日生效，我国尚未加入。在这三个公约中《华沙公约》是最基本的规定，其他两个是对《华沙公约》的修订或补充，但都相互独立。

根据《华沙公约》，空运托运单是订立合同、接受货物和运输条件的初步证据，但航空托运单的存在与否、是否规范或灭失，不影响运输合同的存在和有效。空运托运单是运输合同的证明和接收货物的收据，但它不是货物所有权的凭证，不能转让。空运托运单也不是提取货物的凭证，收货人凭承运人的到货通知单及有关证明提取货物。空运货物的承运人对货物在其保管期间的毁灭、遗失、损坏或延迟交付承担责任。承运人在下列情况下可以免除或减轻责任：如果承运人能证明其本人或其代理人为避免损失，已采取一切必要的措施或不可能采取这种措施；如果承运人能证明损失的发生是由于驾驶或领航上的过失；如果承运人能证明损失完全是由于自然原因引起的；如果承运人能证明损失是由于受损人的过失所造成的；损失是由于遵守法律、法规或超出承运人的管辖以外的原因造成的。托运人在承运人向收货人交付货物前，有权在始发站和目的站将货物提回；或在途中经停时中止运输，或在目的站或运输途中交给非航空托运单上所指定的收货人，或要求将货物退回始发站。

## 二、有关提单的法律制度

提单是指用以证明海上运输合同和货物已经由承运人接收或者装船，以及承运人保证据以交付货物的单证。货物由承运人接受或装船后，应托运人的要求，由船长或承运人或承运人的代理人签发提单。提单并无统一格式，由各运输公司自行制定。提单受各国法律的调整。

### （一）提单的性质和作用

**1. 提单是承运人与托运人之间的海上货物运输合同的证明，是双方权利义务的依据**

提单与海上货物运输合同是两个不同的概念。托运人与承运人之间的运输合同在货物交付承运人前就已经成立，而提单是在交付承运人或装船后签发。托运人向承运人订妥舱位后，运输合同即已成立。货物在交付承运人后、承运人签发提单前灭损，承运人应承担责任。货物运输合同是托运人与承运人双方的意思表示，而提单是承运人单方签发的书面文件。如果提单的内容与运输合同不一致，以合同内容为准。提单虽然不是货物运输合同本身，却是运输合同的证明。除非托运人与承运人另有约定外，提单上的条款就是运输合同的内容。承运人与托运人、提单持有人之间的权利义务依据提单的规定来确定。

**案例 6－1　提单只是承运人与托运人之间的海上货物运输合同的证明**

**案情与问题：**中国远洋运输公司的代理人口头向一托运人上海外贸公司保证：该轮在装运港上海装上货物以后将直接驶往纽约。实际上该轮未直驶纽约，而是绕航了新加坡。结果在绕航新加坡时发生了事故，该批货物全部损失。托运人向法院起诉，要求承运人赔偿。承运人辩称提单中载明可任意绕航，自己不应承担因绕航引起的损失。请问：(1) 双方的口头约定是否有效？(2) 提单是否就是运输合同？(3) 承运人是否应承担赔偿责任？

**分析要点：**(1) 双方的口头约定有效。根据我国《合同法》第 10 条的规定，“当事人订立合同，有书面形式、口头形式和其他形式”，在此案中，双方采用了口头形式。(2) 提单不是货物运输合同本身，只是运输合同的证明。如果提单的内容与运输合同不一致，以合同内容为准。只有在托运人与承运人没有其他约定的情况下，提单上的条款才是运输合同的内容。承运人与托运人、提单持有人之间的权利义务才依据提单的规定来确定。(3) 承运人应承担赔偿责任。由于中国远洋运输公司的代理人口头向托运人上海外贸公司保证该轮直航纽约，这就表明该运输合同采用直航条款，现船舶绕航新加坡，就是违约，承运人应承担由于违约造成的赔偿责任。

**2. 提单是承运人接收货物或货物已装船的证明**

承运人在收到托运人交付的货物时，应向托运人签发提单。承运人签发提单后，就表明该批货物已经在他的保管下等待装运或已装上船。提单还体现了承运人收到货物时的货物状况，如品名、数量、状态等。当提单在托运人手中时，它是承运人已按提单记载收到货物的初步证据。如有证据表明承运人没有收到货物或没有装船，无论是全部还是部分，承运人都可以进行反驳，举证责任在承运人。但提单一经转让，提单即成为承运人收到货物的最终证据，对善意受让提单的第三人，包括收货人来说，承运人提出的与提单所载不符的证据均不予承认。这一规定保护了第三人包括收货人的利益，保障了提单的流通性。

**案例6－2　提单在收货人手中时的证明作用**

**案情与问题：**某货轮将3 000箱服装从广州运往日本。船长签发了全套清洁提单，载明了每箱的数量为20打。货到目的港卸货后，发现其中有30箱的数量不足，共短缺了60打服装。收货人提起诉讼，要求承运人赔偿短卸损失。承运人辩称，因装船时其不能对货物一一核对，短缺应是发货人的责任。请问：承运人的辩称是否成立？

**分析要点：**承运人的辩称不成立。当提单在受让人手中时，提单即成为承运人收到货物的终局性证据。因为提单的受让人在购买提单时，并没有机会实际检查货物，只能全凭信赖承运人在提单中所承认的事项行事，所以承运人必须按照提单中所列的情况向收货人交货。对善意受让提单的第三人，包括收货人来说，承运人提出的与提单所载不符的证据不予承认。这一规定保护了第三人包括收货人的利益，保障了提单的流通性。

**3. 提单是代表货物所有权的凭证**

在国际贸易中，货物的流转与提单的流转是分开的，赋予提单所有权凭证的作用与特征，可以使提单持有人在货物运输期间处理货物，更好地促进货物的流转，有利于国际贸易的发展。提单的这一所有权凭证功能，作为国际惯例，为各国法律所承认。由于提单的所有权凭证功能，使提单在国际贸易中可以作为买卖的标的物，并可以作为向银行押汇的担保物。正是由于提单的这一作用，使得提单具有了流通性。如果出让人有意转移货物的所有权，则经过背书后将提单交给受让人，受让人便可以取得该提单项下的货物所有权。承运人的责任是向提单的持有人交货。即使是真正的收货人，如果不能提交正本提单，也不能提取货物。在提单运输方式下，承运人认单不认人。

**案例6－3　承运人应对无单放货承担责任**

**案情与问题：**我国甲公司向意大利乙公司出口电冰箱，贸易条件为CFR米兰，付款方式为即期付款交单。我国甲公司交付货物后，承运人丙开出全套正本清洁提单，甲公司将提单交银行议付，但一直得不到客户付款。后得知承运人丙将货物交意大利丁公司运输，意大利丁公司已将货物无单放出。请问：意大利丁公司有无权利将货物无单放出？谁应该对此负责？

**分析要点：**意大利丁公司无权将货物无单放出。提单具有物权凭证的作用，承运人的责任是向提单持有人交货。即使是真正的收货人，如不能提交正本提单，承运人也不能将货物交出。本案中，承运人丙不能对自己签发的正本提单持有人交付货物，应作为承运人承担违约的民事责任；意大利丁公司作为实际承运人，未履行凭正本提单交货的义务，实际上也损害了我国甲公司的权利。因此，承运人丙和意大利丁公司应对此负连带赔偿责任。

## （二）提单的内容和种类

**1. 提单的内容**

提单由两部分组成，包括正面条款和背面条款。正面条款主要是对货物、运输情况的描述，一般由托运人填写，承运人或其代理人签字。背面条款是承运人印好的权利义务条款。

在提单的正面，主要载明以下内容：①船名和船舶的国籍；②承运人名称；③装运港和目的港；④托运人名称；⑤收货人名称；⑥货物的名称、数量、标志、包装、体积或重量；⑦运费和其他费用；⑧提单的签发日期、地点和份数；⑨承运人或代理人或船长的签字等。在提单的背面，主要是规定承运人与托运人各自的权利义务。通常有以下内容：①承运人的责任与责任期间、免责事项及赔偿限额；②装货、卸货和交货的方式及费用分担；③货物灭失或损坏的通知及期限；④危险货物及其处理方法；⑤转运、换船、联运与转船；⑥管辖权及法律适用；⑦共同海损条款和新杰森条款；⑧碰撞责任条款等。提单的背面条款虽然是由承运人自行制定的，但不能违反有关的国内法或国际条约的规定。各国的提单一般适用提单签发地国家的法律，但美国的海上货物运输法适用于自美国运输和向美国运输的提单，所以目的港在美国的提单要受到美国法的约束，其中往往含有适用美国法律的条款。

**案例 6－4　慎用目的地是美国的记名提单**

**案情与问题：**中国广东轻工进出口公司与美国科斯达公司签订出口合同。中国广东轻工进出口公司向美国加索尔船务公司发货后，美国加索尔船务公司签发了全套正本记名提单，提单记载：发货人为中国广东轻工进出口公司，收货人为美国科斯达公司，承运人为美国加索尔船务公司。提单背面印有“货物的收受、保管、运输和提单所证明的运输合同条款，适用美国《统一商法典》”条款。货运目的地后，美国科斯达公司没有提交正本提单就将货物提出，并一直未支付货款。请问：美国加索尔船务公司是否应对无单放货负责？为什么？

**分析要点：**美国加索尔船务公司不需要对无单放货负责。在美国，记名提单不是物权凭证。按照美国《统一商法典》的规定，承运人将货物交给记名提单的收货人即完成义务，无须收货人提交正本提单。

**2. 提单的种类**

提单可以从不同角度加以分类，在国际贸易中常见的有以下几种：

（1）根据货物是否已装船，可分为已装船提单和备运提单。已装船提单是指货物已装上指定的船舶后签发的提单。其特点是提单上必须以文字表明货物已经装上船舶，并载明该船舶的名称和装船日期，同时还有承运人或其代理人或船长的签字。在国际贸易中，一般都要求卖方向买方提供已装船提单，这样对买方收到货物较有保障。

备运提单又称收讫待运提单，是指承运人已收到货物，但还未将货物装上船舶时签发的提单。备运提单上没有确定的装船时间，常常也没有船舶名称。将来能否装运、何时装运都无法肯定，卖方一般都不接受备运提单。但目前随着集装箱运输的发展，备运提单的使用越来越多。由于集装箱运输公司需在内陆收集货运箱，无法确定船舶名称和装船时间，只能签发备运提单，对于集装箱运输来说，这是正常做法。

**案例 6－5　倒签提单谁负赔偿责任**

**案情与问题：**中国甲公司与澳大利亚乙公司签订进口铁矿石的合同，信用证规定货物装运期不迟于 2004 年 10 月 31 日。由于种种原因，乙公司 11 月 12 日才将货物交由澳大利亚丙船务公司承运，并由丙船务公司向乙公司签发了提单日期为 2004 年 10 月 31 日的全套已装船清洁提单。由于货物迟迟未到，使中国甲公司受到了损失。后中国甲公司经过调查得知丙船务公司应乙公司的要求将提单上的签发日提前了。澳大利亚乙公司已凭清洁提单取得了信用证项下的货款。请问：谁应对中国甲公司的损失负责赔偿？

**分析要点：**澳大利亚丙船务公司没有按真实的装船日期签发提单，掩盖了澳大利亚乙公司的真实履约情况，属于倒签提单，侵犯了中国甲公司的合法权利。甲公司既可以凭提单对丙船务公司提起违约之诉，也可以对丙船务公司提起侵权之诉；甲公司还可以凭合同对乙公司提起违约之诉。本案中，乙、丙两公司都应对中国甲公司的损失负连带赔偿责任。

（2）根据提单上是否有不良批注分为清洁提单和不清洁提单。

清洁提单是指货物在装船时表面状况良好，承运人在提单上未加任何有关货物受损或包装不良等批注的提单。如果在目的港卸货时发现货物的表面有缺陷，承运人要承担赔偿的责任。但对于经过合理检查不能发现的缺陷，以及因免责海难引起的损失，承运人可以免责。在国际贸易中，一般都要求卖方向买方提供清洁提单。

不清洁提单是指承运人在提单上对货物的表面状况或包装加有“不良”或“存在缺陷”等批注的提单。它表明货物在装上船舶时就已经存在这样的不良状况，如卸货时发现货物受到损失，而这些损失的原因可以归咎于这些批注事项，承运人可以免责。由于银行不接受不清洁提单，不清洁提单难以作为物权凭证自由转让。

**案例6－6　清洁提单的证据效力**

**案情与问题：**中国甲公司与埃及乙公司签订贸易合同，委托中国丙船务公司将1 000箱茶叶从中国汕头运往埃及开罗。承运人签发了清洁提单，载明每箱茶叶重50千克。货到目的港后，收货人埃及乙公司发现有400箱重量不足，每箱短量15%。埃及乙公司要求中国丙船务公司赔偿货物短少的损失。中国丙船务公司出具证据证明货物的短少在装船时已存在，因未在装船时一一核对所以签发了清洁提单。经查，货物的短少的确是由于发货人造成的。请问：中国丙船务公司是否需要对短量负责？

**分析要点：**中国丙船务公司需要对短量负责赔偿。虽然中国丙船务公司能提供证据证明货物的短少在装船时已存在，不是因为丙船务公司的过失所造成，但该证据和理由不能对抗提单持有人或包括收货人在内的善意受让人。

（3）根据提单上收货人的抬头可分为记名提单、不记名提单和指示提单。记名提单也称为不可转让提单，是指提单上的收货人栏内填写特定的收货人名称，只能由该特定收货人提货，而不能通过背书的方式转让给第三人。因此，记名提单不能流通，在国际贸易中很少使用。

不记名提单也称为空白提单，是指提单上的收货人栏内没有指明任何收货人，谁持有提单，谁就可以提货，承运人交货只认单不认人。这种提单不经背书即可转让。采用这种提单风险大，故在国际贸易中也很少使用。

指示提单也称为可转让提单，是指提单上收货人栏内填写“凭指示”或“凭某人指示”字样。这种提单可经过背书转让，在国际贸易中被广泛使用。目前在实际业务中，使用最多的是“凭指示”并经空白背书的提单。

## （三）承运人的义务与责任

承运人作为货物的运输人和保管人，负有两个方面的义务，即经营船舶和管理货物。根据国际条约和国内法律规定的承运人的责任和义务，是承运人最低的责任和义务。承运人的基本义务有：

**1. 提供适航的船舶**

承运人在开航前或开航时必须谨慎处理，使船舶处于适航状态，适当地配备船员、设备和船舶供应品，使货舱、冷藏舱和其他载货部位适宜并能安全地接收、运送和保管货物。船舶的适航只限于开航前和开航当时，承运人的义务仅限于谨慎处理。

**2. 管理和安全运送货物**

承运人应当妥善、谨慎地装载、搬移、积载、运输、保管、照料和卸载所运货物，对违反该义务所造成的货物灭失或损坏，承运人应负赔偿责任，但免责事项造成的损失除外。

**3. 行驶合理的航线**

承运人应当按照约定的或习惯的或地理上的航线将货物运往卸货港。承运人为救助人命、救助财产或为了使船舶和货物保持安全状态以及其他原因而进行的绕航为合理的绕航。不合理的绕航为根本性违约，承运人将承担由于不合理的绕航而发生的一切风险责任，不再享有各项免责条款的保护。

**4. 签发提单并据以交付货物**

承运人接收或将货物装船后，应托运人的要求，应当签发提单，构成承运人据以交付货物的保证。货物应在约定的时间、地点按约定的方式交付，货物因延迟交付而损坏或灭失的，或因延迟交付而遭受经济损失的，承运人应当承担赔偿责任。

**案例 6－7　预借提单谁应负赔偿责任**

**案情与问题：**泰国甲公司与中国乙公司签订向中国出口大米 1 500 公吨的贸易合同，规定货物装运期不迟于 2003 年 3 月 31 日。泰国甲公司于 3 月 27 日先交给泰国丙船务公司 1 000 公吨大米，并保证两日内将其余 500 公吨大米交付。此时，丙船务公司应其要求向甲公司签发了全套的已装船清洁提单。甲公司其后在 4 月 3 日才将其余 500 公吨大米交付丙船务公司。由于货物迟到造成了中国乙公司的损失。泰国甲公司已凭清洁提单取得信用证项下的货款。请问：谁应对中国乙公司的损失负责？

**分析要点：**泰国甲公司和丙船务公司应对中国乙公司的损失负责。因为丙船务公司在货物还没有装船时就签发已装船清洁提单是预借提单行为，掩盖了甲公司的真实履约行为。中国乙公司既可以凭提单对丙船务公司提起违约之诉，也可以对丙船务公司提起侵权之诉；中国乙公司还可以凭合同对泰国甲公司提起违约之诉。在此事件中，泰国甲公司和丙船务公司共同侵犯了中国乙公司的权利，应负连带赔偿责任。

### （四）承运人的责任期限、责任限制和免责事项

**1. 责任期限**

承运人的责任期限对于不同的运输方式是不同的。一般来说，是指从货物装到船舶上时起，至货物从船舶上卸下为止，包括装货过程、航行过程和卸货过程，即所谓的“钩至钩”条款。对集装箱运输的货物，从装货港接受货物时起至卸货港交付货物为止，即所谓的“接到交”条款。

**2. 责任限制**

责任限制是指对承运人因不能免责的原因造成的货物损坏或灭失，将其赔偿责任限制在一定的范围内，超出赔偿限额的部分，承运人有权不予赔偿。《海牙规则》、《维斯比规

则》和《汉堡规则》对责任限制的规定是不一样的。对每件或每个货运单位的赔偿限额，《海牙规则》为100英镑；《维斯比规则》为10 000金法郎或毛重每公斤30金法郎，以两者中较高者为准；《汉堡规则》为835个特别提款权或毛重每公斤2.5个特别提款权，以两者中较高者为准；延迟交货的，相当于延迟交付的货物应付运费的2.5倍，但不超过合同中规定的应付运费的总额。我国《海商法》规定的对每件或每个货运单位的赔偿限额为666.67个特别提款权或毛重每公斤两个特别提款权，以两者中较高者为准；延迟交货的，相当于延迟交付的货物应付运费的两倍；运输合同或提单中规定的限额超过上述限额的，以合同或提单的规定为准。

**3. 免责事项**

《海牙规则》和《维斯比规则》规定了承运人的17种免责事项：船长、船员、引水员或承运人所雇佣的其他人员在驾驶或管理船舶上的行为有疏忽或过失；火灾；海难；天灾；战争；公敌行为；君主、统治者或人民的管制和依法扣押；检疫限制；托运人或货主或其代理人的行为或不行为；罢工；暴动和骚乱；救助或企图救助海上人命或财产；货物的固有缺陷；包装缺陷；标志不清或不当；船舶的潜在缺陷；承运人或其代理人或其他雇员无过失或私谋的其他原因。

### （五）托运人的义务与权利

**1. 按约定提供托运的货物，并对货物情况作正确陈述**

托运人应对货物作妥善包装，并向承运人保证提供的货物的品名、标志、包数或件数、重量或体积正确。由于包装不良或上述资料不正确对承运人造成损失的，托运人应承担赔偿责任；托运人不交付或不完全交付或不按时交付约定托运的货物，从而给承运人造成损失的，托运人应承担相应的赔偿责任。

**2. 及时办理必要的手续，提供相关的单证**

托运人应当及时向港口、海关、检验检疫和其他主管机关办理货物运输所需的各项手续，并将所取得的各项单证交与承运人。由于没有及时办妥各项手续，或送交的单证不齐全、不准确从而造成的损失，托运人应当负赔偿责任。

**3. 按规定支付运费和其他费用**

托运人应当按照约定向承运人支付运费，也可约定由收货人支付运费。一般来说，在预付运费的情况下，即使发生货物灭失，承运人也不退还预付运费。在到付运费的情况下，只要货到目的港，无论货物有无受损，收货人都要支付全部运费；如货物没有运到，承运人就无权收费。

**4. 请求签发提单权、换取提单权**

货物由承运人接收或装船后，托运人有权要求承运人签发提单。在货物装船前，已签发备运提单或其他单证的，货物装船后，托运人可以将备运提单或其他单证退还承运人，以换取已装船提单；承运人也可以在备运提单上加注船舶名称和装船日期，加注后的备运提单视为已装船提单。

**5. 按照提单要求提货的权利**

托运人、包括收货人在内的善意取得提单的第三人，有权要求承运人交付符合提单要求的货物，对在承运人管理期间货物的损坏或灭失，有权要求赔偿。

**案例 6－8　是发货人还是承运人应对提单下的货物负责**

**案情与问题：**我某公司按 CFR 条件、即期不可撤销信用证以集装箱装运出口成衣 350 箱。货物交运后，我公司取得“清洁已装船”提单，提单上表明“Shippers load and count”，在信用证规定的有效期内，我公司及时交单议付了货款。20 天后，接买方来函称：经有关船方、海关、保险公司、公正行会同对到货开箱检验，发现其中有 20 箱包装严重破损，每箱均有短少，共缺成衣 512 件。各有关方均证明集装箱外表完好无损，为此，买方要求我公司赔偿其货物短缺的损失，并承担全部检验费 2 500 美元。请问：对方的要求是否合理？为什么？

**分析要点：**对方要我公司赔偿其货物短缺的损失，并承担全部检验费 2 500 美元的要求是不合理的。CFR 术语是指卖方负责租船或订舱，在合同规定的装运期内将货物交至运往指定目的港的船上，承担货物运至指定目的港的运费，及货物在装运港越过船舷为止的一切费用和风险。根据国际商会《2000 年国际贸易术语解释通则》的规定，在采用 CFR 这一贸易术语时，货物在装运港越过船舷后的一切费用和风险均由买方承担。而我公司已取得“清洁已装船”提单，这就表明货物装上船时的情况完全如“清洁已装船”提单所记载的一样。现在出现了货物实际情况和提单记载情况不一致，托运人、包括收货人在内的善意取得提单的第三人，有权要求承运人交付符合提单要求的货物，对在承运人管理期间货物的损坏或灭失，有权要求赔偿。所以，对方应该向承运人要求赔偿其货物短缺的损失，并承担全部检验费 2 500 美元。

## 第二节　国际货物运输保险法

### 一、国际货物运输保险的法律原则

如果货物在国际运输过程中遭受损失，货主可向承运人要求赔偿。但据有关国际条约和国内法，承运人受到一系列免责条款的保护，并非对所有的损失都承担赔偿责任。即使承担赔偿责任，其赔偿额也限定在一定的范围内。况且在实际操作过程中，向承运人索赔的程序很复杂、烦琐，因此向承运人索赔并不是一个最好的办法。所以，国际货物运输保险就成为国际贸易中极其重要的一个内容。

国际货物运输保险是以运输过程中的货物为标的，在被保险人交纳了保险费的前提下，保险人对保险标的在运输过程中发生的约定范围内的损失，按照约定给予被保险人经济上补偿的一种经济业务。国际货物运输保险属于财产保险的范围。目前，国际货物运输保险的种类很多，主要包括海上货物运输保险、陆上货物运输保险、航空货物运输保险和邮包运输保险等。其中以海上货物运输保险起源最早、应用最多，其他的货物运输保险是以它为基础发展起来的。

国际货物运输保险应遵循的基本原则有：

1. **保险利益原则**

保险利益是指投保人对保险标的具有法律承认的利益。保险利益也称为可保利益。投保人对保险标的应当具有可保利益。投保人如果对保险标的不具有保险利益的，保险合同无效。国际货物运输保险不要求被保险人在投保时就具有保险利益，而仅要求被保险人在保险标的发生损失时必须具有保险利益。

**案例6－9　保险合同是否有效**

**案情与问题：**我国甲公司向法国乙公司按CIF条件出口一批货物。货物装船前，我国甲公司为该批货物投保了一切险。轮船在航行途中遭遇风暴，货物受损。法国乙公司于是要求保险公司负责赔偿。保险公司拒绝，认为按CIF条件，货物在装运港越过船舷之后法国乙公司才对该批货物具有可保利益，而我国甲公司在投保时法国乙公司还不具有可保利益。请问：保险公司能否拒付?

**分析要点：**保险公司不能拒付。因为在国际货物运输保险中不要求被保险人在投保时就具有保险利益，而仅要求被保险人在保险标的发生损失时必须具有保险利益。本案中，按CIF术语货物受损时，法国乙公司已取得该批货物的所有权，对该批货物已具有保险利益。

2. **最大诚信原则**

投保人和保险人在签订保险合同以及在合同有效期内，必须保持最大限度的诚意，恪守信用，不欺骗隐瞒。保险人应向投保人说明保险合同的条款内容，并可就保险标的或被保险人的有关情况提出询问，投保人应如实告知，以便保险人判断是否同意承保或决定承保的条件。被保险人还应保证某种情况的存在或不存在，或保证完成某一条件，并在合同中加以明确表述。被保险人必须严格遵守保证条款，如有违反，保险人可自保证被违反之日起不再履行其应负的责任。

3. **补偿原则**

补偿原则又称损害赔偿原则，是指当保险标的遭受保险责任范围内的损失时，保险人应当按照保险合同的约定履行赔偿义务，但保险人的赔偿金额不得超过保险金额或被保险人遭受的实际损失。也就是说，保险人的赔偿不应使被保险人因保险赔偿而获得额外利益。当保险人对被保险人理赔时，应遵守：①赔偿金额既不能超过保险金额，也不能超过实际损失；②赔偿应以被保险人对保险标的的保险利益为限；③被保险人不能从保险赔偿中赢利，只应使被保险人的财务状况恢复到与损失发生前大致相当的水平。

4. **近因原则**

保险人只对承保风险与保险标的损失之中有直接因果关系的损失负赔偿责任，而对保险责任范围外的风险造成的保险标的损失，不承担赔偿责任。近因原则是保险理赔工作中用来确定保险标的所受损失是否能获得赔偿的一项重要依据。损失的原因有时为一个，有时可能为几个，这时就需要分清哪一个是导致损失的最主要原因，应根据情况区别对待。

## 二、海上货物运输保险

海上货物运输保险是指被保险人将海上货物运输过程中的货物作为保险标的，向保险人按一定金额投保一定险别，并交纳保险费，对于被保险人遭受保险事故造成的保险标的损坏、灭失，由保险人负责赔偿的保险业务。

### （一）海上货物运输保险承保的范围

海上货物运输保险对约定的风险造成的损失和费用进行赔偿。

风险包括海上风险和外来风险。海上风险又称海难，是指被保险货物及船舶在海上航行过程中所遇到的风险，包括自然灾害和意外事故。自然灾害是指自然界的变异引起的破坏力量造成的现象。如海啸、地震、火山爆发、恶劣气候等。意外事故是指船舶搁浅、触礁、沉没、失踪、互撞或与其他物体碰撞，以及失火、爆炸等意外原因造成的事故或其他类似的事故。外来风险是指海上风险以外的其他原因所致的风险。外来风险包括一般外来风险和特殊外来风险。一般外来风险有雨淋、短量、偷窃、渗漏、玷污、破碎、串味、受潮、受热、锈损、钩损等；特殊外来风险有战争、罢工、交货不到、拒收等。只有上述风险造成的损失，保险人才给予赔偿。

从损失的程度划分，损失有全部损失和部分损失。全部损失是指货物由于承保风险造成的全部灭失。全部损失又分为实际全损和推定全损。实际全损是指被保险货物完全灭失或完全变质，或者货物已实际上不可能再归保险人拥有，或船舶失踪达到一定期限。被保险货物在遭到实际全损时，被保险人可从保险人处按其投保金额获得全部损失的赔偿。推定全损指货物发生保险事故后，认为实际全损已经不可避免，或者为避免发生实际全损所支付的费用与继续将货物运抵目的地的费用之和超过保险货物的价值。被保险货物发生推定全损时，被保险人可以要求保险人按部分损失赔偿，也可要求按全部损失赔偿。但只有在被保险人向保险人提出委付并经保险人同意的情况下，才能按全部损失赔偿。委付是指在推定全损的情况下，被保险人将保险标的的一切权利，包括所有权，转让给保险人，而要求保险人按实际全损予以赔偿的行为。

**案例 6－10　实际全损与推定全损**

**案情与问题：**我国甲公司向韩国乙公司、日本丙公司按 CIF 条件各出口一批生日蜡烛，装在同一艘船上。在运输途中轮船起火，卖给韩国乙公司的那批生日蜡烛全部被烧毁。卖给日本的那批生日蜡烛在救火的过程中严重受浸。轮船在就近港口进行修理。如果将严重受浸的那批生日蜡烛重新整理包装，再运往日本所花费的费用已超过该批生日蜡烛本身的价值。请问：以上损失分别属何种损失?

**分析要点：**卖给韩国乙公司的那批生日蜡烛的损失属于实际全损，因为那批货物在事实上已经不存在了；卖给日本的那批生日蜡烛的损失属于推定全损，因为该批货物为避免实际全损所支付的费用与继续将货物运往目的地的费用之和已超过该批货物的价值。

部分损失是指保险标的的部分损坏或灭失。按其损失的性质分为共同海损和单独海损。共同海损是指在同一海上航行过程中，船舶、货物和其他财产遭遇共同危险，为了共同的安全，有意地、合理地采取措施所直接造成的特殊牺牲和支付的特殊费用。构成共同海损应具备以下条件：①危险必须是实际存在的，必须是危及了船货的共同安全；②采取的措施必须是有意的、合理的；③支付的费用必须是额外的、有效的。共同海损应当由受益各方按最后获救的价值比例分摊。单独海损是指货物受损后，未达全损程度，而是单独一方的利益受损并只能由该利益的所有者单独负担的一种部分损失。

**案例6－11　共同海损的确定**

**案情与问题：**某货轮在航行途中因电线走火，第三舱内发生火灾，经灌水灭火后统计损失，被火烧毁货物价值5 000美元，被水浸坏货物损失6 000美元。船方宣布该轮共同海损。请问：(1) 船方宣布共同海损是否合理？(2) 被水浸的货物损失6 000美元属什么性质的损失？应由谁负责？

**分析要点：**(1) 船方宣布共同海损是不合理的。构成共同海损应具备以下条件：危险必须是实际存在的，必须是危及了船货的共同安全；采取的措施必须是有意的、合理的；支付的费用必须是额外的、有效的。被火烧毁的价值5 000美元的货物损失不是有意的、合理的行为造成的，该部分损失不属于共同海损。(2) 被水浸的货物损失6 000美元属于共同海损性质的损失，该部分的损失应当由受益各方按最后获救的价值比例分摊。

海上费用是指海上风险造成的由保险人承保的费用损失。海上费用包括施救费用和救助费用。施救费用是指被保险货物在遭遇承保责任范围内的灾害事故时，被保险人或其代理人为了避免或减少货物损失，采取各种抢救或防护措施所支出的合理费用。救助费用是指被保险货物在遭遇承保责任范围内的灾害事故时，由保险人和被保险人以外的第三人采取了措施并获得成功而向其支付的报酬。救助费用一般采取“无效果，无报酬”原则。

## （二）海上货物运输保险合同与保险单证

海上货物运输保险合同，是以海上运输货物作为标的，保险人对海上运输货物遭受保险事故所造成的损失、引起的费用承担赔偿责任，并对被保险人支付保险费的一种海上保险合同形式。保险合同在被保险人向保险人提出保险要求，保险人同意承保，并就合同条款达成一致时成立。

保险人应当向被保险人签发保险单证，保险单证应载明双方约定的内容。保险单证是保险合同的证明。除包括保险单证外，保险合同还包括投保单、往来函电等。保险合同在保险人接受并签署投保单时成立。保险合同成立的时间早于保险单证签发的时间。保险单证分为保险单和保险凭证。

保险单包括两大部分，即陈述部分和权利义务部分。陈述部分主要包括：保险人或代理人和被保险人的名称、保险标的、包装及件数、保险金额、承保险别、保险费率、船舶名称、开航日期、装运港和目的港、赔偿支付地、出单日期等。权利义务部分主要包括：保险责任、除外责任、保险期限、被保险人的义务等。保险凭证是一种简化的保险单，仅包含保险单的陈述部分，无保险人与被保险人的权利义务部分，该部分以正式保险条款为准。

在实践中，保险合同的转让即是保险单证的转让。但并非所有的保险单证都可以转让。一般情况下，只有保险单才可以转让。有关保险凭证的法律效力，各国法律和惯例的规定并不统一。海上货物运输保险合同可以自由转让，不需保险人同意。转让的方式有空白背书和记名背书。在转让时应注意保险单的转让与可保利益、货物灭损的关系。在丧失可保利益时，保险单的转让无效。货物所有权的转让并不代表保险权利的转让，但丧失所有权的保险利益的转让无效。保险单的转让必须在保险标的所有权转让之前或与其同时转让；保险单的转让与转让时货物是否灭损没有关系，只要转让方有可保利益即可。受让人的权利与转让人的权利相同。

### （三）海上货物运输保险条款与险别

保险条款中保险人将风险、损失和责任按范围不同进行划分，构成不同的保险险别。保险险别不同，承担的责任也不同。保险人在某一海上货物运输合同中的具体责任应根据其签发的保险单和依据的保险条款确定。外贸实践中通常依据的有伦敦保险协会的《协会货物条款》、联合国国际贸易法委员会的《海上货物保险示范条款》及中国人民保险公司的《海洋运输货物保险条款》。

中国人民保险公司制定的《海洋运输货物保险条款》将货物运输险别分为基本险和附加险两类。基本险又称主险，是可以单独投保的险别，而附加险不能单独投保，只能附加于基本险一起投保。

《海洋运输货物保险条款》规定，海洋运输货物保险的基本险分为平安险、水渍险、一切险三种。平安险承保的范围最小，一切险承保的范围最大。附加险分为一般附加险和特殊附加险。一般附加险承保由于一般外来风险所造成的损失。具体包括下列 11 种险别：偷窃、提货不着险；淡水雨淋险；短量险；混杂、玷污险；渗漏险；碰损、破碎险；串味险；受潮、受热险；钩损险；包装破裂险；锈损险。特殊附加险承保由于特殊外来风险造成的损失。其中战争险和罢工险最为常见。具体包括下列 8 种险别：战争险；罢工险；舱面险；进口关税险；拒收险；黄曲霉素险；交货不到险；出口货物到香港或澳门存仓火险。

平安险承保范围为自然灾害造成的全部损失、在意外事故前后发生的自然灾害造成的部分损失、意外事故造成的全部或部分损失、装卸或转运时的全部或部分损失。

**案例 6－12　平安险的责任范围**

**案情与问题：**某外贸公司按 CIF 术语出口餐具 1 000 箱，装运前已向保险公司按发票总值 110% 投保平安险。(1) 6 月初在装船时有几箱因吊钩脱落而落海损失 10 000 美元。(2) 载货船舶于 6 月 13 日在海上遇到暴风雨，致使一部分货物受到水渍损失 20 000 美元。(3) 数日后，该轮又突然触礁，致使该批货物遭到损失 80 000 美元。(4) 货物在卸货港堆放期间，被盗窃致使该批货物遭到损失 50 000 美元。请问：保险公司对该批货物的损失是否赔偿？为什么？

**分析要点：**根据中国人民保险公司制定的《海洋运输货物保险条款》，平安险承保范围为：自然灾害造成的全部损失、在意外事故前后发生的自然灾害造成的部分损失、意外事故造成的全部或部分损失、装卸或转运时的全部或部分损失。(1) 本案的部分损失属于装卸时的部分损失，保险公司应对该损失进行赔偿；(2) 本案的部分损失属于在意外事故前发生的自然灾害造成的部分损失，保险公司应对该损失进行赔偿；(3) 本案的部分损失属于意外事故造成的部分损失，保险公司应对该损失进行赔偿；(4) 本案的部分损失属于一般外来风险造成的损失，不属于平安险承保范围，保险公司对该损失不负赔偿责任。

水渍险在平安险的承保范围的基础上，还承保自然灾害造成的部分损失。

**案例6－13　水渍险的责任范围**

**案情与问题：**我某公司向意大利按CIF条件出口一批皮料，装运港上海，转运港香港，目的港米兰。我某公司按合同规定投保了水渍险。该批货物在香港码头等待转运时遭遇到暴雨，导致部分皮料受损。请问：保险公司是否有责任赔偿该部分的损失?

**分析要点：**保险公司不负责赔偿该部分的损失。我某公司投保的是水渍险，该批货物在香港码头等待转运时遭遇暴雨，导致部分皮料受损，是淡水雨淋造成的损失，不属于水渍险的赔偿责任范围。

一切险在水渍险的承保范围的基础上，还承保一般外来风险造成的全部或部分损失。

《海洋运输货物保险条款》规定，基本险的责任起讫是采用“仓至仓”条款，即保险责任自被保险货物运离保险单所载明的起运地仓库或储存处所开始运输时生效，包括正常运输过程中的海上、陆上、内河和驳船运输在内，直至该货物到达保险单所载明的目的地收货人的最后仓库或储存处所或被保险人用作分派、分配或非正常运输的其他储存处所为止。如未抵达上述仓库或储存处所，则以被保险货物在最后卸货港全部卸离船舶后满60天为止。如上述60天内被保险货物需转运到非保险单所载明的目的地时，则以该货物开始转运时终止。

伦敦保险协会制定的《协会货物条款》主要有六种条款，即协会货物条款A、协会货物条款B、协会货物条款C、协会战争险条款、协会罢工险条款和恶意损害条款。每一种条款都包括八项内容：承保范围、除外责任、保险期限、保险利益、索赔、减少损失、防止延迟、法律惯例。除前三项外，其余五项是相同的。

协会货物条款A：保险人除了“除外责任”项下所列风险不予负责之外，其余风险均予负责。除外责任有四项：一般除外责任、不适航和不适货除外责任、战争除外责任、罢工除外责任。一般除外责任包括：被保险人故意的不法行为所造成的损失和费用；保险标的的自然泄漏，重量或容量的自然磨损或自然损耗；保险标的的包装不当造成的损失和费用；保险标的的缺陷或特性造成的损失和费用；由延迟引起的损失和费用，即使延迟是由承保风险引起的；船舶所有人、经理人、租船人或经营人破产或不履行债务造成的损失和费用；由原子、核子等战争武器造成的损失和费用。不适航和不适货除外责任包括：船舶或驳船不适航，船舶或集装箱不适货。战争除外责任包括：战争、内战、叛乱、暴乱、革命、造反或由此引起的任何敌对行为造成的损失；捕获、拘留、禁止、扣押（海盗行为除外）以及这些行动的后果造成的损失；遗弃的水雷、鱼雷或其他武器造成的损失。罢工除外责任包括：罢工者、被迫停工、工人参与工潮、暴动或民变人员自身及其行动造成的损失；任何恐怖主义者或任何人出于政治目的采取行动造成的损失。该条款的承保风险类似我国的一切险。

协会货物条款B：保险人对下列原因造成或归于下列原因的灭损承担责任：火灾、爆炸；船舶搁浅、触礁、沉没或倾覆；陆上运输工具倾覆或出轨；船舶或运输工具同水以外的外界物体碰撞；在避难港卸货；地震、火山爆发、雷电；共同海损牺牲；抛货或浪击落海；水进入运输工具或储存处所；装卸时货物落海或造成整件的全损。协会货物条款B的除外责任除协会货物条款A的除外责任之外，还包括任何人的故意非法行为造成的货物灭损以及海盗行为造成的损失。该条款的承保风险类似我国的水渍险。

协会货物条款C：保险人对下列原因造成或归于下列原因的灭损承担责任：火灾、爆炸；船舶搁浅、触礁、沉没或倾覆；陆上运输工具倾覆或出轨；船舶或运输工具同水以外的外界物体碰撞；在避难港卸货；共同海损牺牲；抛货。协会货物条款C的除外责任与协会货物条款B的除外责任完全相同。该条款的承保风险类似我国的平安险。

伦敦保险协会制定的《协会货物条款》（A、B、C）规定的保险期限与我国《海洋运输货物保险条款》规定的期限大体相同，也是采用“仓至仓”条款，但比我国条款规定更为详细。

**案例6－14　“仓至仓”条款**

**案情与问题：**有一份FOB合同，货物在装船后，卖方向买方发出装船通知，买方向保险公司投保了“仓至仓条款一切险”（All Risks with Warehouse to Warehouse Clause），但货物在从卖方仓库运往码头的途中，被暴风雨淋湿了10%的货物。事后卖方以保险单含有“仓至仓”条款为由，要求保险公司赔偿此项损失，但遭到保险公司拒绝。后来卖方又请求买方以投保人名义凭保险单向保险公司索赔，也遭到保险公司拒绝。请问：在上述情况下，保险公司能否拒赔？为什么？

**分析要点：**在上述情况下，保险公司不能拒赔。《海洋运输货物保险条款》规定，基本险的责任起讫是采用“仓至仓”条款，即保险责任自被保险货物运离保险单所载明的起运地仓库或储存处所开始运输时生效，包括正常运输过程中的海上、陆上、内河和驳船运输在内，直至该货物到达保险单所载明的目的地收货人的最后仓库或储存处所或被保险人用作分派、分配或非正常运输的其他储存处所为止。国际货物运输保险仅要求被保险人在保险标的发生损失时必须具有保险利益。FOB条件是指卖方必须在合同中规定的装运期内在指定的装运港负责将货物交至买方指定的船上，并承担货物在装运港越过船舷为止的一切费用和风险。一旦货物在装运港越过了船舷，其后的风险和费用即由买方承担。可见该批货物发生损失时卖方具有保险利益，并且这批货物又购买了保险，货物发生的损失又属于一切险的承保范围，所以在上述情况下，保险公司不能拒赔。

## 三、其他运输方式下的货物运输保险

海上运输是国际贸易运输的主要运输方式。此外，其他运输方式下的货物也需要办理保险。随着国际贸易的发展，其他方式的国际货物运输量比重明显上升，陆上、航空、邮包等货物运输保险业务各自形成了独立的保险条款。

### （一）陆上运输货物保险

目前，国际上还没有制定出为各国普遍采用的陆运货物保险条款。但各国根据本国的具体情况一般制定有自己的保险条例和法规。中国人民保险公司于1981年制定了《陆上运输货物保险条款》、《陆上运输货物战争险条款（火车）》、《陆上运输冷藏货物保险条款》。

根据中国的保险条款可知，陆运货物仅指火车、汽车运输的货物。陆上运输货物保险只有两种基本险，即陆运险和陆运一切险。陆运险的责任范围包括：被保险货物在运输途中由于自然灾害或意外事故造成的全部或部分损失；驳运工具由于搁浅、触礁、沉没、碰撞等造成的被保险货物全部或部分损失；对由于发生在保险责任范围内的事故采取抢救、防止或减少货损措施支付的合理费用，但以不超过被保险货物的保险金额为限。陆运一切险的责任范围除包括上述陆运险的责任范围外，还包括被保险货物在运输途中由于一般外来风险导致的全部或部分损失。可以看出，陆运险的责任范围相当于海运险中的水渍险，陆运一切险的责任范围相当于海运险中的一切险。陆上运输货物保险的责任起讫亦采用国际保险业惯用的“仓至仓”条款。《陆上运输货物战争险条款（火车）》、《陆上运输冷藏货物保险条款》均是附加险。

### （二）航空运输货物保险

航空运输货物保险主要是指以飞机作为运输工具载运货物的保险。伦敦保险协会制定了《协会货物（航空）条款》，并有《协会战争条款（空运货物）》和《协会罢工条款（空运货物）》与之配合。中国人民保险公司于 1981 年制定了《航空运输货物保险条款》、《航空运输货物战争险条款》。

根据我国保险条款可知，航空运输货物保险分为航空运输险和航空运输一切险两种基本险。航空运输险的责任范围包括：被保险货物在运输途中由于自然灾害或意外事故造成的全部或部分损失；对由于发生在保险责任范围内的事故采取抢救、防止或减少货损措施支付的合理费用，但以不超过被保险货物的保险金额为限。航空运输一切险的责任范围除包括上述航空运输险的责任范围外，还包括被保险货物在运输途中由于一般外来风险导致的全部或部分损失。可见，航空运输险的责任范围相当于海运险中的水渍险，航空运输一切险的责任范围相当于海运险中的一切险。航空运输货物保险的责任起讫亦采用国际保险业惯用的“仓至仓”条款。《航空运输货物战争险条款》是一种附加险。

### （三）邮包保险

邮包保险是指邮局以邮包方式运输货物的货物运输保险。中国人民保险公司制定了《邮包保险条款》、《邮包战争险条款》。

根据中国的保险条款可知，邮包保险分为邮包险和邮包一切险两种基本险。邮包险的责任范围包括：被保险邮包在运输途中由于自然灾害或意外事故而造成的全部或部分损失；对由于发生在保险责任范围内的事故采取抢救、防止或减少货损措施支付的合理费用，但以不超过被保险邮包的保险金额为限。邮包一切险的责任范围除包括上述邮包险的责任范围外，还包括被保险邮包在运输途中由于一般外来风险导致的全部或部分损失。可以看出，邮包险的责任范围相当于海运险中的水渍险，邮包一切险的责任范围相当于海运险中的一切险。邮包运输保险的责任，自被保险邮包离开保险单所载起运地点寄件人的处所运往邮局时开始生效，直至该邮包运达保险单所载目的地邮局，自邮局签发到货通知书当日午夜起计算，满 15 天终止。在此期间内邮包一经递交到收件人处所时，保险责任即告终止。《邮包战争险条款》是一种附加险。

**案例6－15　购买了保险的情况下向谁要求赔偿**

**案情与问题：**我某公司根据CIF价格条件，按发票总值110%投保一切险，出口货物一批，合同规定“9月份装运，信用证的有效期为10月15日”。卖方9月15日发货，取得清洁已装船提单，备齐全套单据向银行议付了货款。但买方收到货物后，发现货物受损严重，且短少50箱。买方因此拒绝收货，并要求卖方退回货款。请问：（1）买方有无拒收货物并要求退款的权利？为什么？（2）此案中的买方应如何处理此事才合理？

**分析要点：**（1）买方没有拒收货物并要求我方退款的权利。CIF术语是指卖方负责租船或订舱，在合同规定的装运期内将货物交至运往指定目的港的船上，承担货物运至指定目的港的运费、保险费及货物在装运港越过船舷为止的一切费用和风险。根据国际商会《2000年国际贸易术语解释通则》的规定，在采用CIF这一贸易术语时，货物在装运港越过船舷后的一切费用和风险均由买方承担。而我公司已取得清洁已装船提单，这就表明货物装上船时的情况完全如清洁已装船提单所记载的一样。现在出现了货物实际情况和提单记载情况不一致，收货人有权要求承运人交付符合提单要求的货物，对在承运人管理期间货物的损坏或灭失，有权要求赔偿。所以我方对货物受损、短缺的损失并不承担责任。（2）此案中的买方既可以向承运人要求赔偿，也可以要求保险公司赔偿。一般来说，在购买了保险的情况下，如果发生了承保范围内的损失，最好向保险公司申请索赔。

## 思考题

1. 名词解释：

班轮运输　清洁提单　租船运输　共同海损　“仓至仓”条款

2. 海上货物运输有什么特点？调整其的国际公约有哪些？
3. 承运人的基本义务有哪些？其免责事项有哪些？
4. 试述海上货物运输保险承保的范围。
5. 我国《海洋运输货物保险条款》规定的基本险有哪些？其承保范围如何？
6. 托运人的权利义务有哪些？
7. 案例分析：

（1）我公司按CIF向欧洲出口棉布一批，根据合同规定投保水渍险。海运途中，因舱内食用水管漏水而使其中30包遭受水渍。请问：保险公司对此损失是否赔偿？为什么？我方应该怎么办？

（2）某货轮在某港装货后，航行途中不慎发生触礁事故，船舶搁浅，不能继续航行。事后船方反复开倒车强行浮起，但船底划破，致使海水渗入货舱，造成货物部分损失。为使货轮继续航行，船长发出求救信号，船被拖至就近港的船坞修理，暂时卸下大部分货物。前后花了10天，共支出修理费5 000美元，增加各项费用支出（包括员工工资）共3 000美元。当船修复后继续装上原货起航。次日，忽遇恶劣气候，使船上装载的某货主的一部分货物被海水浸湿。请问：①从货运保险义务方面分析，以上所属的各项损失，各属于什么性质的损失？②在投保了平安险的情况下，被保险人有权向保险公司提出哪些赔偿要求？为什么？

# 第七章
# 国际结算法

## 第一节 国际结算工具

### 一、票据的概念与特征

票据有广义和狭义之分。广义的票据是泛指商业凭证，如股票、债券、提单、发票等，作为通货的纸币也包括在内。狭义的票据则是指以支付金钱为目的的特种证券。这些证券可定义为：由出票人签名于票据之上，约定由自己或委托他人，无条件支付一定金额为目的的有价证券。我国票据法把票据分为汇票、本票和支票。

票据具有以下法律特征：①流通转让性。除注明不可转让外，票据可以经过背书、交付行为转让给他人。②无因性。只要持有票据，就享有票据并行使票据权利。持票人行使票据权利无须证明其取得票据的原因。③要式性。票据的作成、记载事项及转让、背书、保证、承兑、付款、追索等行为，必须严格按规定进行，否则无效。④文义性。票据上的一切权利和义务以及与票据有关的一切事项，完全严格依据票据上所记载的文字为准，即使票据上的文字记载有错，也要以该文字为准。⑤完全有价证券性。票据权利与票据不可分离。票据权利的发生和行使，以持有票据为前提，票据丧失，就不能对票据债务人行使票据权利。

**案例7-1 票据的法律特征**

**案情与问题：**A公司因为向B公司购买货物，交给B公司一张付款人为C银行的银行汇票。当B公司向C银行提示要求C银行付款时，遭C银行拒付。C银行告诉B，接到A公司的通知由于A未收到货物，要求C银行不要向B支付货款。请问：C银行的做法是否正确?

**分析要点：**C银行的做法不正确。因为票据具有无因性，只要持有票据，就享有票据权利，就可以行使票据上的权利。持票人行使票据权利时无须证明其取得票据的原因。所以，C银行不能以A未收到货物为由拒绝付款。

## 二、票据的种类与功能

### （一）票据的种类

1. **汇票**

我国票据法规定，汇票是出票人签发的，委托付款人在见票时或者在指定日期无条件支付确定的金额给收款人或者持票人的票据。

汇票有三个基本当事人：出票人、付款人和收款人。出票人签发汇票后即承担保证该汇票承兑和付款的责任。付款人承兑汇票后即成为承兑人。汇票在承兑前，出票人是主债务人，承兑后承兑人是主债务人。付款人承兑汇票后，承担到期付款的责任。

收款人将汇票背书转让，即成为背书人，接受背书的人称为被背书人或受让人。背书人以背书转让汇票后，即承担保证在其之后的受让人所持汇票承兑和付款的责任。受让人应当对其直接的转让人背书的真实性负责。汇票可以多次背书。收款人和受让人统称为持有人，在背书的情况下指受让人。汇票到期被拒绝付款的，持票人可以对背书人、出票人以及汇票的其他债务人行使追索权。

汇票是要式证券，出票时必须将法定内容记载在票面上，票据才能生效。票据法规定有7项必须记载的事项：表明“汇票”的字样；无条件支付的委托；确定的金额；付款人名称；收款人名称；出票日期；出票人签章。这7项缺一不可，否则汇票无效。

按照出票人的不同，可将汇票分为银行汇票和商业汇票。银行汇票的出票人和付款人都是银行。商业汇票的出票人是银行以外的公司或个人。按照付款人是否在见票时付款，可将汇票分为即期汇票和远期汇票。即期汇票是指付款人见票后立即付款的汇票。远期汇票是指在约定的日期或可确定的日期付款的汇票。远期汇票又可分为见票后定期付款、出票后定期付款和定日付款汇票。

汇票的使用一般要经过出票、提示、承兑和付款程序。如需转让，要经过背书；如遭拒付，还需制作拒绝证书和行使追索权。

**案例7－2　汇票的绝对记载事项**

**案情与问题：**

汇票

请支付A公司人民币叁万元整

付款人B公司

出票人C公司

请问：这张汇票是否有效？为什么？

**分析要点：**这张汇票是无效的。因为汇票是要式证券，出票时必须将法定内容记载于票面上，票据才能生效。票据法规定有7项必须记载的事项：表明“汇票”的字样；无条件支付的委托；确定的金额；付款人名称；收款人名称；出票日期；出票人签章。这7项缺一不可，否则汇票无效。本案中的这张汇票缺少了出票日期，所以这张汇票是无效的。

2. **本票**

我国票据法规定，本票是出票人签发的，承诺自己在见票时无条件支付确定的金额给收款人或者持票人的票据。我国票据法规定的本票是银行即期本票。

本票有两个基本当事人：出票人和收款人。出票人签发本票后，必须承担对收款人绝对付款责任，收款人取得付款请求权和追索权。

本票是要式证券，出票时必须将法定内容记载于票面上，票据才能生效。票据法规定有6项必须记载的事项：表明"本票"的字样；无条件支付的委托；确定的金额；收款人名称；出票日期；出票人签章。这6项缺一不可，否则本票无效。

3. **支票**

我国票据法规定，支票是出票人签发的，委托办理支票业务的银行或者其他金融机构在见票时无条件支付确定的金额给收款人或者持票人的票据。我国的票据法规定的支票是见票即付的。支票的出票人必须是在付款银行或其他金融机构设有往来存款账户的存户，同时他在银行或者其他金融机构账户中的存款余额应不低于支票票面金额，否则会遭到拒付，并且还要承担法律责任。

支票有三个基本当事人：出票人、付款人和收款人。出票人签发支票后应承担担保支票付款的责任，收款人取得向付款人的付款请求权和一定条件下的追索权。付款人不因出票行为而绝对负有付款义务，除非付款人和出票人之间存在资金关系。

支票是要式证券，出票时必须将法定内容记载在票面上才能生效。票据法规定有6项必载事项：表明"支票"的字样；无条件支付的委托；确定的金额；付款人名称；出票日期；出票人签章。这6项缺一不可，否则支票无效。

按付款方式，支票可分为普通支票、现金支票和转账支票。普通支票可支取现金，也可转账，用于转账时，应当在支票正面注明。现金支票只能用于支取现金。转账支票只能用于转账。

### （二）票据的功能

票据之所以能够被广泛运用于经济生活当中，是因为它能为当事人提供方便。票据具有以下功能：

（1）支付功能。票据代替现金，起到货币的支付作用，减少了清点和搬运现金的工作，作为异地支付手段，十分安全。使大笔的或国际上的支付做到迅速、准确、安全。

（2）结算功能。当事人之间相互欠款或存在相互支付关系时，可以利用票据行使货币给付的功能。通过票据交换收付相抵冲减相互债务，以抵消的方法结清账目。

（3）汇兑功能。这克服了现金支付空间上的障碍，解决了不同种类的货币如何兑换的问题。

（4）融资功能。票据贴现是利用票据进行融资的一种有效方式，即对未到期的票据进行买卖，以票据贴现方式从银行得到现金，使资金周转更加灵活。

## 三、票据权利的取得

票据的取得，是指持票人合法有效地取得票据所有权并享有票据权利的过程。票据权利的取得并不等同于票据的取得。从票据权利的取得方式划分，可分为原始取得和继受取得。

**1. 原始取得**

原始取得是指持票人不经由其他前手权利人而取得票据权利。它包括：因出票行为而取得，即从出票人手中直接取得票据；善意取得，即从无处分权人手中、无恶意或重大过失并支付相当对价的受让人手中取得票据。善意取得必须符合以下条件：须从无处分权的人手中取得；须依照票据法规定的转让规则取得；须基于善意即无恶意或重大过失而取得；须付相当对价而取得。

**2. 继受取得**

继受取得是指持票人依票据法的有关规定，从有票据处分权的权利人手中取得票据，从而取得票据权利。依票据法的继受取得主要是依背书交付转让取得票据权利。非依票据法的继受取得，包括依普通债权转让方式转让、公司合并、继承、赠予等方式取得票据权利。非依票据法的继受取得的票据权利，只能得到一般的民事法律保护，不能得到票据法对合法持票人的特别保护。

各国法律对票据权利的取得均作了一定的限制。大陆法系国家认为，因恶意或重大过失取得票据的，不享有票据权利；英美法系国家认为，只有正当持票人才享有票据权利。票据权利的取得限制主要有两个方面：一方面，恶意或因重大过失取得票据的，不享有票据权利；另一方面，持票人取得票据时未支付对价的，不享有票据权利或不享有优于前手的权利。

## 四、票据行为

广义的票据行为是指发生、变更或消灭票据关系的各种法律行为，包括出票、背书、更改、付款、承兑、保证、划线等。狭义的票据行为是指发生票据债务的法律行为。票据行为主要有以下5种：出票、背书、保证、承兑、付款。其中出票行为是最基本的票据行为，其余的票据行为是在出票行为基础上所作出的行为，是附属票据行为。

**1. 出票**

出票是指出票人签发票据并将其交付给收款人的票据行为。出票是最基本、最主要的票据行为，没有出票行为，也就没有背书、保证、承兑、付款等票据行为。出票由作成票据和交付票据两项行为构成。作成票据是指出票人依照票据法规定，在票据上记载法定内容并签名或盖章的行为；交付票据是指出票人依据自己的本意将作成的票据交给他人占有的行为。欠缺任何一项，出票行为皆不成立。出票人签发票据后，即承担保证该票据承兑和付款的责任。

**2. 背书**

背书是指在票据背面或粘单上记载有关事项并签章的行为。背书只能在已经作成并交付的票据上由持票人所为，并且是要式行为。背书的目的是将票据权利转让或授予他人。背书除当事人要有背书资格、记载事项的形式要符合法律规定外，作为有效背书还应当符合以下要求：背书必须连续，即转让票据的背书人与受让票据的背书人在票据上的签章依次前后衔接；背书中不得记载某些事项，包括附条件背书、一部分背书等；有些票据不得背书转让，如被拒绝承兑、被拒绝付款或超过付款期限的票据。

**3. 承兑**

承兑是指票据付款人承诺在票据到期日支付票据金额的行为。承兑作为一种附属票据行为，以存在有效的出票行为为前提，由票据付款人所为，且须由付款人在票据正面记载一定事项并签章。付款人承兑后成为承兑人，对票据负有到期付款的责任。持票人对付款人承兑后的票据，享有的权利成为一种现实权，票据一经到期，持票人即可向承兑人请求付款。

**4. 保证**

保证是指票据债务人以外的第三人，为保证特定债务人票据债务的履行，为负担同一票据债务内容而作出的附属票据行为。票据保证是票据债务人以外的第三人的单方法律行为，其目的是担保票据债务的履行。保证人负有的票据责任与被保证人完全相同。

**5. 付款**

付款是指票据付款人支付票据金额，以消灭票据关系的行为。付款旨在消灭票据关系，是票据的终点，是完成票据使命的最后阶段。付款包括三个阶段：付款提示、实际付款、交回票据。付款人按照票据记载文义，支付票据金额后，票据关系消亡，票据债务人的责任免除。

## 五、票据丧失的法律救济

票据丧失是指持票人并非出于自己的本意而丧失对票据的占有。票据丧失可分为绝对丧失和相对丧失。票据的绝对丧失是指票据已不复存在，如焚烧、撕毁等；票据的相对丧失是指票据遗失、被盗等。一般来说，票据权利和票据不可分离，但出于公平原则，为了保护持票人的利益，票据法设立了对票据丧失的法律救济，即依法履行一定手续后丧失票据的当事人仍可以行使票据权利。票据法规定的票据丧失的救济制度主要包括两个方面：

（1）公告催示。丧失票据的当事人可以先申请挂失止付，在通知挂失止付后3日内，依法向人民法院申请公告催示；也可以在丧失票据后直接向人民法院申请公告催示。

（2）诉讼补救。丧失票据者可向人民法院提起诉讼，适用民事诉讼法规定的普通诉讼程序，由票据支付地或被告所在地人民法院管辖。

# 第二节 国际结算方式

## 一、信用证

### （一）信用证的含义及其基本当事人

信用证是开证银行根据开证申请人的请求和指示或为其自身需要，向受益人开立的，银行在符合信用证条款的条件下，凭规定的单据保证付款的凭证。简言之，信用证是银行有条件的付款承诺，只要受益人提交的单据符合信用证的要求，银行即应付款。

信用证的基本当事人有6个，即开证申请人、开证银行、通知银行、受益人、议付银行和付款银行。各个当事人的权利义务是不同的。

（1）开证申请人，是指向银行提出开立信用证的人。一般为国际贸易中的进口方，他是支付关系中的债务人。

（2）开证银行，是指接受开证申请人的委托或为其自身开立信用证的银行。一般为国际贸易中的进口方所在地银行。开证申请人与开证银行之间的关系受开证申请书的调整，他们之间存在一种委托关系。

（3）通知银行，是指接受开证银行的委托，将信用证通知受益人的银行。一般为国际贸易中的出口方所在地银行，通常是开证银行在国外的代理银行。通知银行与开证银行之间存在委托代理关系，通知银行与开证申请人、受益人之间没有直接的合同关系。

（4）受益人，是指信用证所指定的有权享受该信用证利益的人。一般为国际贸易中的出口方，他是支付关系中的债权人。受益人与开证银行之间存在以信用证条款为内容的合同关系，受益人与开证申请人之间不是信用证的直接关系人。

（5）议付银行，是指愿意买入或贴现受益人交来的跟单汇票的银行。议付银行可以是指定的银行，也可以是非指定的银行，但通常就是通知银行承担议付银行的责任。

（6）付款银行，是指信用证上指定付款的银行。一般就是开证银行或其代理银行。

**案例7－3 信用证的性质**

**案情与问题：**某出口公司收到一份国外开来的不可撤销信用证，出口公司按不可撤销信用证规定将货物装运发出，但在尚未将单据送交当地银行议付之前，突然接到开证银行通知，称开证申请人已经倒闭，因此开证银行不再承担付款责任。请问：银行的做法是否正确？出口公司应如何处理？

**分析要点：**银行的做法是不正确的。因为该信用证是开证银行根据开证申请人的请求以自己的名义向受益人开立的，银行在符合信用证条款的条件下，凭规定的单据保证付款的凭证。也就是说，信用证一旦开出，只要受益人提交的单据符合信用证的要求，银行即应付款，保证付款的责任是由银行承担而与开证申请人没有关系。出口公司应当严格按照信用证的要求办理，将信用证规定的全套单据送交当地银行议付，只要出口公司提交的全套单据符合信用证条款，银行就必须付款。

## （二）信用证支付的一般程序

信用证业务的支付程序根据信用证类型的不同而有所差异，但大体均需通过申请、开证、通知、议付、索偿、付款、赎单等环节。在利用信用证方式结算的情况下，结算工具的传递方向与资金流向相反，故属于逆汇。

信用证支付的一般程序如图7-1所示：

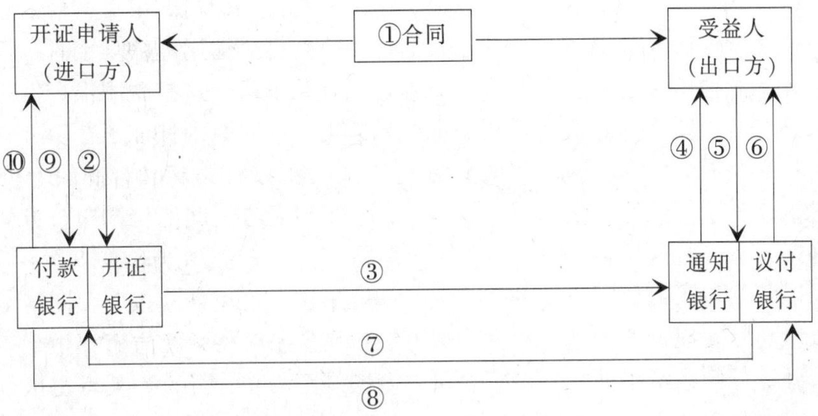


**图7-1 信用证支付的一般程序**

①进出口双方在国际买卖合同中约定以信用证方式支付货款。

②进口方向当地银行提出开证申请，根据合同的信用证条款填写开证申请书，委托开证银行开证。

③开证银行根据开证申请书的要求，开立以出口方为受益人的信用证，并寄送出口方所在地银行（通知银行），委托该银行通知出口方。

④通知银行核对密押或印鉴无误后，将信用证交给出口方（受益人）。

⑤出口方取得信用证核查无误后，按信用证规定发运货物并取得各项货运单据。出口方再按照信用证要求开立汇票，连同符合信用证要求的所有单据，在信用证有效期内向议付银行要求议付。

⑥议付银行按照信用证条款审核单据无误后，按照汇票金额扣除利息、手续费等，把货款垫付给出口方。

⑦议付银行将汇票和所有单据寄给开证银行或其指定的付款银行进行索偿。

⑧开证银行或其指定的付款银行按信用证条款审核单据无误后，即归还议付银行垫付的货款。

⑨开证银行通知开证申请人（进口方）付款赎单，开证申请人验单无误后付款。

⑩开证银行将单据交给开证申请人（进口方），进口方凭单据向承运人提货。

## （三）处理信用证关系的一般原则

**1. 信用证独立原则**

信用证独立原则是指信用证一经开立，在银行和买卖双方之间即建立起一种独立于买卖合同的关系。银行既无须过问买卖合同的内容，也无须关心买卖合同的履行情况，更无须对买卖合同纠纷负任何责任。银行只需对信用证负责，按照信用证条款办理。信用证独立原则仅在银行与买卖双方的关系上适用，对买卖双方一般并不当然适用。

开证银行开立以卖方为受益人的信用证，承诺在受益人交付的单据符合信用证条款规定时付款，是基于申请人的申请。当受益人交付的单据符合信用证的规定时，银行必须履行其付款义务，无论作为基础合同的买卖双方之间有无争议。这样就用银行信用代替了商业信用，保证了信用证支付的安全性和稳定性。信用证独立原则保证了在卖方失去对货物的控制前，享有保障受偿的权利。不允许银行以买卖双方有关基础合同的争议作为不付款、减少付款或延期付款的理由，也不允许买方以其与卖方之间的合同履行方面的争议为理由，限制银行向受益人付款。

在信用证条款与买卖合同条款的关系上，一般来说，信用证应按照合同规定开立。如果信用证条款与合同规定条款不符，视为买方履行义务不合格，卖方有权拒绝接受，或者要求买方、开证行修改信用证，直至符合买卖合同规定为止；另外，卖方也可以放弃买卖合同中的要求，而按照信用证中的规定履行，这时视为双方就买卖合同中的有关规定进行了修改。

**案例 7－4　信用证条款与合同条款不符怎么办**

**案情与问题：**我某公司向非洲出口某商品 15 000 箱，合同规定 1～6 月份按月等量装运，每月 2 500 箱，凭不可撤销即期信用证付款，客户按时开来信用证，证上总金额与总数量均与合同相符，但装运条款规定为“最迟装运期6 月 30 日，分数批装运”。我方 1 月份装出 3 000 箱，2 月份装出 4 000 箱，3 月份装出 8 000 箱。客户发现后向我方提出异议。请问：我方是否可以这样做？为什么？

**分析要点：**我方可以这样做。在信用证条款与买卖合同条款的关系上，一般来说，信用证应按照合同规定开立。如果信用证条款与合同规定条款不符，视为买方履行义务不合格，卖方有权拒绝接受，或者要求买方、开证行修改信用证，直至符合买卖合同规定为止；另外，卖方也可以放弃买卖合同中的要求，而按照信用证中的规定履行，这时视为双方就买卖合同中的有关规定进行了修改。本案中，我方 1 月份装出 3 000 箱，2 月份装出 4 000 箱，3 月份装出 8 000 箱，符合信用证规定的装运条款“最迟装运期 6 月 30 日，分数批装运”的要求。

**2. 严格相符原则**

严格相符原则是指受益人提交的各项单据表面上必须与信用证条款及《跟单信用证统一惯例》的规定完全一致，并且各单据之间互不矛盾，否则买方有权拒收单据，并通过银行实现拒付，银行界称之为“单证相符，单单相符”。

**案例 7－5 信用证的严格相符原则**

**案情与问题：** 我某公司凭即期不可撤销信用证出口马达一批，合同规定装运期为 2003 年 8 月。签约后，对方及时开来信用证，我方根据信用证的要求及时将货物装运出口。但在制作单据时，制单员将商业发票上的商品名称以信用证的规定缮制为"MACHINERY AND MILL WORKS，MOTORS"，而在提单上仅填写了该商品的统称"MOTORS"。请问：付款行可否以此为由拒付货款？为什么？

**分析要点：** 付款行可以以此为由拒付货款。因为在信用证业务中，受益人提交的各项单据表面上必须与信用证条款相符，并且各单据之间也必须一致，互不矛盾，否则买方有权拒收单据，并通过银行实现拒付。银行付款只要求受益人交付的单据与信用证规定相符（单证相符）、单据与单据之间互不矛盾（单单相符）。在本案中，信用证规定的商品名称为"MACHINERY AND MILL WORKS，MOTORS"，制单员将商业发票上的商品名称缮制为"MACHINERY AND MILL WORKS，MOTORS"，而在海运提单上仅填写了该商品的统称"MOTORS"，这样海运提单上商品的名称就与信用证规定的商品名称不符（单证不符）、海运提单上商品的名称也与商业发票上的商品名称不符（单单不符），这就不符合银行付款的严格相符原则，付款行可以以此为由拒付货款。

在信用证业务中，各有关当事人处理的只是单据，而不是单据所涉及的货物或其他行为。如果信用证含有某些条件而未列明需提交的单据，银行将认为未列该条件。银行不审核信用证没有规定的单据。银行付款只要求受益人交付的单据与信用证规定相符（单证相符）、单据与单据之间互不矛盾（单单相符）。银行根据严格相符原则付款既是其义务，也是其权利。根据这一原则，如果单据与信用证的规定不符，或单据与单据之间不符，银行可以而且应该拒付，否则将承担风险。

银行有义务合理谨慎地审核信用证规定的一切单据，确定这些单据是否表面与信用证条款相符。银行只根据表面上符合信用证条款的单据付款，承担延期付款责任，承兑或议付。同样，开证申请人也根据表面上符合信用证条款的单据，承担接受单据并对履行上述责任的银行进行偿付的义务。银行对于任何单据的格式、完整性、准确性、真实性、伪造或法律效力、单据上规定的或附加的一般性或特殊性条件概不负责；对于任何单据中有关货物描述、数量、重量、品质、状况、包装、交货、价值或存在，对于货物的发货人、承运人、收货人、保险人或其他任何人的诚信、行为、疏忽、清偿能力、履约能力或资信概不负责。严格相符是形式要求而非实质或法律效果要求。

**案例 7－6 银行审核信用证的原则**

**案情与问题：** 我某外贸公司与国外 A 公司达成一笔出口合同，信用证规定"数量 9 000公吨，7～12 月份分批装运，每月装 1 500 公吨"。卖方在 7～9 月份每月装 1 500 公吨，银行已分批凭单付款。第四批货物原定于 10 月 15 日装运出口，但由于台风登陆，第四批货物延迟至 11 月 2 日才装船。当受益人凭 10 月 22 日的已装船提单向银行议付时，遭银行拒付。后来受益人又以"不可抗力"为由要求银行付款，亦遭银行拒绝。请问：在上述情况下，银行有无拒付的权利？为什么？

**分析要点：** 在上述情况下，银行没有拒付权利。信用证业务中，受益人提交的各项单据表面上必须与信用证条款及《跟单信用证统一惯例》的规定完全一致，且各单据之间互不矛盾，否则买方有权拒收单据，并通过银行拒付货款。银行只根据符合信用证条款的单据付款，而对任何单据的准确性、真实性等概不负责。本案中虽然第四批货物延迟至

11 月 2 日才装船，但受益人向银行议付时的已装船提单是 10 月 22 日的，形式上符合信用证的要求，并且银行没有证据证明我方亲自参与了欺诈，银行不能以我方实际上是在 11 月 2 日才装船为由拒绝付款。

**3. 欺诈例外原则**

信用证是银行有条件的付款承诺，在单证相符、单单相符的条件下银行应承担付款的责任。银行只处理单据不处理货物，信用证独立于所依据的合同。但在有证据证明受益人欺诈时可例外。

一般情况下，开证银行的付款义务不能因为买卖双方之间履行合同时产生纠纷而受到影响。实践中，尤其是在延期付款的情况下，买方已提取货物，而付款日期还未到，常出现买方以货物与合同不符为由，要求开证银行拒绝付款，这是不允许的。但由于信用证业务只处理单据不处理货物，同时，银行对单据的有效性不承担责任，也就存在受益人欺诈的可能，以垃圾货或根本不交货或以伪造提单骗取货款。在有证据证明这种情况时，银行应拒绝付款。

一般认为，只有受益人亲自参与的欺诈才可使银行免除付款义务。受益人不知的第三人欺诈，如承运人伪造提单，不能使受益人失去受偿的权利。欺诈必须是受益人对开证银行或申请人所为，欺诈必须是实质性的。同时，银行拒绝付款时必须有证据证明受益人欺诈，仅凭怀疑或申请人的没有证据的单方主张是不够的。

## （四）信用证的内容

信用证没有统一的格式，但其主要内容基本上是相同的，大体包括以下几个方面：

（1）对信用证本身的说明，如信用证的编号、种类、金额及货币、开证日期、议付有效期及地点、当事人的名称及地址等。

（2）汇票的出票人、付款人、期限、金额以及出票条款等。

（3）对汇票随附单据的要求，如单据的种类、名称、内容、份数等。

（4）对货物的说明，如货物的名称、数量、品质、规格、包装、运输标志、价格等。

（5）对运输的要求，如装运港、目的港、装运期、运输方式、是否允许分批装运与转船等。

（6）特别条款：根据进口国政治、经济和贸易情况变化或每笔具体业务的需要，作出不同的规定。

（7）开证银行保证条款：开证银行对受益人或汇票的持有人保证付款的责任文句。

## （五）信用证的种类

信用证的种类很多，根据其性质、用途、期限、流通方式以及转让等特点，主要分为以下几种：

**1. 跟单信用证和光票信用证**

跟单信用证，是指受益人在议付货款时，除开具汇票外还要随附单据的信用证。这里的单据是指代表货物所有权的单据或证明货物已交运的单据。

光票信用证，是指受益人在收取货款时，只需开具汇票即可取款的信用证。这种汇票不需随附货运单据，但可以要求受益人附交一些非货运单据。

2. **不可撤销信用证和可撤销信用证**

不可撤销信用证，是指信用证一经开出，在有效期内开证银行未经受益人或议付银行等有关当事人的同意，开证银行不得随意修改或撤销的信用证。只要受益人提交的单据符合信用证的规定，开证银行必须履行付款义务。由于不可撤销信用证对受益人提供了比较可靠的保障，所以在国际贸易中应用得最为广泛。

**案例7－7 开证银行是否可以随意修改信用证**

**案情与问题：**中方某公司与意大利商人在2003年10月按CIF条件签订了一份出口某商品的合同，支付方式为不可撤销即期信用证。意大利商人于5月通过银行开来信用证，经审核与合同相符，其中保险金额为发票金额的110%。我方正在备货期间，意大利商人通过银行传递给我方一份信用证修改书，内容为将保险金额改为发票金额的120%。我方没有理睬，按原证规定投保、发货，并于货物装运后在信用证有效期内，向议付行议付货款。议付行议付货款后将全套单据寄往开证银行，开证银行以保险单与信用证修改书不符为由拒付。请问：开证银行拒付是否有道理？为什么？

**分析要点：**开证银行拒付是没有道理的。不可撤销信用证是指信用证一经开出，在有效期内开证银行未经受益人或议付银行等有关当事人的同意，开证银行不得随意修改或撤销的信用证。只要受益人提交的单据符合信用证的规定，开证银行必须履行付款义务。在本案中，开证银行开出的是不可撤销即期信用证，后未经我方同意，又擅自对信用证进行了修改，我方不同意其修改，仍然按照原信用证的规定办理是没有错误的。只要我方交付的单据与原信用证规定相符（单证相符）、单据与单据之间互不矛盾（单单相符），开证银行就必须付款。

可撤销信用证，是指开证银行对其所开出的，在有效期内可以不经受益人或其他当事人同意，也可在事先不通知受益人的情况下，有权随时作出修改或撤销的信用证。但只要受益人依信用证规定已得到了议付、承兑或延期付款保证时，该信用证即不能被撤销。这种信用证对受益人来说风险过大，缺乏应有的保障。

**案例7－8 开证银行撤销可撤销信用证的限制**

**案情与问题：**某银行开出一份可撤销信用证，金额为18万美元，允许分批装运，分批付款。受益人已装运10万美元货物，议付银行在议付10万美元货款后的次日收到开证银行撤销该信用证的通知。请问：开证银行对已议付的10万美元能否拒付？

**分析要点：**开证银行对已议付的10万美元不能拒付。虽然开证银行有权在可撤销信用证的有效期内随时作出修改或撤销的决定，但是一旦受益人依信用证规定得到议付、承兑或延期付款保证时，该信用证就不能被撤销。本案中受益人得到议付在前，开证银行的撤销通知在后，所以开证银行不能拒付已议付的10万美元。

3. **保兑信用证和不保兑信用证**

保兑信用证，是指开出的信用证由另一家银行加以保证兑付的信用证。保兑银行与开证银行均负第一性的付款责任。信用证经保兑后，对受益人来说就取得了两家银行的付款保证。

不保兑信用证，是指未经另一家银行加以保兑的信用证。

**案例 7-9 保兑银行的责任**

**案情与问题：**我某出口公司收到国外开来的不可撤销信用证一份，由设在我境内的某外资银行通知并保兑。我出口公司在货物装运后，正拟将有关单据交银行议付时，接该外资银行通知，由于开证银行已宣布破产，该行不承担对该信用证的议付和付款责任。请问：该行的做法是否正确？为什么？

**分析要点：**该行的做法不正确。所谓保兑信用证是指开出的信用证由另一家银行保证兑付的信用证。保兑银行与开证银行均负第一性的付款责任。信用证经保兑后，对受益人来说就取得了两家银行的付款保证。本案中，该外资银行已经对开证银行开出的不可撤销信用证加以保兑，也就是只要受益人提交的单据符合信用证的规定，该外资银行必须履行付款义务，与开证银行是否破产无关。

**4. 即期信用证和远期信用证**

即期信用证，是指开证行收到符合信用证规定的即期跟单汇票后立即付款的信用证。由于即期信用证可使受益人通过银行即期付款或议付取得货款，因而在国际贸易中使用最广。

远期信用证，是指开证行收到符合信用证规定的远期跟单汇票后，并不立即付款，而是先行承兑，待到远期汇票到期日再付款的信用证。

**5. 可转让信用证和不可转让信用证**

可转让信用证，是指受益人有权把信用证的全部或部分权利转让给第三人使用的信用证。这个第三人称为第二受益人或受让人，但原受益人仍需承担合同规定的卖方责任。可转让信用证以转让一次为限，第二受益人不能再次转让。凡可转让信用证必须注明“可转让”，否则视为不可转让信用证。

不可转让信用证，是指受益人不能将信用证权利转让给第三人的信用证。

**6. 循环信用证**

循环信用证，是指信用证被受益人全部或部分使用后，又恢复到原金额，再被受益人继续使用，直至用完规定的使用次数或累计总金额为止的信用证。循环信用证主要用于长期或较长期内分批交货的供货合同。使用这种信用证，买方可以减少开证押金和逐单开证的手续和费用；卖方也避免了等证、催证和审证的麻烦。

### （六）《跟单信用证统一惯例》（UCP500）

由于信用证的安全保障和资金融通两大作用在很大程度上解决了买卖双方互不信任的矛盾，满足了进出口双方都要求加速资金周转的愿望，因而在国际贸易结算中得到了广泛的应用。但是由于从事国际贸易的买卖双方和有关银行处在不同的国家和地区，法律规定和业务习惯各不相同，当事人之间的纠纷争议经常发生，影响了信用证的使用和国际贸易的发展。国际商会为了减少因解释不同而引起的争端，调和有关当事人之间的矛盾，于1930年拟订了《商业跟单信用证统一惯例》，即国际商会第74号出版物，对跟单信用证的定义、有关名词、术语以及信用证有关各方的权利义务进行统一的解释。后来，为了适应不断变化的国际贸易客观形势发展的需要，于1933年、1951年、1962年、1974年、1983年先后作了5次修订，最新的文本是1993年的《跟单信用证统一惯例》（国际商会第500号出版物，简称UCP500)。

只有当当事人明确表示愿意接受国际商会制定的《跟单信用证统一惯例》时，该惯例才在有关当事人之间产生效力。由于《跟单信用证统一惯例》已经发展成为相当完善的规则，比较明确地规定了信用证业务各方当事人的权利和义务，该惯例已为世界绝大多数国家和地区的银行所接受。目前，世界各国法院都将《跟单信用证统一惯例》作为处理跨国跟单信用证纠纷的准则。

《跟单信用证统一惯例》共49条，分为7个部分：①总则与定义；②信用证的形式和通知；③责任和义务；④单据；⑤杂项规定；⑥可转让信用证；⑦款项让渡。

《跟单信用证统一惯例》适用于一切信用证，主要调整银行处理信用证业务应遵循的规范。除信用证的概念、原则、种类外，它还包括银行的权利义务、免责事项以及对单据的要求：补充了银行可为其自身开证；明确了一家银行在不同国家设立的分支机构均视为另一家银行；如果信用证对可否撤销未作表示视为不可撤销；银行审单不得超过7个工作日；如果银行决定拒收单据，则必须说明单据的全部不符点，通知的发出必须在不迟于收到单据之日起7个银行工作日内完成；通知银行无法确定信用证真实性时应及时通知开证银行和告知受益人；如果信用证含有某些条件而又未列明需提交的单据，银行将认为未列该条件；银行不审核信用证没有规定的单据等。

**案例7－10　银行审单期限及拒收通知**

**案情与问题：**某银行开立一份不可撤销的信用证，并通过另一家银行将信用证传递给受益人。受益人发货后取得单据并向通知银行议付，议付行议付后将单据传递给开证行，开证行在收到单据后第9个工作日以不符点为由拒付。请问：开证行拒付是否合理？

**分析要点：**此时开证行拒付是不合理的。根据《跟单信用证统一惯例》(UCP500)的规定，开证行、保兑行审单期限为从收到单据之日起不超过7个银行工作日；如果开证行、保兑行决定拒收，则其必须说明单据的全部不符点，通知的发出必须在不迟于收到单据之日起7个银行工作日内完成。在本案中，开证行在收到单据后第9个工作日才以不符点为由拒付，已经超过了《跟单信用证统一惯例》(UCP500)中的有关银行审单及发出拒收通知期限的规定。

## 二、托收

### (一) 托收的含义及其当事人

托收是指出口方为向进口方收取款项，出具汇票委托银行代为收款的一种结算方式。银行在办理托收时，只是出口方的代理人。在采用托收结算方式时，出口方按合同要求发货，备齐单据后即开立汇票，委托出口地银行（托收行）将汇票与单据向进口方提示请求付款。出口地银行接受委托后，再委托进口地银行（代收行）向进口方交单。进口方付款后，进口地银行根据托收行的指示汇出货款，托收行收款后再付给出口方。托收属商业信用，是否付款取决于付款人。银行只需严格按照委托书办理，并不承担支付款项的责任。

托收方式有4个基本当事人：①委托人，委托银行收取货款的债权人，国际货物买卖的出口方。②付款人，就是给付货款的债务人，国际货物买卖的进口方。③托收行，接受委托人委托代为收款的债权人所在地银行。④代收行，接受委托行委托向付款人收取货款的债务人所在地银行。上述当事人中，委托人与托收行之间，托收行与代收行之间都是委托代理关系；委托人与代收行之间，代收行与付款人之间均不存在直接的合同关系。

## （二）托收的种类及其程序

根据汇票是否随附货运单据，托收分为光票托收和跟单托收。

光票托收是指出口方仅凭汇票，不随附任何货运单据委托银行向进口方收取货款。由于光票托收缺乏对货物的控制权，对出口方来说风险太大，常常失去货物又无法取得货款，因而使用范围较窄，一般只用于结算货款尾数、代垫费用等。

跟单托收是指出口方开立以进口方为付款人的汇票后，随附货运单据委托银行向进口方收取货款。国际贸易的货款托收一般都采用跟单托收。跟单托收可分为付款交单和承兑交单。

**1. 付款交单**（Document Against Payment，D/P ）

付款交单是指出口方的交单以进口方的付款为条件，即只有进口方向代收行付清汇票上载明的金额后，才能从代收行领到出口方提供的全套货运单据，从而才能凭单提货。按照货款的支付时间不同，付款交单又分为即期付款交单和远期付款交单。

（1）即期付款交单。即期付款交单，是指进口方在见到出口方开立的即期汇票时便须付款，进口方在付清汇票金额后领取货运单据，凭单提货。其程序如图 7－2 所示：

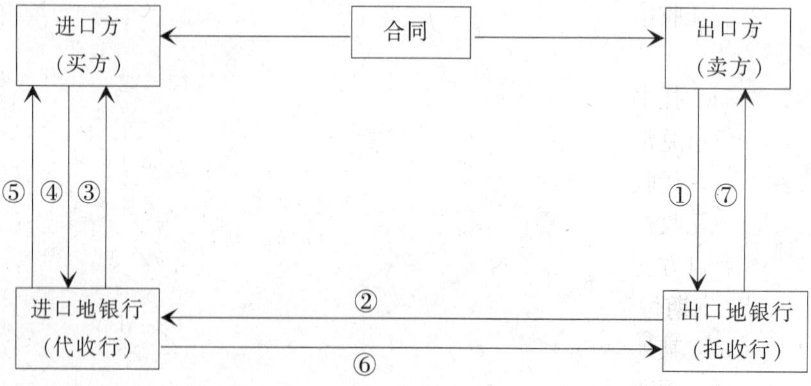


**图 7－2　即期付款交单的程序**

①出口方按合同要求装运货物后，将即期汇票、货运单据和托收申请书交托收行，办理托收。

②托收行根据托收申请书缮制托收委托书，连同即期汇票、货运单据寄交代收行委托代收。

③代收行按照委托书的指示向进口方提示即期汇票和货运单据。

④进口方验单付款。

⑤代收行移交货运单据给进口方。

⑥代收行通知托收行货款已收妥并办理转账。

⑦托收行向出口方交款。

（2）远期付款交单。远期付款交单，是指出口方发货后开立远期汇票，连同货运单据，通过银行向进口方提示，进口方审核单据无误后即在汇票上承兑，于汇票到期日付清汇票金额后才能领取货运单据，凭单提货。其程序如图7－3所示：

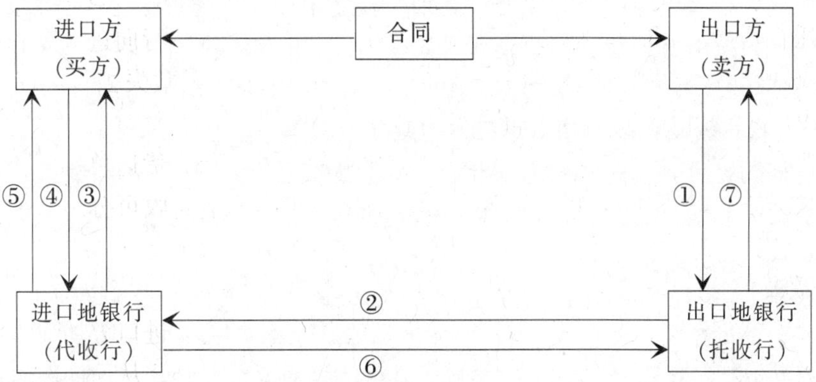


**图7－3　远期付款交单的程序**

①出口方按合同要求装运货物后，将远期汇票、货运单据和托收申请书交托收行，办理托收。

②托收行根据托收申请书缮制托收委托书，连同远期汇票、货运单据寄交代收行委托代收。

③代收行按照委托书的指示向进口方作出承兑提示。

④进口方验单承兑汇票后，代收行保留汇票及全套货运单据。

⑤汇票到期时，代收行向进口方提示付款，进口方付款并领取货运单据。

⑥代收行通知托收行货款已收妥并办理转账。

⑦托收行向出口方交款。

**案例7－11　远期付款交单下代收行的责任**

**案情与问题：**我某外贸公司与某国A商达成一项出口合同，付款条件为D/P 45天付款。当汇票及所附单据通过托收行寄抵进口地代收行后，A商及时在汇票上履行了承兑手续。货抵目的港时，由于用货心切，A商出具信托收据向代收行借得单据，先行提货销售。汇票到期时，A商因经营不善，失去偿付能力。代收行以汇票付款人拒付为由通知托收行，并建议由我外贸公司直接向A商索取货款。请问：代收行要求我方这样做正确吗？为什么？

**分析要点：**代收行要求我方这样做是不正确的。我方与A商的出口合同付款条件为D/P 45天付款，也就是说是采用远期付款交单方式办理托收。而远期付款交单要求出口方发货后开立远期汇票，连同货运单据，通过银行向进口方提示，进口方审核单据无误后即在汇票上承兑，于汇票到期日付清汇票金额后才能领取货运单据，凭单提货。虽然实践中进口方一般可凭信托收据向银行借取单据先行提货，待汇票到期日再付款，但这是进口方与代收行之间的信用，与出口方无关。所以，在未经我外贸公司同意的情况下，代收行将单据借给 A 商，代收行应承担到期收不到货款的责任。

在远期付款交单情况下，进口方一般可凭信托收据向银行借取单据先行提货，待汇票到期日再付款。凭信托收据借单是代收行自己向进口方提供的信用便利，与出口方没有关系。如果代收行借出单据后，到期不能收到货款，则代收行应对此负全部责任。如果出口方主动授权代收行借单给进口方，即“远期付款交单凭信托收据借单”，进口方在承兑汇票后可凭信托收据借单提货。汇票到期时如果进口方拒付，则与代收行无关，而由出口方自己承担责任。

**案例 7－12　远期付款交单对进口方的意义**

**案情与问题：**我某公司向德国某贸易公司以 D/P 见票即付方式推销某商品，对方要求付款方式改为 D/P 见票后 90 天付款，并通过该公司指定的银行代收。请问：德方提出此项要求的目的是什么?

**分析要点：**德国公司将付款方式由 D/P 见票即付方式改为 D/P 见票后 90 天付款，其目的在于推迟付款时间，争取 90 天的资金周转期。德国公司之所以要指定代收银行就是要凭其与代收行之间的关系，用信托收据向代收银行借单，尽早提取货物进行销售，达到利用我方资金的目的。

2. **承兑交单**（Documents Against Acceptance，D/A）

承兑交单，是指出口方发货后开立远期汇票，连同货运单据，通过银行向进口方提示，进口方审核单据无误后即在汇票上承兑，进口方承兑汇票后，代收行即将货运单据交给进口方由其凭单提货，在汇票到期时，进口方才履行付款义务。

承兑交单与远期付款交单虽然均采用远期汇票，但承兑交单情况下，在代收行提示承兑时，进口方承兑汇票后即可取得货运单据，汇票到期日才付款；而在远期付款交单情况下，在代收行提示承兑时，进口方承兑汇票后不能取得货运单据，还需等到汇票到期日付款后才能得到货运单据。因此，对出口方来说，承兑交单的风险比远期付款交单的风险要大。承兑交单的程序如图 7－4 所示：

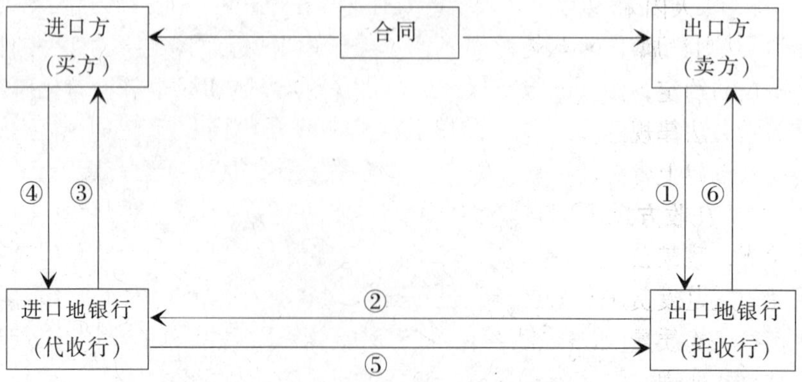


**图 7－4　承兑交单的程序**

①出口方按合同要求装运货物后，将远期汇票、货运单据和托收申请书交托收行，办理托收。

②托收行根据托收申请书缮制托收委托书，连同远期汇票、货运单据寄交代收行委托代收。

③代收行按照委托书的指示向进口方作出承兑提示，进口方验单承兑汇票后，代收行保留汇票并将全套货运单据交给进口方。

④汇票到期时，代收行向进口方提示付款，进口方到期付款。

⑤代收行通知托收行货款已收妥并办理转账。

⑥托收行向出口方交款。

### （三）《托收统一规则》（URC522）

在办理托收业务中，为确保有关各方的权利义务，减少纠纷与争议，国际商会于1958年草拟了《商业单据托收统一规则》（国际商会第192号出版物）。以后又经过多次补充与修订。1978年，国际商会对该规则又作了补充与修订，并改名为《托收统一规则》（国际商会第322号出版物）。现行的《托收统一规则》是1995年的修订本，即国际商会第522号出版物，简称URC522。

《托收统一规则》共分为七个部分：①总则和定义；②银行的义务和责任；③付款；④承兑和支付凭证的真实性；⑤拒绝证书；⑥货物的保护；⑦托收结果的通知。

根据该规则，委托人应受国外法律和惯例规定的义务和责任的约束，并对银行承担该项义务和责任，负赔偿的责任；银行办理托收业务时，应遵循诚信及合理谨慎原则，只负责检查所收到的单据是否与委托书所列一致，对单据的有效性，对寄送途中的延误、丢失及翻译的错误不承担责任。但银行必须严格按照委托书的指示行事，如无法照办时，应立即通知发出委托书的一方；未经银行同意，货物不能直接发给银行或银行的指定人为收货人，银行无义务提货，仍由发货人承担货物的风险和责任；凭远期汇票收款的委托书，必须指明单据是凭承兑还是付款交单。如未指明，银行只能凭付款交单；汇票如被拒付，代收行须及时通知托收行，托收行应在合理的时间内作出进一步处理单据的指示。如代收行发出拒付通知后90天内未接到指示，可将单据退回托收行。

《托收统一规则》属于国际惯例，仅适用于托收指示中注明适用该规则的托收。当事人可以作出不同的约定，该约定优先于《托收统一规则》。在《托收统一规则》与一国的法律规定抵触时，法律规定优先。由于《托收统一规则》在一定程度上统一了托收业务的规定，所以被世界上各国银行广泛采用。

**案例7－13　托收方式应注意的问题**

**案情与问题：**我某公司向南美某国出口一批货物，支付方式为D/P见票后45天付款。我方按合同规定发货后备齐全套单据向托收银行办理托收手续。后代收银行来电称汇票到期时买方因货物质量问题拒绝付款。我方经调查后得知，由于该国对远期付款交单一律按承兑交单方式处理，卖方早已提货。虽经多次协商，对方置之不理，最后我方货款两空。请问：我方应吸取什么教训?

**分析要点：**由于托收方式是商业信用，依赖进口方的诚信，对出口方不利，所以在使用托收方式时首先一定要调查进口方的资信情况，在对进口方有一定的了解和信任后才可采取这种支付方式；其次，还要了解进口方国家的法律、商业习惯、银行惯例等，因为在有的国家将远期付款交单一律当作承兑交单处理。

## 思考题

1. 名词解释：

汇票　票据行为　不可撤销信用证　跟单托收　汇付

2. 票据有哪些法律特征？

3. 票据丧失后应怎么办？

4. 说明信用证的含义及处理信用证关系的一般原则。

5. 试述承兑交单与远期付款交单的含义及区别。

6. 简述信用证支付的一般程序。

7. 案例分析：

（1）某公司从国外进口一批钢材，货物分两批装运，支付方式为不可撤销即期信用证，每批分别由中国银行开立一份信用证。第一批货物装运后，卖方已收到货款，但我方在收到第一批货物后，发现货物品质与合同不符，因而要求开证行对第二份信用证的单据拒绝付款，但遭到开证行的拒绝。你认为开证行这样做是否有理？为什么？

（2）我某公司向日本某商以 D/P 见票即付方式推销某商品，对方答复：如我方接受 D/P 见票后 90 天付款，并通过他指定的银行代收则可接受。试分析日方提出此项要求的出发点是什么？

# 第八章
# 产品责任法

## 第一节　产品责任法概述

### 一、产品责任法的基本含义

产品责任法（Product Liability Law）是随着现代工业生产的发展，许多新产品投入市场，造成消费者受到伤害的案件不断增多而形成和发展起来的。产品责任法，是调整生产者、销售者和消费者、使用者或第三人之间因产品缺陷而产生的社会关系的法律规范的总和。与其他法律规范相比较，产品责任法具有以下法律特点：

（1）产品责任法调整是由于其产品存在缺陷而引起他人人身或财产损害时所发生的权利义务关系。这种损害是指由于所使用的产品存在缺陷而致使有关的消费者、使用者或其他第三者所遭受的人身伤害或财产损失，而不包括产品本身的损失。

（2）产品责任法调整没有任何合同关系的因产品存在缺陷而引起的产品责任。尽管它不排除有合同关系的产品责任问题，但有合同关系的产品责任问题另由合同法和买卖法来调整。

（3）各国一般都采用严格责任原则，突出生产者的责任，以便更有效地保护消费者的权益，使消费者能从产品的生产者和销售者那里得到切实合理的补偿。

### 二、产品责任的相关概念

综合各国产品责任法和有关产品责任的国际公约，产品责任主要涉及以下几个重要概念：

#### （一）产品

一般而言，产品是指由生产者生产并已进入流通领域可供使用的有形物品。但各国法律的规定不尽一致。在美国，产品一词的含义非常广泛，是指任何经过工业处理的物品，包括可以移动与不可移动的各种有形物以及天然产品，无论此物品是适合工业用途还是农业用途，只要因使用它而引起伤害就可视为发生责任的“产品”。1976 年欧洲理事会制定的《斯特拉斯堡公约》把产品定义为一切可移动的物品，不论是否经过加工、天然的或工业的，甚至组合到另一可移动或者不可移动的物体中的物品。1985 年欧洲经济共同体（现为欧盟）《产品责任指令》则把产品限于除初级农产品和狩猎产品以外的所有可移动的物品。因此，各国产品责任法对产品的理解存在一定的差异。但综观各国的产品责任法及这一领域的司法实践，存在对产品概念泛化解释的倾向，特别是在美国，任何物品都有可能被法院视为产品责任法意义上的产品。

## （二）产品缺陷

### 1. 产品缺陷的含义

各国产品责任法都要求受到伤害的产品使用者证明某项致人伤亡或引起财产损害的产品有缺陷，否则，就不能得到赔偿。究竟何谓产品的缺陷，各国法律一般未作具体确切的解释，而只是进行了概括的抽象说明。一般而言，产品的缺陷是指产品未提供使用者有权期待的安全或具有不合理的危险性。缺陷必须在产品离开生产者或销售者控制以前，即投入流通以前即已存在。

各国法律对“缺陷”都规定得比较笼统、抽象，如对“消费者有权期待的安全”和“不合理的危险性”等。通常可从以下几个方面来理解产品“缺陷”的含义：

（1）产品违反有关法律规定的商业销售标准。各国法律对投放市场的产品都规定了一定的标准，如果产品不符合这些销售品质的标准，即视为缺陷产品。

（2）产品具有不合理的危险，即人们所期待使用的产品是不安全的。例如，美国《消费品安全法》第 8 条规定，凡产品具备在交易上出售而可能使消费者产生不当危险，或者依据该法而实施的任何消费品安全标准，仍不能适当保护消费者时，必须宣告该产品为被禁止的危险产品。

（3）产品存在隐蔽瑕疵，即产品有潜在的缺陷。通常从外观上看缺陷不明显，或者不经过特殊检验就不能发现缺陷的产品称之为有隐蔽瑕疵的产品。隐蔽瑕疵的缺陷可以产生于产品设计、原材料使用、构造装配等环节。

（4）不真实的广告或没有提醒消费者注意。制造商或销售商对其产品作夸大的、虚假的广告宣传，或者应该在产品的使用说明书中提醒消费者有关注意事项而忽视提醒，这种产品可视为有缺陷的产品。

### 2. 产品缺陷的分类

根据产品缺陷的特征，产品缺陷一般分为三大类：设计缺陷、生产缺陷和警示缺陷。

（1）设计缺陷。设计缺陷是指产品的设计存在不合理的危险性。当按照卖方合理预见的方式使用时，一件产品不能提供普通消费者所期望的安全性或该产品的设计作为一个整体产生的利益小于其固有的危险时，这种产品就具有缺陷。生产者对其设计有缺陷的产品承担赔偿责任。生产中的疏忽可能只会影响某一个或几个产品，而设计中的缺陷则可能影响整个一类产品并且可能会导致生产者对无数的消费者负赔偿责任。

（2）生产缺陷。生产缺陷是指产品在制造上存在不合理的危险，包括在生产环节因工艺操作、质量管理不善等原因而产生的不合理危险性。生产缺陷一般分为原材料、零部件方面的缺陷和装配方面的缺陷。原材料方面的缺陷如制药企业采用不纯原料使药物含有不应有的伤害人体的有毒物质，煤气炉具质量差而存在漏气伤人的隐患等；装配方面的缺陷如斧头和斧柄连接不牢，电动玩具使用的涂料含铅量过高等。

（3）警示缺陷。警示缺陷是指由于产品提供者对产品的危险没有作出必要的说明与警告，或说明与警告不当对使用者构成的不合理危险。产品的设计和制造不存在问题，但由于某些产品具有特殊的性质及使用方法、使用条件等，如果产品提供者没有对此作出必要的说明与警告，就可能危及使用者的身体健康、生命和财产安全。在这种情况下产生的缺陷就是警示缺陷。随着现代科技的发展，越来越复杂的现代化学和机械产品对使用者造成损害的可能性日益增加，有关警示缺陷的案件也随之不断增加，引起人们的关注。产品警示上的缺陷，其特点主要有两个：第一，警示缺陷存在于产品的广告、说明书、标签等之中；第二，警示缺陷与生产经营者的告知义务直接相关。

除了以上三种缺陷之外，还有一种称为发展的缺陷或科学技术不能发现的缺陷。这种缺陷是指以当时的科学技术水平无法发现而后又被证明确实存在的缺陷。欧盟各国的立法基本上都以缺陷为当时科技水平不能发现作为排除产品责任的依据，即对科学技术不能发现的缺陷而造成的损害，不要求产品提供者承担产品责任。

### （三）生产者和销售者

产品责任法中的生产者的含义较为广泛 ，一般包括制成品的设计者、制造商、加工者、装配者、修理者、运输者或任何将其名称、商标或其他标识标记于产品的人。销售者一般包括出口商、进口商、批发商和零售商等经销产品的任何人。

### （四）产品责任

产品责任是指因产品有缺陷而致消费者或使用者或第三人伤亡或财产损失时，该产品的生产者或销售者依法应承担的民事赔偿责任。产品责任的构成必须具备三个要件：产品确实存在缺陷；必须使产品的消费者、使用者或其他第三人遭受人身伤害或财产损失（但不包括缺陷产品本身的损失）；产品的消费者、使用者或其他第三人遭受的人身伤害或财产损失必须与产品的缺陷之间存在直接的因果关系。

需要特别注意的是，产品责任中的财产损失不包括缺陷产品本身的损失，仅指缺陷产品以外的其他财产损失（如替换受损坏的财产或修复受损财产所支出的合理费用以及因缺陷产品导致的其他财产损失等），缺陷产品本身的损失属于买卖法中的合同责任或违约责任。

## 三、产品责任的国际立法

随着国际经济贸易交往的迅速发展，国际性的产品责任事故不断发生，而各国的产品责任立法的差异又较大。国际社会为了消除世界各国的这些立法冲突，妥善解决在此情况下所发生的各种国际性的产品责任纠纷，签订了一系列有关产品责任的国际公约，因而逐渐形成了国际产品责任法。其中最具有代表性的有以下三个国际公约。

1. **《斯特拉斯堡公约》**

《斯特拉斯堡公约》是《欧洲共同体关于造成人身伤害与死亡的产品责任的欧洲公约》的简称，它由欧洲理事会拟订并在 1976 年的理事会会议上获得通过，于 1977 年 1 月 27 日在斯特拉斯堡签署，故简称《斯特拉斯堡公约》。

该公约适用于因生产者提供的产品存在缺陷而造成消费者人身伤害或残废的赔偿问题。该公约所指的“产品”是指所有动产，包括天然动产和工业动产，无论是加工过的还是未加工过的；“生产者”是指成品或零配件的制造商以及天然产品的生产者；“消费者”即广义上的消费者，包括产品的购买者、使用者和第三人。产品责任范围以产品缺陷给消费者造成人身伤害或死亡的赔偿为限，也就是说，只有当有缺陷的产品给消费者造成人身伤害或死亡时才承担产品责任。

《斯特拉斯堡公约》规定，生产者所承担的产品责任是一种严格责任，只要是产品的缺陷造成消费者人身伤害或死亡，该产品的生产者就应承担产品责任。《斯特拉斯堡公约》对产品责任的赔偿范围，仅限于人身伤亡，不包括对其财产所造成的损失。

《斯特拉斯堡公约》规定了两个时效。一是诉讼时效，期限是 3 年，从申诉人知道或已经觉察到事故、缺陷及生产者身份之日起计算；二是产品责任时效，期限是 10 年，自产品投入流通之日起计算。超过期限，则丧失依据《斯特拉斯堡公约》的规定而要求生产者赔偿的权利。

2. **《产品责任指令》**

《产品责任指令》（Directive Concerning Liability for Defective Products）是《关于缺陷产品责任的指令》的简称。为了更好地协调原欧洲经济共同体各成员国有关产品责任的法律，欧共体理事会于 1985 年 7 月 25 日通过了一项《关于缺陷产品责任的指令》，《产品责任指令》要求各成员国在 1988 年 8 月 1 日以前采取相应的国内立法予以实施，但成员国有某些取舍的权利。目前，英国、意大利、德国等国已通过立法将该指令纳入本国的国内法。

《产品责任指令》的主要内容：

（1）产品责任的适用原则。《产品责任指令》规定产品责任适用严格责任原则。在产品责任诉讼中，消费者只需证明损害事实和产品缺陷的事实，以及两者之间存在的因果关系，即可以使该产品的生产者承担责任，无须证明生产者有过失。

（2）产品责任的适用范围。《产品责任指令》中的生产者包括：①制成品的制造者；②任何原材料的生产者；③零部件的制造者；④任何将其名称、商标或其他识别标志置于产品之上的人；⑤任何进口某种产品在共同体内销售、出租、租赁或在共同体内以任何形式经销该产品的人；⑥如果不能确认谁是生产者，则提供该产品的供应者即被视为生产者，除非受损害的消费者在合理时间内获得查出谁是生产者的通知。《产品责任指令》中的“产品”是指可以移动的物品，但不包括初级农产品和戏博用品。

（3）免责事由。根据《产品责任指令》的规定，在产品责任诉讼中，被告可以主张以下事由免责：①该生产者并没有把该产品投入市场；②产品缺陷在产品投入市场时并不存在，或这种缺陷是后来才出现的；③生产者制造该产品并非用于经济目的的销售或经销；④缺陷是由于遵守公共当局发布的有关产品的强制性规定而引起的；⑤按照产品投入市场时的科技水平，该缺陷不可能被发现。零件的制造者如能证明该缺陷是由于该产品的设计所致，而不是零件本身的缺陷，亦可不承担责任。

（4）时效。《产品责任指令》对时效规定如下：①受损害者的权利自生产者将引起损害的产品投入市场之日起 10 年届满即告消灭，除非受害者已在此期间对生产者起诉。②损害赔偿诉讼时效为 3 年。

**3.《海牙公约》**

由于各国对产品责任的法律规定各不相同，于是在国际产品责任诉讼中，案件的处理结果有很大的不确定性。为了统一各国关于产品责任的法律冲突规则，海牙国际私法会议于 1973 年 10 月 2 日通过了一项《关于产品责任的法律适用公约》（《海牙公约》），该公约已于 1978 年 10 月 1 日生效，共有 22 条，其主要内容是：

（1）对产品、损害及责任主体的规定。“产品”一词应包括天然产品和工业产品，无论是未加工的还是经过加工的，也无论是动产还是不动产。“损害”是指对人身的伤害或对财产的损害及其经济损失。但是，除非与其他损害有关，产品本身的损害以及由此引起的经济损失不应包括在内。产品责任主体应包括：①成品或部件的制造商；②天然产品的生产者；③产品的供应者；④在产品准备或销售等整个商业环节中的有关人员，包括修理人员和仓库管理人员。上述人员的代理人或雇员的责任也适用该公约。

（2）对产品责任法律适用的规定。根据当事人与有关国家之间的联系点或接触点，在适用法律方面应视具体情况而定，主要采用下列三种办法：一是根据第 4 条规定，如果侵害地国家同时又是：①直接受害人的惯常居住地；②被请求承担责任人的主营业地；③直接受害人取得产品的地点，则应适用侵害地国家的法律。二是根据第 5 条规定，尽管有上述第 4 条规定，但是，如果直接受害人的惯常居住地国家同时又是：①被请求承担责任的人的主营业地；②直接受害人取得产品所在地，则仍应适用直接受害人惯常居住地国家的法律。三是根据第 6 条规定，如果上述第 4 条和第 5 条指定适用的法律都不适用，则除非原告基于侵害地国家的法律提出请求，应适用被请求承担责任人的主营业地国家的法律。

# 第二节　美国的产品责任法

## 一、产品责任的归责理论

美国产品责任以下列法学理论为归责依据：①合同关系责任说（Liability of Privity of Contract）；②疏忽说（Theory of Negligence）；③违反担保说（Breach of Warranty）；④严格责任说（Strict Liability）。凡原告由于使用有缺陷的产品遭受损害向法院起诉要求赔偿损失时，他必须根据上述四种理由之一，作为要求该产品的生产者或销售者承担责任的理论依据。

## （一）合同关系责任理论

美国一直奉行“没有合同，即没有责任”的原则。在产品责任中，合同关系责任占主导地位，即生产者或销售者就其在产品的生产或销售中的疏忽行为，对于和他没有合同关系的第三人，一律不承担责任。在这种合同关系责任下，消费者的利益得不到保护，受害人的损失得不到补偿，缺陷产品的制造商或销售商得不到应有的制裁。

美国早期的产品责任法虽然以合同关系为前提，但为了弥补合同关系责任的不足，考虑受害人利益，从保护消费者利益的角度出发，美国法院采用了一些合同关系责任的例外条件，即在下列条件下，受害人可不受合同关系约束，要求有责任的制造商赔偿损失：①即使原告与被告没有合同关系，但如果有缺陷的物品对人的安全具有危险性，那么原告理应获得补偿；②如果供应商在提供产品时明知产品有缺陷，但却没有向使用人透露，供应商应当承担责任；③原告要证明被告有过失。

## （二）疏忽责任理论

所谓疏忽责任，是指产品的生产者或销售者有疏忽之处，致使产品有缺陷，而且由于这种缺陷使消费者的人身或财产遭到损害，对此，该产品的生产者和销售者应承担责任。但是，当原告以疏忽为理由要求被告赔偿损失时，原告必须能够提供证据证明：①被告没有做到“合理的注意”（Reasonable Care），即被告有疏忽之处；②产品的缺陷是由于被告的疏忽造成的；③原告的损失是由产品的缺陷造成的。如果由于原告自己的疏忽造成了损失，原告不能要求被告赔偿损失。

疏忽在英美法上是一种侵权行为。在以疏忽为理由提起诉讼时，原告与被告之间不需要有直接的合同关系，因为这不是根据合同提起的诉讼。所以，作为原告的一方就不仅限于买方，而且扩及其他有关的人，如买方的家属、亲友、来访者以至过路的行人或旁观者，只要他们是由于该产品的缺陷而受到损害，都可以对该产品的生产者和销售者提起疏忽责任之诉。

原告在以疏忽为理由对被告起诉时，可从不同方面证明被告有疏忽。例如，原告可证明产品的设计有缺点，从而说明生产者在设计产品时没有尽到“合理注意”的义务；原告也可证明被告对产品的危险性没有作出充分的说明，以提醒消费者或使用者注意，从而构成疏忽；此外，原告还可证明被告在生产或经销该产品时，违反了有关这种产品的质量、检验、广告或推销方面的规章、法令，而违反这种规章、法令本身就是一种疏忽行为。尽管疏忽责任比起合同关系责任前进了一步，但在产品高度科技化的今天，作为普通消费者的原告要取得这种证据，即证明作为专业的制造者或销售者的被告有疏忽行为是很困难的，有时甚至是不可能的，因为产品从设计到生产制造整个程序都控制在制造者手里。这是原告在以疏忽为理由起诉生产者和销售者时遇到的一个难题。

因此，美国法院在实践中主要采用“事实本身说明问题”原则，以减轻原告的举证责任。所谓“事实本身说明问题”，是指事故发生的情况本身，足以证明被告有疏忽行为。以“事实本身说明问题”指控被告，原告仍须证明：①发生损害事故的产品曾在被告的绝对控制中；②如果没有生产者的疏忽，损害不可能发生；③损害并非因原告的行为所造成。“事实本身说明问题”理论是对疏忽原则的一种补救办法，其目的在于允许陪审团从案情发生的伤害推断出厂商的疏忽或缺陷。

## （三）违反担保理论

所谓违反担保，是指产品存在某种缺陷或瑕疵，卖方违反了对货物的明示或默示担保。例如违反了产品应具有商销性的默示担保，或违反了产品必须适合一般用途或特定用途的默示担保等。如果原告由于产品的缺陷遭受损害，原告可以违反担保为理由对被告起诉，要求其承担产品责任。担保是卖方对所出售产品的质量或性能规格的陈述或说明，它可以是当事人的意思表示所作的明示担保，或由法律规定的默示担保。

**1. 明示担保（Express Warranty）**

明示担保是指产品制造商或销售商对货物性能、质量或所有权的声明或陈述。美国《统一商法典》第二编第313条规定，在以下情形产生明示担保：①卖方给予买方与货物有关并成为交易基础部分的任何事实的报告或允诺，均产生明示担保，即货物应符合这种报告或允诺；②作为交易基础部分的任何货物说明均产生明示担保，即货物须符合这种说明；③作为交易基础部分的任何样品或样型均产生明示担保，即全部货物须符合样品或模型。根据这一条，法院认为，电视商业节目、商业小册子、报纸以及其他销售说明物中的广告均产生明示担保。

以违反明示担保提起诉讼时，原告须举证：①被告曾对其产品作出说明；②原告相信了说明而购买产品；③受到损害是因为产品不符合被告所作的说明。

**2. 默示担保（Implied Warranty）**

默示担保不是基于生产者或销售商的口头或书面表示，而是根据法律产生的一种担保责任。默示担保又分为商销性默示担保和适合专门目的默示担保两种。

商销性默示担保（Implied Warranty of Merchantability）是指投放市场的产品应符合该产品之所以制造和销售的一般目的。美国《统一商法典》第314条规定：“除非不予适用或加以修改，如果出售人是出售该种商品的人，则出售该商品的合同中应默示保证该商品适合销售，符合产品商销性的标准。”根据上述规定，买方在购买商品时，不必向卖方清楚地说明他对商品的具体打算，也不必向卖方说出自己对他的能力和判断力的信任程度。换言之，卖方不必根据买方的具体用途，对商品作详细的推荐，他只需要执行商销性默示担保，保证商品的商销性或适合性。商销性默示担保在产品责任法中的重要性是不容低估的，只要买卖行为发生，卖方是商人，那么买方可以就缺陷产品所造成的损害，以违反担保为由，请求赔偿。所以《统一商法典评论与法律解释》的作者奎恩在其书中把商销性的规定比作：“产品责任领域的面包——黄油法规。”

以违反商销性默示担保提起诉讼请求，原告须举证：①产品在出厂时即有缺陷；②该缺陷违反了《统一商法典》中关于产品商销性的标准；③缺陷与损害之间有因果关系。

适合专门用途的默示担保（Implied Warranty of Fitness for Particular Purposes）。根据《统一商法典》第315条规定：①卖方必须有理由知道买方购买该货物的专门用途；②买方必须信赖卖方为其挑选和提供正确的产品；③卖方必须明白买方信赖于他的技能和判断能力。

以违反适合专门用途的默示担保提起诉讼请求，原告须举证：①卖方已被告知或者有理由知道产品的使用意图；②买方信赖卖方在选择产品方面的技能和技术、专门知识；③损害是由于产品未能符合特殊用途而引起的。

违反担保之诉是根据买卖合同提起的诉讼。在普通法中，担保具有合同法的性质，所以，以违反担保为由提起的诉讼，原告与被告之间必须有合同关系。具体到买卖合同来说，只有买卖双方才存在直接的合同关系，所以，如果卖方违反担保义务，原则上只有买方才能对卖方起诉，买方以外的任何人都无权对卖方起诉；而且，买方只能对卖方起诉，而不能对卖方以外的其他人（如货物供应商或制造商）起诉。这一原则对于买卖合同所引起的一般性的货物品质、规格、数量等问题的诉讼无疑是适宜的，但对于涉及产品责任的诉讼就不合适了，因为产品责任法的目的是保护消费者。一种有缺陷的产品，例如，某种含有有害成分的食品，不仅会使直接购买这种食品的买方身受其害，买方的家属、亲友乃至客人，都可能因食用这种食品而受害。并且，出售这种产品的卖方往往是一般的零售商，如果只要求零售商对有缺陷的产品负责而不追究生产者的责任，那显然是不合理的。再者，零售商的财力有限，往往无力承担赔偿受害者的损失的责任。所以，如果在产品责任的诉讼中仍然固守双方当事人必须要有直接的合同关系的原则，就不可能达到保护消费者的目的。有鉴于此，美国法院在审判实践中，对以违反担保为理由提起的产品责任的诉讼，逐步从纵横两个方面放宽和取消了对双方当事人要有直接合同关系的要求。从纵的方面来说，原告不仅可以对卖方起诉，而且可以对生产或销售这种有缺陷的产品的各有关责任方起诉，其中包括零售商、批发商、进口商、出口商，一直到制造厂商。从横的方面来说，有权提起产品责任诉讼的人不仅包括买方，而且包括一切因使用有缺陷的产品而蒙受损失的人，如买方的家属、亲友、客人，甚至包括被伤害的过路行人。但必须注意的是，在这个问题上美国各州的判例和法律并不完全一致，因此，在遇到具体案件时，还必须注意有关州的法律和判例。

在以违反担保为理由提起诉讼时，对原告的有利之处在于，他无须证明被告有疏忽，而只需证明产品确有缺陷，而且由于这种缺陷使他遭受损失，他就可以要求被告赔偿损失。根据美国的判例，广告也有可能构成卖方的明示担保。因此，如果被告在电台、电视、报纸上对其产品做了广告，但广告的内容与实际不符，结果使原告因产品的缺陷遭受损失，原告也可以违反担保为理由要求被告赔偿损失。

### （四）严格责任理论（Strict Liability）

在20世纪50年代末和60年代初，美国越来越多的法学家开始在产品责任方面创设一种全新的归责理论——严格责任。这一理论能使产品卖方或制造者对产品造成的损害承担责任，而无须证明疏忽的要件和烦琐的担保责任。

所谓严格责任，是指只要产品有缺陷，对消费者或使用人造成人身伤害或财产损失，则无论是否存在合同关系或担保关系，也不论在制造或销售产品过程中是否有过失行为，制造商或销售商都应承担产品责任。对原告来说，以严格责任为依据对被告起诉是最为有利的，因为严格责任原则消除了以违反担保或以疏忽为理由提出损害赔偿时所遇到的种种困难：第一，严格责任是一种侵权行为之诉（A Form of Tort Action），它不同于以合同为依据的违反担保之诉，不要求双方当事人之间要有直接的合同关系；第二，在以严格责任为理由起诉时，原告无须承担证明被告有疏忽的举证责任，因为它要求卖方承担无过失责任。在这种情况下，原告的举证责任仅限于：①证明产品确实存在缺陷或不合理的危险；②正是由于产品的缺陷给使用者或消费者造成了损害；③产品所存在的缺陷是在生产者或销售者把该产品投入市场时就有的。只要原告能证明以上三点，被告就要承担赔偿损失的责任。但是，如果使用者或消费者在拿到产品之后，因擅自改变了产品的性能而造成了人身伤害或财产上的损失，他就不能要求生产者或销售者赔偿损失。

以严格责任为理由起诉和以疏忽为理由起诉的主要区别在于，疏忽是以卖方有无疏忽，即卖方是否尽到“适当注意”的义务作为确定其应对原告承担损害赔偿责任的依据；而严格责任则不必考虑卖方是否已做到“适当注意”的问题，即使卖方在制造或销售产品时已经做到了一切可能做到的注意，如果产品有缺陷并且使原告遭到损失，卖方仍须对此承担损害赔偿责任。这里所说的卖方不仅包括同买方直接订立合同的卖方，还包括生产者、批发商、经销商、零售商以及为制造该项产品提供零部件的供应商。所谓买方也不仅包括直接买主，还包括买方的家属、亲友、客人乃至过路行人。所以，严格责任原则对消费者的保护是最为充分的。

当然，产品的缺陷不仅包括设计和生产上的缺陷，而且包括为使产品安全使用所必需的各种因素，如包装、标签、提醒用户注意的事项、安全使用说明书等。如果由于没有做到上述要求，致使使用者或消费者遭到损失，卖方和制造者亦应承担责任。

综上所述，美国现代产品责任法的产品责任归责原则，包括合同关系、疏忽、担保和严格责任四种类型，它们各自独立，同时并存，其中严格责任原则被广泛应用。

## 二、产品责任诉讼中被告的抗辩

在产品责任案件中，针对原告的产品责任诉讼，被告可以提出以下抗辩理由，以减轻或者解除自己的责任。

### （一）订立免责条款

被告可以在合同中明示或默示地修改、限制或排除其在产品销售中的担保条件。《统一商法典》第二编第316条规定：①排除或修改有关商销性的默示担保或其任何部分，用语必须提及商销性；排除或修改有关适用性的默示担保，必须以书面形式作出，书写必须醒目；如果彻底排除有关适用性的默示担保，可以用“除去此处的说明，不作任何其他担保”之词句。②如果在合同中卖方使用了诸如“依现状（As Is）”、“有各种缺陷（With All Faults）”、“不保证质量”或其他依通常理解能引起买方注意的措辞，以表明不存在任何默示担保，则可排除一切默示担保，除非客观情况另有表示。③如果在签订合同之前，买方已经按照自己的意愿充分地检验过货物或其样品、模型或者买方拒绝进行检验，则对于通过此种检验应能发现的缺陷，就不存在任何默示担保。④依据双方当事人过去的交易做法、履约过程或行业惯例，也可以排除或修改默示担保。

### （二）非正常使用产品

非正常使用产品是指产品被使用于该产品原有用途以外目的或其使用方法明显不当而导致产品遭到损害，产品生产者可以该损害并非由于产品的缺陷所致为由进行抗辩。例如，药品制造商或销售商对药品已经作出“遵照医嘱，多服有害”等警句，而受害人没有依警告服药造成伤害时，被告可获得减免责任。但是，在美国审判实践中，也出现了新的倾向。有的认为：如果原告对被告产品的非正常使用是被告可以预见的，原告仍然可以得到同样的保护。如果这样，被告的抗辩理由不仅在未能发现隐蔽缺陷时不能成立，就是在原告有积极的疏忽行为或故意非正常使用被告的产品时，也可能是无力的。

### （三）原告自己的疏忽行为

原告自己的疏忽行为亦称过失分担或共有过失，通常发生在疏忽责任的案件中。它是指原告自己因疏忽导致未能发现产品中的明显缺陷或对于缺陷可能引起的损害没有采取适当预防措施，原告对此也应负担一部分责任。假如机器的操作者对机器的性能和危险性有相当的认识，但在操作机器时，因不小心致使受伤，应自己负过失责任。

### （四）擅自改动产品

如果原告对产品或其中零部件擅自加以变动或改装，从而改变了该产品的状态或条件，因而使自己遭受损害，原告就无权要求被告承担责任。

### （五）带有不可避免的不安全因素

如果某种产品即使正常使用，也难以完全保证安全，而且权衡利弊，该产品对社会公众是有益的，是利大于弊的，则制造或销售这种产品的被告只要能证明，该产品是适当加工和销售的，而且已提醒使用者注意该产品的危险性，他就可以要求免除责任。即使在严格责任之诉中，被告也可以提出这一抗辩。如药物的副作用，烟酒类制品固有的危险等。

### （六）自担风险

自担风险是指受害人对产品的缺陷及其危险具有充分知识和鉴别力，但他不顾被告的提醒而自动或故意不当使用或尝试导致伤害时，由受害人自负责任，被告可以抗辩。例如，药品说明书上已明示“多服有副作用，使用需遵医嘱”等警告文字，原告没有照办而擅自多服用导致受害，其损害应由本人负责，或至少可减少被告的损害赔偿额。《侵权行为重述第二编》第402条评注认为：“如果使用者或消费者发现了缺陷并注意到危险，但仍然继续不合理地使用该产品而致受伤，不得请求损害赔偿。”自担风险常与原告疏忽行为联系在一起，但法院往往不愿意考虑被告提出的这一抗辩理由，而从原告的年龄较小、经验不足、文化水平较低等诸方面作有利于原告的解释。有些法院只有在危险显而易见、原告应该意识到但确实又没有意识到的情况下才接受被告的抗辩理由。

### （七）特殊敏感性或过敏

特殊敏感性或过敏是指人的机体对某些抗原物质所发生的特异反应。凡产品或其配料对大多数人不至于引起伤害，被告就可以进行抗辩，并认为其伤害是由使用者对产品特别敏感引起而不是产品缺陷所致。如洗涤剂对其他人是安全的，而原告却由于自己特殊的过敏性而引起了皮炎，在这种情况下，原告就不能提出赔偿要求。

## 三、美国产品责任诉讼中的损害赔偿

在美国，损害赔偿的一般原则是补偿受害人的所有损失。它包括过去的损失或将来的收益、痛苦的代价、实际的开支等。赔偿应一次性支付，而且对将来收益的损失要根据伤残的程度计算并折合成现金。在绝大多数的美国法院中，受害人可向被告取得全部损害赔偿，而不管原告是否可能从其他方面（如保险公司）取得任何补偿或津贴。一般来讲，加害方（被告）必须对他的受害人的现状承担责任。

美国产品责任损害赔偿的项目可包括两个方面：

**1. 补偿性赔偿**（Compensation Damages）

补偿性赔偿是指对受害人的所有损失，包括过去和将来的利益、痛苦的代价和实际的开支等支付的一次性金钱赔偿，主要是赔偿受害人的实际损失，包括已经失去的和可能出现的损失，还包括了对精神痛苦的赔偿。其项目包括：

（1）人身伤害。在美国，对人身伤害的补偿比实际损害的支出要大得多，其中包括：①受害人所遭受的痛苦与疼痛；②生活收入的损失以及失去谋生能力的补偿；③过去和将来必要合理的医疗费用开支；④受害人及其家属精神上遭受的痛苦与苦恼；⑤肢体伤残的补偿费用。在上述赔偿项目中，对受害人的精神和肉体上的痛苦和不幸遭遇的补偿金额往往占总赔偿额的很大比例。对于因产品伤害致死的赔偿，基本上采用两种形式追偿：一是根据“生存者法”，授权死者的个人代表（诸如遗嘱执行人或遗产管理人等）以受害人的身份提起诉讼请求损害赔偿；二是依据“不正常死亡法”，由死者的遗产继承人或受益人提起诉讼，因为这些人因死者的死亡而遭受经济方面的损失。

（2）财产损失。美国产品责任法中因产品缺陷导致的财产损失与人身伤害不同，与产品本身的损坏也有区别，其可追偿的数额一般只限于损坏财产的必要的、合理的更换或修理费用。

（3）商业损失。商业损失通常是指有缺陷产品的价值与完好、合格产品价值的差额。

**2. 惩罚性赔偿**（Punitive Damages）

惩罚性赔偿是指由于被告的故意或疏忽大意，以致显现出故意无视他人权利而造成他人损害的赔偿。如果有过错的被告全然置公共政策于不顾，受害人可以要求法院给予惩罚性赔偿。惩罚性赔偿经常是作为补偿性赔偿之外的附加赔偿，其金额一般很高，目的是对过错方不负责任的、恶意的行为加以遏制，以免他人重犯类似过错。美国商业部 1979 年起草的《统一产品责任法草案》规定：如果原告提出明确的、令人信服的证据，证明其所受的伤害是由于产品的制造者的疏忽，根本不顾产品的使用者、消费者或其他可能受产品伤害的人的安全所致，法院就可以判决给予受害人惩罚性赔偿。

惩罚性赔偿是用以处罚过失人的恶意、任意、轻率行为并防止他人的类似行为而判决的，其赔偿数额由陪审团决定。美国法律对赔偿总额没有限制，赔偿数额的多少取决于被告恶意的严重程度，在有些州还取决于被告的身份。

# 第三节　我国的产品责任法

## 一、我国的产品责任法概述

在我国，适用产品责任的法律是《产品质量法》，所以我国的产品责任法是按照《产品质量法》的一般提法来叙述的。

### （一）产品、产品质量与产品质量法

产品，是经过加工、制作、用于销售的产品。产品质量，是指适合一定的用途，满足社会生产和消费需要所具备的符合一定规定的特征的总和。它包括产品结构、性能、精度、纯度、机械物理性能和化学性能等内在质量，也包括形状、色彩、光泽、手感、音质、气味等外观质量。

产品质量法是调整产品的生产者、销售者以及政府有关行政主管部门等主体之间，在产品质量方面的权利、义务、责任等方面的社会关系的法律规范。广义的产品质量法是指一切调整产品质量关系的法律规范的总称。狭义的产品质量法是指以产品质量法命名的专门调整产品质量关系的单行法律。

### （二）产品质量法的内容体系

产品质量法是调整产品质量监督管理的产品质量责任的法律规范。因此，其内容相应地包括：

**1. 产品质量监督管理制度**

产品质量监督管理是指国家技术监督行政部门以及地方技术监督行政部门依据法定的行政权力，以实现国家职能为目的，对产品质量进行管理的活动。国家为保证产品质量而采取的宏观管理和具体监督措施主要包括：

（1）产品质量检验制度。产品质量应当经过检验，检验机构必须具备检测条件和能力，并经有关部门考核合格后，方可承担检验工作。未经检验的产品视为不合格产品。

（2）某些特殊或重要产品的特殊管理制度。对于可能危及人体健康和人身财产安全的产品以及重要工农业原材料，影响国计民生的重要工业产品，制定特殊质量标准或管理

措施，例如规定某些工业产品必须符合保障人体健康、人身财产安全的国家标准，对某些产品的生产实行许可证制度等。

(3) 企业质量体系认证制度。企业质量体系认证是指依据国家质量管理和质量保证体系标准，经过认证机构对企业质量体系的检查和确认并通过颁发认证证书，证明企业质量保证能够符合相应要求的活动。国家根据国际通用标准，推选企业质量认证，企业根据自愿原则申请企业质量体系认证。经过质量体系认证的企业在申请生产许可证、产品质量认证及申请其他质量认证时可免于质量体系审查。

(4) 产品质量认证制度。产品质量认证是依据产品标准和相应的技术要求，经认证机构确认并通过颁发认证标志来证明某一产品符合相应标准的活动。这一制度是西方国家在市场经济条件下，由于消费者希望获得一个第三方的公正证明，以表明产品质量的可信赖程度而产生出来的一种证实评价产品质量的制度。我国《产品质量法》第 14 条规定，国家参照国际先进的产品标准和技术要求，由企业自愿申请产品质量认证；认证合格，由认证机构颁发证书，准许企业在产品或其包装上使用产品质量认证标志。

(5) 产品质量监督检查制度。以抽查方式为主对可能危及人体健康、人身、财产安全的产品，影响国计民生的重要工业产品以及消费者、有关组织反映有质量问题的产品进行抽查。

**2. 产品质量责任制度**

产品质量责任是指产品的生产者、销售者以及其他相关当事人对产品质量所应承担的义务，以及违反此种义务时应承担的法律责任。

## 二、生产者的产品质量责任

产品质量责任，在我国产品质量法中表述为产品质量义务，是指产品生产者在保证产品质量方面应该从事的行为，包括作为的义务和不作为的义务。

根据《产品质量法》的规定，生产者的产品质量义务主要有下列几项：

### （一）作为的义务

(1) 生产者应当使其生产的产品达到以下质量要求：不存在危及人身、财产安全的不合理的危险，有保障人体健康和人身、财产安全的国家标准、行业标准的，应符合该标准。

(2) 除了对产品存在的使用性能的瑕疵作出说明以外，产品质量应当具备基本的使用性能。

(3) 产品的实际质量应符合在产品或者包装上注明采用的产品标准，符合以产品说明、实物样品等方式表明的质量状况。

(4) 除裸装的食品质量和其他根据产品的特点难以附加标识的裸装产品可以不附加产品标识外，其他任何产品或产品包装上均应当有标识。产品标识应当符合下列要求：有产品质量检验合格证明及中文标准的产品名称、生产厂名和厂址；根据产品的特点和使用要求，需要标明产品规格、等级、所含主要成分的名称和含量的，要用中文相应予以标明；需要事先让消费者知晓的，应当在外包装上标明，或者预先向消费者提供有关资料；限期使用的产品，应当在显著位置清晰地标明生产日期和安全使用期或失效日期；使用不当，容易造成产品本身损坏或者可能危及人身、财产安全的产品，应当有警示标志或者中文警示说明。

（5）产品包装应符合规定的要求。剧毒、危险、易碎、储运中不能倒置以及有其他特殊要求的产品，其包装必须符合相应要求，有警示标志或者中文警示说明，以标明储藏运输的注意事项。

### （二）不作为的义务

生产者的不作为义务由《产品质量法》的若干禁止性规范所规定，主要表现在：

（1）生产者不得生产国家明令淘汰的产品。国家根据经济、科学技术的发展程度和水平，会选择合适的时机宣布淘汰某些或某类产品，目前宣布淘汰的主要产品包括机电产品和药品。凡由有关部门宣布列入淘汰产品目录的产品，生产者不得生产。

（2）生产者不得伪造产地，不得伪造或者冒用他人的厂名、厂址。产地是生产产品所在的某一地区，一般指某一级行政区域；厂址是企业进行业务活动的所在地。一般来说，企业的厂址与产品的产地是一致的，但随着经营范围的扩大，有的企业生产经营场所分布非常广泛，生产制造厂不止一个，有的还建立了联营企业，这些情形下就会出现产地与厂址不完全一致的现象。厂名是企业名称或者商号，是区别不同企业生产经营活动的标志。由于厂名、厂址、产地均与某种产品的质量、声誉有密切关系，因此产品质量法为防止假冒他人厂名、厂址、产地以次充好，明文规定生产者负有不得伪造或冒充他人产地、厂名、厂址的义务。

（3）生产者不得伪造或冒用认证标志、名优标志等质量标志。认证标志即产品质量认证标志，是指认证机构对符合认证要求的企业颁发认证证书，并准许按规定使用的标志。我国产品质量认证标志分两种，即合格认证标志和安全认证标志。在获准认证的产品上标以产品质量认证标志，是表示该产品经过公证机构的检查和监督，符合国家规定的有关标准，它向消费者和用户传达了正确可靠的质量信息。名优标志是优质产品的荣誉标记。名优标志分两级，一级是国家级的，有金质奖牌、银质奖牌两种；另一级是部级、省级的，其标志为国家技术监督局统一规定的“优”字标志的图案。获得优质产品标志的产品，企业可以在该产品或产品说明书、产品检验合格证、包装容器上面标记名优标志。认证标志、名优标志是企业依法享有的荣誉权，直接关系到企业的生产、经营状况，因此法律不允许伪造和冒用。

（4）生产者生产产品不得掺杂、掺假，不得以次充好，不得以不合格产品冒充合格产品。所谓掺杂、掺假，是指生产者以牟取利润为目的，故意在产品中掺入杂质或造假，进行欺骗性商业活动，使产品中有关物质的含量不符合国家有关法律、法规规定的质量标准或合同中约定的质量标准的一种违法行为。例如，在羊毛中掺入石粉、沙土，在鲜奶中掺水，在白酒中掺入甲醇甚至农药等。这是一种极为严重的危及用户和消费者人身、财产安全的行为，应予严惩。以假充真是指用别的产品冒充本来意义上的产品，进行欺骗性商业活动的违法行为。以次充好是指用低档产品冒充高档产品，进行欺骗性商业活动的违法行为。以不合格产品冒充合格产品，是指以不符合产品质量法规定产品质量标准的产品冒充符合上述要求的产品。

## 三、销售者的产品责任

根据《产品质量法》的规定，销售者的产品质量义务主要包括以下三个方面：

**1. 销售者进货时的质量义务**

销售者进货时应当执行进货检查验收制度。它是指销售者进货时应当对所进货物进行检查，查明货物的质量，同时对货物应具备的标识，如产品合格证、生产日期、认证标志等是否齐备进行检查，确认货物适于销售才收存货物的制度。实行进货检查验收制度是保证销售者销售合格产品的前提，也是划分生产者和销售者产品质量责任的依据。销售者在执行进货检查验收制度中，如发现产品质量不符合产品质量法及有关法规规定或合同约定的，应拒绝接受货物，防止伪劣商品、不合格商品进入市场。

**2. 销售者进货后、销售前的质量义务**

销售者进货后应当采取合理措施，保持所销售产品的质量。如果进货时的产品符合质量要求，而在销售时产品出现缺陷，销售者就要承担相应的责任。

**3. 销售者销售时的质量义务**

销售者销售的产品的标识应当符合产品质量法对生产者产品标识的有关规定。

销售者不得违反法律规定的禁止性规范。其主要包括：不得销售国家明令淘汰并停止销售的产品和失效、变质的产品；不得伪造产地；不得伪造或者冒用他人的厂名、厂址；不得冒用或者伪造认证标志、名优标志等质量标志；不得掺杂、掺假；不得以假充真、以次充好，不得以不合格产品冒充合格产品。

## 四、违反产品质量义务的法律责任

**1. 违反产品质量义务的法律责任的概念**

违反产品质量义务的法律责任称为产品质量责任，是指生产者、销售者以及对产品质量负有直接责任的人违反产品质量义务应承担的法律后果。其种类有以下三种：①民事责任。违反产品质量义务的民事责任包括违约责任和侵权责任两种。②行政责任。③刑事责任。广义上的产品质量责任即指上述三种法律责任，狭义上的产品质量责任则仅指其中的民事责任。

**2. 判定产品质量责任的依据**

以何种标准作为生产者、销售者承担产品质量责任的依据，是产品质量法的核心内容，我国《产品质量法》所规定的判定产品质量责任的依据包括三项：

（1）违反默示担保。违反默示担保是指生产者、销售者违反国家法律、法规所规定的产品质量要求。法律、法规规定产品质量必须满足的条件，生产者、销售者不得以任何形式予以限制或排除。产品必须符合安全、卫生要求，具备应有的使用性能，这是无须生产者、销售者向用户和消费者明示而必须达到的一般标准或最低标准，故为默示担保。生产者、销售者提供的产品若不能达到这种一般标准或最低标准，即为违反默示担保，应当承担产品质量责任。

（2）违反明示担保。违反明示担保是指生产者、销售者违反明示采用的产品质量标准以及以合同、产品说明、实物样品等方式表明的质量状况。明示担保是生产者、销售者自己对产品质量作出的保证和承诺，这种保证和承诺一般是以产品说明、标识、预告、样品、合同中的质量标准条款等方式作出，它既可以是对不特定的用户和消费者作出，也可以是对特定的用户和消费者作出。生产者、销售者提供的产品若不能达到其以产品说明、标识、预告、样品、合同中的质量标准条款等方式表明的质量状况，即为违反明示担保，应当承担产品质量责任。

（3）产品质量缺陷。产品质量缺陷是指生产者、销售者提供的产品存在危及他人人身或财产安全的不合理的危险或不符合有关标准，并造成了用户或消费者的人身伤害或财产损失。

在违反默示担保和违反明示担保的情况下，无论是否给用户、消费者造成人身或财产损害，生产者、销售者均需承担产品质量责任。在产品质量存在缺陷的情况下，只有同时给用户造成了人身或财产损害后果，生产者、销售者才承担产品质量责任。

**3. 产品质量侵权责任的归责原则**

由于产品质量侵权责任的法律规定直接关系到消费者权益的保护，而保护的强弱主要取决于法律以何种归责原则来确定生产者、销售者的侵权责任。在此方面，多数西方国家及某些国际组织的产品责任法采取严格责任原则，即无过错责任原则。只要产品存在缺陷并给他人造成人身或财产损害，不论生产者、销售者是否有过错，均应承担赔偿责任。我国民法通则的有关条款作了类似的规定。《产品质量法》针对生产者和销售者作了如下不同规定：

（1）生产者的质量侵权责任实行无过错责任，即只要产品存在缺陷并造成他人人身、缺陷产品以外的财产损害，生产者均应承担责任，不论主观上是否有过错。但是，生产者能够证明下列情形之一时，不承担赔偿责任：①未将产品投入流通的；②产品投入流通时，引起损害的缺陷尚不存在的；③将产品投入流通时的科学技术水平尚不能发现缺陷存在的。这是实行无过错责任原则的前提下生产者的法定免责条件。

（2）销售者的质量侵权责任实行过错推定原则，即由于销售者的过错使产品存在缺陷，造成他人人身财产损害的，销售者应当承担责任。在销售者不能指明缺陷产品的生产者，也不能指明缺陷产品的供货者时，即销售者不能证明自己无过错时，即推定其有过错而应承担责任。

依《产品质量法》的规定，消费者因生产者、销售者的产品缺陷遭受人身、财产损害时，生产者、销售者应承担连带责任。因产品存在缺陷造成受害人财产损失的，应当恢复原状或折价赔偿，受害人因此遭受的其他重大损失，侵害人应当赔偿损失。因产品缺陷造成人身伤害的，侵害人应当赔偿受害人的医疗费、因误工减少的收入、残废者生活补助费等费用；造成受害人死亡的，还应当支付丧葬费、抚恤费、死者生前抚养的人必要的生活费等费用。

**4. 违反产品质量义务的民事责任**

违反产品质量义务的民事责任也称产品质量民事责任，包括以下两个方面：

（1）违约责任。违约责任即产品的生产者、销售者违反明示或默示担保的产品质量要求而依合同法原理应承担的瑕疵担保责任，通常为交付的产品不符合法律规定或合同约定的质量条件。产品质量违约责任成立的条件是：当事人之间存在合同关系；生产者、销售者履行的标的不符合法律规定或合同约定的质量要求；生产者、销售者在主观上有过错。依产品质量法的有关规定，生产者、销售者应承担的违约责任主要有：生产者应当对其生产的产品质量负责，在没有除外说明的情况下，生产者对其生产的产品承担瑕疵担保责任；销售者售出的产品不具备产品应当具备的使用性能，而事先未作说明或不符合在产品或者其包装上注明采用的产品标准。不符合以产品说明、实物样品等方式表明的质量状况的，应当负责修理、更换、退货，造成产品本身损失的，销售者应当赔偿损失。销售者承担上述责任后，如果该责任依法应由生产者或向销售者提供产品的其他销售者承担时，销售者有权向生产者、其他销售者追偿。

（2）侵权责任。侵权责任是指生产者、销售者因产品存在缺陷而造成他人人身、缺陷产品以外的其他财产损害时，应当承担的赔偿责任。这种责任的构成要件是：①产品存在缺陷。缺陷是指产品危及人身、财产安全的不合理危险；缺陷产品是指不符合人体健康、人身财产安全的国家标准、行业标准的产品。具体而言，它包括设计上的缺陷、制造上的缺陷和指示上的缺陷。②产品缺陷在销售时已经存在。产品的生产者、销售者将产品作为交易客体时，应使产品具有消费者或他人可期待的安全性，如在投入流通时不消除质量缺陷，则应承担责任。③损害事实存在，即由于产品缺陷已经给他人人身、缺陷产品以外的其他财产造成损害。④产品缺陷与损害事实之间有因果关系。

**5. 违反产品质量义务的行政责任和刑事责任**

根据《产品质量法》的规定，生产者、销售者违反法律规定的产品质量义务时，不仅要承担民事责任，也要承担行政责任；构成犯罪的，还要承担刑事责任。行政责任是有关行政主管机关依法对生产者、销售者及直接责任者作出的处罚决定。行政处罚方式包括责令停止生产、停止销售，没收违法生产、销售的产品及违法所得，罚款，吊销营业执照等。刑事责任是指生产者、销售者违反法律规定的产品质量义务并触犯刑律构成犯罪时，由司法机关按照刑事法律的规定强制其承担的法律后果。司法实践中，违反产品质量法的刑事责任主要发生在以下方面：①生产、销售假药、劣药，已经危害或足以危害人体健康的；②生产、销售不符合卫生标准的食品，造成严重食物中毒事故的；③在食品、饮料、酒类中掺入有毒、有害物质，造成伤害事故的；④生产销售假农药、假化肥、假种子，造成严重后果的；⑤生产或销售不符合卫生标准的化妆品和不符合保障人身健康、财产安全标准的医疗器械、医用卫生材料、电器、压力容器、易燃易爆产品等。

根据《产品质量法》的规定，因产品存在缺陷造成损害要求赔偿的诉讼时效期限为2年，自当事人知道或应当知道其权益受到损害时开始计算。因产品存在缺陷造成损害，要求赔偿的请求权，在造成损害的缺陷产品交付最初用户、消费者满10年时丧失；但尚未超过明示的安全使用期的除外。

关于产品质量纠纷的行政复议与行政诉讼。当事人对工商管理部门、产品质量监督部门作出的行政处罚决定不服的，可以在接到处罚通知之日起15日内，向作出处罚决定的机关的上一级机关申请复议，也可以在接到处罚通知之日起15日内直接向人民法院起诉。复议机关应在接到复议申请之日起60日内作出复议决定。当事人对复议决定不服的，可以在接到复议决定之日起15日内向人民法院起诉。复议机关逾期不作出复议决定的，当事人可以在复议期满之日起 15 日内向人民法院起诉。当事人逾期不申请复议也不向人民法院起诉，又不执行处罚决定的，作出处罚决定的机关可以申请人民法院强制执行。

## 思考题

1. 产品缺陷的基本含义是什么？产品缺陷主要有哪几种？
2. 调整产品责任的国际公约主要有哪些？各自的特点是什么？
3. 美国产品责任的归责理论方法主要有哪些？
4. 美国产品责任诉讼中可供被告抗辩的理由主要有哪些？其损害赔偿的含义是什么？
5. 我国产品质量法的内容主要有哪些？
6. 我国产品质量法规定生产者和销售者产品质量责任分别是什么？

# 第九章
# 国际反倾销和反补贴法

## 第一节　国际反倾销法

### 一、倾销与反倾销法概述

#### （一）倾销与反倾销

**1. 倾销的概念**

关贸总协定对倾销所下的定义为：倾销是指在正常贸易中一国的产品以低于其正常价值的价格进入另一国市场的行为。世界贸易组织《反倾销守则》第2条规定："如果一项产品自一国出口至另一国的出口价格低于在正常贸易过程中出口国供消费的同类产品的可比价格，即以低于正常价值的价格进入另一国的市场，则该产品被视为倾销。"我国《反倾销条例》中对倾销所下的定义是：倾销是指在正常贸易过程中进口产品以低于其正常价值的出口价格进入中华人民共和国市场。由此可见，在认定某一进口产品是否构成倾销时，必须首先确定该产品的正常价值和出口价格，再在可比的基础上将两者进行比较，如果出口价格高于或等于正常价值，不构成倾销；反之，则构成倾销，两者之间的差额即为倾销幅度。因此，正常价值、出口价格、倾销幅度是确定倾销最关键的三个概念。

传统的理论认为，倾销是一种不正当的竞争行为。但现在有学者经过仔细分析和严格论证后指出，笼统地把倾销说成是"不公平贸易行为"、"不正当竞争"是不对的。倾销最明显的积极意义是使进口国消费者受益，能够使消费者买到廉价商品。此外，倾销还会促进进口国市场的竞争，打破垄断，合理利用资源，提高经济效益。倾销只有超出了一定的限度，即以冲击或打垮进口国国内竞争对手为目的时，才被认为是一种不公平竞争行为；也即只有当倾销行为对某一国国内的某项产业造成实质性的损害或实质性的阻碍时，这种倾销行为才应当受到谴责。

**案例9－1　倾销的确定**

**案情与问题：** 近年来，由于我国的家电业发展迅速，出口量每年都有较大幅度的增长，引起多个国家的关注。某国家电行业的几个主要制造商以我国的电视机向该国出口量猛增为由，认为我国向其倾销电视机，故联合向该国的反倾销主管部门要求对我国出口的电视机进行反倾销调查。请问：是否某种商品向一个国家出口量大增就构成了倾销？

**分析要点**：在认定某一商品是否构成倾销时，首先要确定该商品的正常价值和出口价格，并在可比的基础上将两者进行比较。如果出口价格高于或等于正常价值就不构成倾销；如果出口价格低于正常价值才构成倾销。可见，某种商品向一个国家出口量大增并不一定就构成倾销。

**2. 反倾销法**

反倾销法是指为了维护正常的国际贸易秩序，对国际贸易中的倾销行为进行限制和调整的国内法规范和国际法规范的总称。

反倾销法的法律特征表现为：

（1）反倾销法是行政救济措施。由进口国的行政机关进行反倾销调查并作出具有法律效力的裁定。反倾销法的救济方法是通过征收反倾销税，抵消倾销价格，从而使相关进口商品恢复正常价格。各国法院一般不得干预反倾销案件的处理。

（2）目的在于维护正常的国际贸易秩序，保护进口国及其生产者利益。各国制定反倾销法的目的都在于通过对倾销产品征收反倾销税或采取其他反倾销措施来抵消倾销对本国产业造成的损害，从而保护本国经济和相关产业及生产者的利益。

（3）反倾销法所调整的对象，是倾销与反倾销的关系，是发生在出口商与进口国相关产业生产者之间的。这是由于进口国相关产业生产者的利益因外来产品的倾销而受到了损害，进口国政府根据进口国相关产业生产者的请求，用反倾销措施消除价格歧视，抵消倾销，对本国产业实行保护。

（4）反倾销法由国内法规范与国际法规范构成。现行反倾销法既有国内法的内容也有国际法的内容。世界贸易组织各成员国均将世界贸易组织的《反倾销守则》纳入其国内立法中。

（5）反倾销法是实体法与程序法融为一体的法律规范。现行各国的反倾销法普遍都既规定了实体法的内容又规定了其程序。

## （二）反倾销法的发展

1791 年美国首任财政部长亚历山大谴责英国的倾销行为，要求美国生产者降低产品价格以使英国企业以低价夺取美国市场的企图落空。1816 年美国制定的《关税法》的目的之一就是制止外国产品在美国市场的倾销。一般认为，加拿大是第一个进行反倾销立法的国家，其 1904 年《关税法》第 19 条规定，对出口加拿大的价格低于出口国公平市场价格的商品征收反倾销税。随后，许多国家都先后制定了名称不一、各具特色的反倾销法。如新西兰在 1905 年、澳大利亚在 1906 年、南非在 1914 年、英国在 1914 年、美国在 1916 年、欧盟在 1968 年，都相继在有关法律中制定了反倾销法律条文。目前，几乎所有的发达国家都制定了反倾销法。近几年，许多的新兴工业化国家和发展中国家也纷纷制定了自己的反倾销法，从而加入到实施反倾销法的国家行列。这些发展趋势表明越来越多的国家，正在逐步从采取限制进口措施的做法向采取更具选择性的贸易保护措施转变。

第二次世界大战后，随着国际范围内各国对于反倾销法和反倾销措施使用的激增，倾销与反倾销的矛盾更加激化，对反倾销法的滥用日益成为国际贸易发展的重大障碍。为保障和促进国际贸易的健康发展，限制各国对于反倾销法的滥用，1948 年《关税与贸易总协定》在其正文第6条“反倾销税和反补贴税”及附件九中，对倾销与反倾销首次作了统一的原则规定，从而初步形成了多边国际反倾销规则，对各成员国乃至世界各国反倾销立法与实践产生了重要影响。此后，1967年肯尼迪回合谈判又达成了一项关于执行《关税与贸易总协定》第6条的协议（简称反倾销协议）。该协议对《关税与贸易总协定》第6条作了更加具体的解释、补充，特别对各国反倾销法的实施作了更加严格的规定，力图将各成员国反倾销法纳入国际统一化轨道。后来东京回合谈判又对肯尼迪回合的反倾销协议进行了修改，产生了1979年东京回合反倾销规则（简称反倾销规则）。1994年乌拉圭回合谈判顺利结束，其中一项重要的成果便是通过了一项新的反倾销协议。该协议是成立世界贸易组织的一部分，并于1995年1月正式生效（简称WTO反倾销规则）。由于WTO反倾销规则对所有的WTO成员国具有拘束力，因此，这使得WTO反倾销规则成为当前指导和统一世界各国反倾销立法与实践的基本原则。应当说WTO反倾销规则的产生是国际反倾销法律体制的一次突破。

## 二、世界贸易组织反倾销规则的主要内容

WTO反倾销规则的主要内容有：

### （一）征收反倾销税的条件

WTO所确定的各国实施反倾销措施的一般原则是：进口国家对某种进口产品实施反倾销措施、征收反倾销税时，必须同时具备三个条件：①倾销条件，即必须证明进口产品的出口价格低于其正常价值，确有倾销存在；②损害条件，即必须证明产品的倾销对进口国的同类产业造成了实质性损害；③倾销与损害之间存在因果关系，即必须证明损害是因进口产品的倾销所致。

**1. 倾销的确定**

一般分三个步骤确定倾销是否存在：确定正常价值，确定出口价格，确定倾销幅度，即正常价值与出口价格两者之间的差额。

（1）正常价值的确定。WTO反倾销规则规定了三种确定正常价值的方法：

第一，出口国国内价格，即一国向另一国出口的相同产品在出口国国内消费时在正常贸易形式下的可比价格。该价格应当是在正常贸易方式下形成的、具有代表性的出口国国内价格，并要求有一定交易量作支持。在对于非市场经济国家的国内价格是否可以作为正常价值的标准问题上，WTO反倾销规则原则上认为：非市场经济国家的国内价格不能作为正常价值与其出口价格相比较，但在应当采取什么价格作为正常价值问题上，WTO反倾销规则未作出明确规定，这实际上是允许了各成员国自行决定采取其他方法来确定正常价值。

第二，向第三国出口的价格，即在正常贸易过程中同类产品出口至一适当第三国的可比价格。当某一被指控倾销的产品在出口国国内没有销售或销售量很低而不具有代表性且不能作为比较的基础时，可以采用出口国向第三国出口价格作为正常价值。

第三，结构价格，即对被指控倾销的产品的生产成本加以估算并加上合理的销售费、

管理费、其他费用和合理的利润得出的价格。当出口国国内销售价格和向第三国出口价格均不符合要求不能作为正常价值的情况下，WTO反倾销规则规定可以结构价格作为正常价值。但同时规定，所加利润不得超过出口国国内市场上同类产品销售时得到的正常利润。

（2）出口价格的确定。根据WTO反倾销规则的规定，出口价格的确定方法有如下三种：

第一，在正常贸易的情况下，一国向另一国出口某一产品的价格为该产品的出口价格。

第二，不存在出口价格或据有关主管部门看来，由于出口商与进口商或第三方之间存在联合或补偿性安排而使出口价格不可靠，则出口价格可在进口产品首次转售给一独立购买者的价格基础上推定。具体地说，出口价格是将该进口产品首次转售给一独立购买者的价格扣除进口至转售之间所增加的费用，如运费、保险费、装卸费、进口关税、转售费用、合理利润等。

第三，如该产品未转售给一独立购买者或未按进口时的状态转售，则可在主管部门确定的合理基础上推定。WTO反倾销规则没有进一步规定如何确定合理基础。

（3）正常价值与出口价格的比较。根据WTO反倾销规则的有关规定，为保证比较的公正性，在将正常价值与出口价格作比较时，应当在相同贸易水平上进行，通常在出厂前的水平上进行，且应尽可能针对在相同时间进行的销售。应根据每一案件的具体情况，适当考虑影响价格可比性的差异，以及其他能够证明影响价格可比性的差异。

当正常价值与出口价格的比较表明，产品的出口价格低于其正常价值时，即可确定倾销存在。出口价格与正常价值的差额为倾销幅度。WTO反倾销规则规定，如果倾销幅度不足2%，应视为微不足道，可以不计倾销，并应立即终止调查。在确定倾销是否存在的问题上，WTO反倾销规则首次规定，低于成本的销售也可以被认为存在倾销。

**2. 损害的确定**

确定了倾销的存在，仅仅满足了采取反倾销措施的前提条件，反倾销调查部门还不能采取反倾销措施。反倾销调查部门必须进一步确定倾销给国内产业造成了损害，采取反倾销措施才是必要和合理的。因此，损害的确定是采取反倾销措施、征收反倾销税的另一必要条件。

（1）损害概述。WTO反倾销规则规定，倾销对进口国造成的损害包括：对进口国已经建立的同类产业造成的实质性损害，或实质性损害的威胁，或实质性地阻碍了进口国同类产业的建立。实质性损害是指倾销行为对进口国相同产品的销售产生了实质性的影响，从而严重损害了进口国生产者的利益及其产业发展的一种事实状态。表现为进口国生产者的市场占有率下降，进口国相同产品的市场价格下降或者受到抑制，进口国相同产业的利润率下降，机器设备利用率下降，开工不足或失业率上升等。实质性损害的威胁是指进口国有关产业尚未处于已被实质性损害的境地，但有关事实证明将会导致这种结果。表现为倾销产品以极高的增长比例进入进口国市场，并且有迹象表明倾销产品将继续大量涌入进口国市场，被调查产品拥有大量库存等。实质性阻碍同类产业的建立是指进口国国内相关产业的实际建立过程因倾销而受阻。表现为由于倾销产品的大量涌入致使相同产品价格下跌，使进口国国内已建立起来的工厂无法开工投产。

（2）国内产业。WTO反倾销规则规定，国内产业是指进口国的特定产业而不是所有产业或任何产业。所谓特定产业仅指受到进口倾销产品损害的生产同类产品的产业。国内产业一般包括：生产同类产品的国内生产者的总体或者其产品的合计量占国内该同类产品总产量的大多数的国内生产者。WTO反倾销规则对国内产业的代表性作了明确规定：只有当进口国生产者的生产量或市场份额至少要占进口国国内同类产品总产量的50%以上，才具有代表国内产业的法定资格。当上述生产者与出口商或进口商有关系时，或当他们就是受指控倾销产品的进口商时，进口国国内产业应解释为除此之外的其他生产者。

（3）工业损害的要素。损害的确定应以无可辩驳的证据为依据，必须对以下两个要素作审查：其一，倾销产品的数量及对进口国国内市场同类产品的价格的影响。其二，进口产品对进口国国内同类产品的生产者的影响，如在产量、价格、市场份额、利润、销售等方面的影响。

**3. 因果关系**

WTO反倾销规则规定，表明倾销的进口产品和对国内产业造成损害之间的因果关系，应以调查部门对其所拥有全部相关证据的审查为基础。调查部门也应审查除倾销的进口产品之外的其他正在对产业造成损害的因素，由其他因素造成对产业的损害不得归咎于倾销的进口产品。只有在有证据证明产品的倾销与损害之间存在因果关系时，进口国才可以采取反倾销措施，征收反倾销税。这种因果关系必须用充分的事实来证明，而不能是无根据地推测或推断。

进口国在确定倾销与损害之间是否存在因果关系时，一般主要考虑以下三个方面的因素：

（1）倾销产品的数量因素，即该倾销产品的进口总量，进口数量的增长比率，两者相对于国内生产和消费增长的绝对值与相对值等，尤其是在进口国产业遭受实质性损害时被指控产品的进口数量是否有大量增加。

（2）倾销产品的价格因素，对价格因素的考虑主要看是否因倾销产品的低价销售降低了进口国同类产品的价格或抑制了进口国同类产品价格的上涨。

（3）对进口国产业的影响，即倾销产品对进口国国内产业是否造成冲击以及冲击的程度。它主要是对有关产品相关的经济因素和指数进行评估。

在以上三个因素中，倾销产品的数量和价格的影响具有决定性的作用。一般来说，倾销产品数量的大量增加，肯定会对价格产生不利的影响，进而对进口国产业造成冲击。

**案例9-2　实施反倾销措施的一般原则**

**案情与问题：**1997年，某WTO成员国的欧斯派家具厂及其同行联合向该国反倾销调查机构申诉，指控中国家具进出口公司等6家企业对该国倾销家具，该国主管机构决定立案调查，并通知了中国家具进出口公司及中国政府，向其发出调查问卷。请问：该国需要证明哪些法律事实才能对中国家具进出口公司采取反倾销措施？

**分析要点：**根据WTO反倾销规则所确定的各国实施反倾销措施的一般原则，该国需要证明：（1）中国家具进出口公司向其出口的家具价格低于其正常价值，确有倾销存在；（2）中国家具进出口公司的倾销行为对该国家具产业造成了实质性损害；（3）该国家具产业遭受的实质性损害是因为中国家具进出口公司的倾销行为造成的。

## （二）反倾销程序

反倾销程序是指一国反倾销法规定的反倾销调查部门进行反倾销时必须遵循的步骤和方法，以及有利害关系各方所能获得的维护其合法权益的救济的步骤和方法。反倾销程序一般包括申请、立案、调查、裁定、行政复审和司法审查等过程。

**1. 申请**

申请人书面申请立案是发起反倾销调查的最常用方法。一般来讲，受到倾销竞争的国内企业最了解倾销进口产品的市场销售情况，也最清楚这些进口产品对国内企业所造成的损害。

**2. 立案**

反倾销调查部门在接到申请人的书面申请材料后，首先进行初步的审查，以便判断证据是否充分和有必要发起一项调查。反倾销主管部门是否立案，要在全面审查申请人提交的全部材料和证据后，认定全部材料具备了足够的初步证据的才能予以立案，并开始调查。申请材料不符合立案条件，在规定时间内未补充足够的材料的不予立案。在特殊情况下，反倾销主管部门没有收到反倾销调查的书面申请，但有充分的证据认为存在倾销和损害以及两者之间有因果关系的，可以决定立案。

**3. 调查**

反倾销立案公告后，就进入了调查阶段。调查是指反倾销的主管部门根据反倾销申请人的指控在一定的期限内对被控诉方的倾销价格、给进口国相关产业造成的损害以及因果关系依法进行查证并作出裁定的过程。调查结果是决定是否采取反倾销措施的主要依据。除特殊情况外，调查应在发起后12～18个月内结束。

**4. 裁定**

反倾销调查应分别对倾销价格和损害作出初步裁定和最终裁定。初步裁定是指反倾销调查部门在一定期限内，对申请人提出的反倾销指控进行调查核实后作出的倾销价格与损害是否存在的初步结论。如果初裁认为存在倾销并对进口国相关产业造成损害，反倾销主管部门将对被控产品征收临时反倾销税或实施其他临时的措施。临时措施一般以4个月为限，可延长到6个月。最终裁定是指反倾销调查部门在肯定初步裁决的基础上，继续对申请人提出的反倾销指控作进一步调查核实后作出的是否存在倾销的最后结论。最终裁定也应在一定的期限内作出。如果最终裁定是肯定的，反倾销主管部门将最终确定一个税率对倾销产品征收最终反倾销税。

**5. 行政复审**

行政复审是指反倾销调查部门对已经产生效力的反倾销措施依法进行重新审查的活动。行政复审一般发生在反倾销措施实施一段时间以后，由利害关系方向进口方主管部门申请行政复审。经过一段合理时间后，进口方主管部门也可主动进行行政复审。

**6. 司法审查**

WTO反倾销规则规定，应由完全独立于反倾销裁决和审查主管部门的审判或司法程序机构来负责对涉及最终裁决的行政行为进行迅速的审查或复议。

## （三）反倾销措施

WTO反倾销规则规定了三种反倾销措施：临时反倾销措施、价格承诺、征收反倾销税。

**1. 临时反倾销措施**

为了保证临时反倾销措施的公正性，WTO反倾销规则对实施临时反倾销措施的条件作了如下规定：已经发起反倾销调查并为此发出公告，且已给予利害关系方提交信息和提出意见的充分机会；已作出关于倾销和由此产生的对国内产业损害的初步肯定裁决；根据有关主管部门判断，临时反倾销措施对防止在调查期间造成损害是必要的。临时反倾销措施的形式主要有两种：一是征收临时反倾销税；二是要求提供现金保证金、保函或者其他形式的担保。但无论是采取提供征收临时反倾销税，还是要求提供现金保证金、保函或者其他形式的担保，其数额都不应当超过初裁确定的倾销幅度。临时反倾销措施必须在反倾销案件正式立案调查起60日后才能实施，其目的在于防止进口国滥用临时反倾销措施。WTO反倾销规则规定临时反倾销措施应限制在尽可能短的时间内，一般不超过4个月，可延至6个月，特殊情况下也不应超过9个月。

**2. 价格承诺**

所谓价格承诺，是指出口商主动承诺提高其产品价格或停止以倾销价格向进口国出口产品以消除倾销所造成的损害，进口国对其承诺予以接受并结束反倾销调查的一种协议。只要价格增加幅度足以消除对国内产业的损害，该幅度可以低于倾销幅度。WTO反倾销规则要求必须在进口国主管部门作出倾销和损害的肯定裁决后，才能谈判、缔结价格承诺协议，目的在于防止进口国不调查取证便利用价格承诺的方法达到限制进口的贸易保护目的。

**3. 征收反倾销税**

反倾销税是指倾销产品导致进口国产业受到损害时，由进口国政府对倾销产品征收的一种特殊关税。反倾销税依照反倾销程序划分，可分为临时反倾销税和固定反倾销税。临时反倾销税是指进口国反倾销部门在初步裁定存在倾销和损害的事实后，根据初步测定的倾销幅度预估征收的反倾销税。固定反倾销税是指进口国反倾销部门根据终裁裁决确定的税率征收的反倾销税。固定反倾销税的税率应以倾销幅度为限，但可以低于倾销幅度。关于反倾销税的征收期限，WTO反倾销规则规定，反倾销税应仅在抵消造成损害的倾销所必须的时间和限度内实施。任何最终反倾销税应在征收之日起5年内终止，除非主管部门在该日期之前自行进行的复审，或在该日期之前一段合理的时间内，由国内产业或代表国内产业提出的有充分证据请求下进行的复审，确定反倾销税的终止可能导致倾销和损害的继续或再度发生。这个条款称为“日落条款”，其目的在于限制进口国长时间地滥用反倾销措施。

## （四）反倾销争端解决机构

反倾销争端解决机构是解决WTO成员国之间争端的权威机构，由WTO各成员代表组成。其在解决反倾销争端方面的职责主要是：成立专家组；应申述方的请求，对当事双方无法达成一致的问题进行裁决；监督裁决及反倾销协议规定的磋商的执行；通过专家组的裁决或上诉机构的审查报告；批准对不履行裁决的成员国进行报复；授权终止有关协议规定的减让和其他义务。反倾销争端解决机构设立常设上诉机构。上诉机构由不隶属于任何政府的、在法律和国际贸易领域中公认的权威组成，一般为 7 人。除反倾销争端解决机构外，与反倾销相关的机构还有反倾销行动委员会。该委员会的主要职责是搜集各成员国有关反倾销的情报资料，对于反倾销争端的解决无实质职权。解决反倾销争端的程序为：协商与调解、组成专家组、上诉。

**1. 协商与调解（时间限定为 60 天）**

发生争端的成员国在采取任何行动前，必须与有关对方进行协商。接到协商请求的成员国应对此予以积极考虑，在接到请求后 10 天内（或双方约定的时间内）作出答复，并在接到请求后 30 天内开始协商。但在紧急情况下如涉及到不易保存的货物，则应在接到协商请求后 10 天内开始协商。协商秘密进行，但请求协商的成员国应向反倾销争端解决机构和反倾销行动委员会书面通报其关于协商的请求，包括协商的理由、证据材料和法律依据，以保证协商的透明度。与正在协商的问题有重大利益关系的第三方，可以在发出协商请求后 10 天内向参与协商的成员国和反倾销争端解决机构要求加入协商，得到争端双方同意后，可以参与协商。接到协商请求的成员国没有按上述程序采取相应行动，或者双方在提出请求后的 60 天内协商未果，或者当事方一致认为该争端无法通过磋商解决，申请方可以要求反倾销争端解决机构成立专家组。但在紧急情况下，提出请求后的 20 天内协商未果，可要求成立专家组。

双方协商有困难，在双方自愿的情况下也可以请求 WTO 总干事出面斡旋、调停或以其他方式解决。但斡旋、调停等调节程序不是强制性的程序。斡旋、调停等调节程序根据双方需要可以在任何阶段提出，也可以在任何阶段终止。

即使双方在协商阶段要求总干事调解，申诉方仍可以在争端对方接到协商申请 60 天后请求成立专家组。争端双方认为总干事的调解无法解决争端，也可以在争端对方接到协商请求 60 天后要求成立专家组。

**2. 组成专家组（45 天）**

如果协商失败，申诉方可以申请成立专家组。申请书应该说明申诉方丧失或被损害应从 WTO 反倾销规则中直接或间接获得的利益，或者被诉行为妨碍了 WTO 反倾销规则目标的实现。被诉方可以初步异议的形式从程序上否定专家组对该争端的管辖权。但如果申诉方再次申请，除非该请求遭到反倾销争端解决机构的一致反对，否则被诉方不能阻止专家组的成立。专家组一般由 3 人组成，特殊情况下也可以由 5 人组成。专家以个人身份活动，各方不得施加任何影响。

在双方同意的基础上，专家组成员应该在决定成立专家组后 10 天内确定。如果争端双方在 20 天内仍未能就专家组人选达成一致意见，任何一方当事人都可以请求总干事、反倾销争端解决机构主席、反倾销行动委员会主席共同商议任命专家组人选。确定人选后，反倾销争端解决机构主席应在 10 天内将专家组名单通报给当事人。

专家组的职权是帮助反倾销争端解决机构作出裁决。只有反倾销争端解决机构成员一致反对才能否决专家组报告。因而一般来说，专家组报告很难被推翻。专家组的最终报告应在成立后6个月内送交争端的当事各方，在紧急情况下，专家组的工作时间期限为成立后的3个月。

专家组的主要工作步骤如下：

（1）接受当事方提交书面材料。在首次听证会前，专家组应接受当事方提交的有关书面材料。通常是在确定提交材料的顺序安排后，专家组按照时间表接受当事方提交的书面材料。

（2）召开听证会。争端申诉方、被诉方和其他与案件有利害关系的第三方，可以在听证会上作陈述。听证会的顺序首先由申诉方说明其观点，再由被诉方陈述其观点并反驳申诉方的事实和理由，然后第三方陈述意见。

（3）正式辩论。在听证会后，各当事方应在23周内将书面控辩材料提交给专家组，并在辩论会上进行口头辩论。正式辩论的发言与听证会相反，先由被诉方发表意见，然后由申诉方进行反驳。

（4）专家拟订报告草案。专家组根据双方提交的材料和辩论情况草拟报告，并将报告中对案件事实和证据的认定送交当事方。当事方应在两周内将其意见反馈给专家组。

（5）中期报告。专家组将包括结论在内的中期报告送交当事方。如果争端当事方有异议，可以在接到报告后1周内要求专家组重新审查中期报告。

（6）专家组审核中期报告。根据当事方的异议，专家组应对中期报告进行审核，该审核工作必须在两周内完成。在审核期内，专家组可以根据需要和当事方会晤。

（7）最终报告。专家组完成审核后将最终报告送交当事方和反倾销争端解决机构各成员国。如果专家组认为被诉方反倾销措施违反了反倾销规则和相关协定，则应提出纠正的建议及操作方法。

（8）通过报告。在专家组向反倾销争端解决机构提交报告30天后，反倾销争端解决机构召开会议通过报告。对专家组报告有不同意见的成员国应在反倾销争端解决机构召开会议的10天之前提出书面异议。除非专家组报告在反倾销争端解决机构遭到一致的反对，否则反倾销争端解决机构将在60天内通过该报告。通过后，该报告即成为反倾销争端解决机构的裁决或建议。如果对专家组的意见不服，争端当事方可以向上诉机构提出上诉。

**3. 上诉（一般为60天）**

任何一当事方不服专家组的意见，有权向上诉机构提出上诉。但上诉审仅限于法律适用和法律解释，不得再次调查事实证据。在一般情况下，上诉审应在60天内完成，在特殊情况下，不超过90天。

上诉方应在上诉公告后10天内提交书面材料，指出专家组报告中法律适用或法律解释的错误。有利害关系的第三方可以在上诉公告后15天内加入上诉，以书面形式指出专家组报告中法律适用或法律解释的错误。被上诉方则应在上诉公告后25天内，向秘书处提交书面辩解意见。上诉机构应在进入上诉程序30天内召开听证会，让各方当事人进行口头辩论，然后作出裁决：维持、变更或否定专家组意见的结论。上诉方也可以在上诉程序中撤诉，终止上诉程序。

## 三、美国、欧盟反倾销立法简介

美国、欧盟是目前世界上使用反倾销措施最多的国家和地区，也是对我国提出反倾销指控最多的国家和地区。因此，了解美国和欧盟当前反倾销立法与实践的特点就显得十分重要。

### （一）美国的反倾销立法

美国当前的反倾销法是1988年制定的《综合贸易与竞争法》，在1994年美国国会通过了一项《实施乌拉圭协议法案》，对美国反倾销法再次作了修订。

**1. 美国反倾销机构**

（1）美国商务部负责倾销调查和裁决，其下属的国际贸易管理署负责具体事宜的处理。

（2）美国国际贸易委员会负责损害调查和裁决。

（3）美国国际贸易法院是美国唯一有权对商务部和国际贸易委员会作出的倾销和损害的裁决结果进行司法审查的机构。如果国际贸易法院不同意反倾销机构作出的裁决，则将其驳回，由反倾销机构重新裁决。

（4）美国海关具体负责征收反倾销税。美国海关在收到商务部发出的征收命令后，依照裁决确定的倾销幅度计算并征收反倾销税。

（5）美国联邦上诉巡回法院有权推翻美国贸易法院的裁决。但是当一项裁决被国际贸易法院驳回需要重新裁决时，商务部只有在完成重新裁决工作后，才可以向联邦巡回上诉法院起诉国际贸易法院的裁决。

**2. 美国反倾销实体法的特点**

与WTO反倾销规则以及其他国家相比，美国目前的反倾销法显得更加严格和苛刻。较为突出的有以下几点：

（1）在倾销与损害的因果关系的确定上，美国采用的是"最小原因原则"，即进口商品无须是国内产业损害的很明显或主要的、根本性原因。只要能证明倾销是造成损害的因素之一，就可认为倾销与损害之间存在因果关系。

（2）在反倾销税征收的标准上，没有考虑公共利益的规定，也没有税额从轻原则。反倾销税税额一般都严格按照倾销幅度来加以计算和征收。

（3）美国是实施反规避措施的国家。反规避措施是指为了有效地防止和限制出口商以各种形式规避反倾销税的行为的措施，其目的在于进一步加强对本国产业的保护。

**案例9-3　反规避措施的应用**

**案情与问题：**印度出口到美国的个人计算机由于存在倾销行为，被美国商务部公布一项反倾销令，对该国的个人计算机征收反倾销税。为了规避被征收反倾销税，印度的生产商将个人计算机的零部件转移到设在巴基斯坦的企业进行组装，然后以巴基斯坦生产的个人计算机名义出口美国。请问：美国商务部对此将如何处理？

**分析要点：**在美国，如果商务部能够认定某产品已被征收反倾销税，它又由倾销国家转移到第三国进行加工或组装，并且增值部分很少，则有权对该产品征税。所以美国商务部将对此征收反倾销税。

美国至今仍然把中国视为非市场经济国家，在确定正常价值时仍基本采用市场经济替代国办法。由于替代国价格缺乏透明度和可预见性，因而使得美国反倾销机构在替代国的选定和倾销幅度的计算上都有任意性，倾向于人为地增大倾销幅度，导致反倾销法的滥用。

## （二）欧盟的反倾销立法

欧盟目前的反倾销法是于1995年12月颁布的《抵制来自非欧共同体成员国的倾销进口产品条例》。与美国反倾销法比较而言，欧盟反倾销法更加接近WTO反倾销规则的要求。

**1. 欧盟的反倾销机构**

（1）欧盟委员会是欧盟反倾销的主要机构，负责决定立案、调查、中止或终止案件、征收反倾销税和接受价格承诺等事项。

（2）欧盟理事会是欧洲唯一有权命令实施和征收反倾销税的机构。

（3）欧盟咨询委员会由各成员国代表组成，反映各成员国利益，因此在反倾销案件审理的各个阶段，欧盟委员会必须征求咨询委员会的意见。

（4）欧洲初审法院是有权对欧盟委员会和理事会所作的裁决进行司法审查的机构。审查可以是事实问题，也可以是法律问题；既可以是实体问题，也可以是程序问题。

（5）欧洲法院有权推翻欧洲初审法院的判决。

在欧盟，是由欧盟委员会负责对倾销的调查和损害的调查，这使得欧盟委员会所作的调查结果的客观性和公正性受到了影响，并且由同一机构同时负责裁决造成了终裁过分依赖初裁结果的弊端。

**2. 欧盟反倾销法的特点**

（1）欧盟是世界上第一个将保护消费者利益原则适当引入反倾销立法与实践的。在征收反倾销税的条件上，欧盟反倾销法规定了四个条件，除了要有倾销和损害的存在、倾销与损害之间存在因果关系以外，还要考虑欧盟公共利益。欧盟公共利益包括国内产业的利益以及产品使用者的利益、消费者的利益。

（2）欧盟在调查中不仅计算倾销幅度，同时还计算损害幅度。欧盟在反倾销税计算和征收问题上执行的是“税额从轻原则”，即以消除对国内产业的损害为征收标准。税额从轻原则反映出欧盟反倾销法试图在协调、平衡各国国内生产者与消费者之间的利益。

（3）欧盟委员会在1998年5月正式宣布在反倾销诉讼中不再将中国和俄罗斯作为非市场经济国家，而是将根据具体情况作个案处理。这是指在具体案件中，如果认为中、俄出口商符合并满足了市场经济要求的情况下，则可以考虑以中国、俄罗斯国内市场价格或成本价格作为正常价值。

（4）欧盟在反倾销实践中经常使用价格承诺的方法来终止反倾销案件。欧盟的反倾销法也规定有反规避措施。

**案例 9－4　美国、欧盟的反倾销机构**

**案情与问题：** 试比较美国、欧盟的反倾销机构。

**分析要点：** (1) 美国在实施反倾销法中实行双轨制，即由美国商务部负责对倾销的调查和裁决，由美国国际贸易委员会负责对损害的调查和裁决；在欧盟，由欧盟委员会负责对倾销、损害以及公共利益的调查和裁决。(2) 美国由商务部发出征收反倾销税的命令；在欧盟，欧盟理事会有权决定最终是否征收反倾销税。(3) 在反倾销案件审理的各个阶段，欧盟委员会必须征求咨询委员会的意见，而美国没有相应的咨询机构。(4) 美国贸易法院负责对美国商务部和美国国际贸易委员会作出的倾销和损害的裁决进行司法复审；欧洲初审法院负责对欧盟委员会和欧盟理事会所作出的裁决进行司法复审。(5) 美国联邦巡回上诉法院有权推翻美国贸易法院的裁决；欧洲法院有权推翻欧洲初审法院的判决。

## 四、中国的反倾销立法与实践

我国在 1993 年颁布的《中华人民共和国对外贸易法》第 30 条规定：产品以低于正常价值的方式进口，并由此对国内已建立的相关产业造成实质性的损害或产生实质性损害的威胁，或者对国内建立相关产业造成实质性阻碍时，国家可以采取必要措施，消除或减轻这种损害或者损害的威胁或者阻碍。1997 年 3 月我国又正式颁布了《中华人民共和国反倾销和反补贴条例》。2001 年我国制定实施了《中华人民共和国反倾销条例》，并于 2004 年 3 月修订。上述法律和条例为我国反倾销提供了法律保障。我国反倾销的目的在于维护我国对外贸易秩序和公平竞争，保护本国相关产业的发展。

根据我国现行的法律法规，我国实施反倾销措施应当同时具备三个条件：①倾销的存在，即进口产品以低于正常价值向进口国销售；②损害的存在，即倾销产品对进口国已建立的相关产业造成损害；③倾销与损害之间有因果关系。

### （一）我国的反倾销机构

(1) 商务部进出口公平贸易局是负责对倾销的调查和确定的机构。

(2) 商务部产业损害调查局是负责对损害的调查和确定的机构，其中涉及农产品的反倾销国内产业损害调查，由商务部会同农业部进行。

(3) 国务院关税税则委员会根据商务部的建议，有权决定征收反倾销税，包括征收临时反倾销税。

(4) 海关总署会同商务部对倾销价格与倾销幅度进行调查，并根据商务部的公告，主要负责反倾销税的征收工作，以及实施其他的反倾销措施。

### （二）我国的反倾销调查程序

**1. 反倾销调查申请**

国内产业或者代表国内产业的自然人、法人或者有关组织向商务部提出反倾销调查的书面申请。申请应主要包括两个方面：第一，申请调查的进口产品倾销、对国内产业造成损害、两者间存在因果关系的证据；第二，有足够的国内生产者支持，在支持申请和反对申请的生产者中，支持者的产量占两者总量的50%以上，同时不得低于国内同类产品总量的25%。

**2. 立案**

商务部收到反倾销调查申请后，对申请书及其所附的证据进行审查，决定是否立案调查，并将决定予以公告，通知有关当事人。在特殊情况下，商务部可以自主决定立案调查。

**3. 调查和公告**

商务部调查时，利害关系方应当如实反映情况，提供有关资料。商务部可以根据已经获得的事实和可获得的最佳信息作出裁定，即基于现有事实作出裁定。反倾销调查分为初步裁定和终局裁定。初步裁定倾销和损害成立的，则应按照有关规定对倾销和损害作进一步调查，并作出终局裁定，由商务部予以公告。反倾销调查的期限，自立案决定公布之日起至终局裁定公告之日止为12个月，特殊情况下可延长到18个月。

**4. 实施反倾销措施**

初步裁定确定倾销成立并由此对国内产业造成损害的，可以采取临时反倾销措施。临时反倾销措施包括征收临时反倾销税，要求提供保证金、保函或其他形式的担保，其数额不得超过初步裁定的倾销幅度。临时反倾销措施实施的期限，自临时反倾销措施决定公告之日起不得超出4个月，特殊情况下可延长至9个月。在反倾销立案调查决定公告之日起的60天内，不得采取临时反倾销措施。

倾销进口产品的出口经营者在反倾销调查期间，可以向商务部作出改变价格或者停止以倾销价格出口的承诺。商务部可以建议但不得强迫出口经营者作出价格承诺。商务部认为价格承诺可以接受并符合公众利益的，可以决定中止或终止反倾销调查，不采取临时反倾销措施或征收反倾销税。

终局裁定确定倾销成立并由此对国内产业造成损害的，可以征收反倾销税。征收反倾销税应符合公众利益。反倾销税的纳税人为倾销进口产品的进口经营者。反倾销税税额不得超过终局裁定确定的倾销幅度。反倾销税的征收期限和价格承诺的履行期限不超过5年；但是经复审确定终止征收反倾销税有可能导致损害的继续或者再度发生的，可以适当延长反倾销税的征收期限。

**5. 复审**

对于反倾销税和价格承诺，商务部可以决定对其必要性进行复审；经利害关系方申请，商务部也可以对反倾销税和价格承诺的必要性进行复审。根据复审结果，商务部作出保留、修改或者取消反倾销税或价格承诺的决定。复审期间，复审程序不妨碍反倾销措施的实施。

**案例9－5　我国对反倾销调查程序的规定**

**案情与问题：**由于韩国出口我国的汽车玻璃存在倾销行为，我国国内生产相同产品的厂家联合向国家对外经济贸易合作部提出反倾销调查。国家对外经济贸易合作部审查后认为存在倾销和损害，两者之间有因果关系，决定立案，并通知国家经济贸易委员会。由国家经济贸易委员会和海关总署对倾销和损害进行调查，然后由国家对外经济贸易合作部根据调查结果作出裁定。请问：上述反倾销调查程序是否符合我国对此程序的规定？

**分析要点：**上述反倾销调查程序不符合我国对此程序的规定。2001 年制定、2004 年 3 月修订的《中华人民共和国反倾销条例》规定：由商务部审查反倾销调查申请，决定是否立案；由商务部进出口公平贸易局负责对倾销的调查和确定；由商务部产业损害调查局负责对损害的调查和确定，其中涉及农产品的反倾销国内产业损害调查，由商务部会同农业部进行；由商务部根据调查结果作出裁定；国务院关税税则委员会根据商务部的建议，有权决定征收反倾销税，包括征收临时反倾销税；海关总署会同商务部对倾销价格与倾销幅度进行调查，并根据商务部的公告，主要负责反倾销税的征收工作，以及实施其他的反倾销措施。

### （三）我国的反倾销实践

1997 年 11 月 10 日，外经贸部正式接受国内九大新闻纸厂家联合提交的要求对原产于加拿大、韩国和美国的进口新闻纸进行反倾销调查的申请。九大新闻纸厂家指控从加拿大、韩国和美国进口的新闻纸以每年递减的价格大量涌入中国新闻纸市场，造成总供给量大大超过总需求量，导致我国国产新闻纸积压严重，对我国新闻纸产业造成了严重损害及损害威胁。外经贸部于 1997 年 12 月 10 日正式公告，决定对原产于加拿大、韩国和美国的进口新闻纸开始反倾销立案调查。初步调查开始后，在规定期间内，外经贸部共收到五家加拿大公司和一家韩国公司的调查答卷，没有收到美国公司的答卷。1998 年 7 月 9 日，外经贸部初步裁定认为，原产于上述三国的进口新闻纸存在倾销，国内相关产业存在实质损害，并且国内相关产业的实质损害与进口产品倾销之间存在因果关系。1999 年 6 月 3 日，外经贸部发布公告，对原产于加拿大、韩国和美国的进口新闻纸的反倾销调查作出终裁：加拿大、韩国、美国三国的公司向中国出口的新闻纸均存在不同程度的倾销，对中国相关产业造成了实质性损害，倾销与损害之间存在因果关系。因此，我国决定对上述三国的进口新闻纸征收反倾销税。

本案开创了我国对进口产品进行反倾销调查的先例，对国内其他遭受进口产品倾销之苦的产业和生产者都具有借鉴作用，给广大国内企业极大的鼓舞，具有历史性的意义。这一案例有力地证明了中国有能力、有必要运用反倾销这一法律武器来维护本国企业的合法权益。此后涌现出了武汉钢铁集团申请对俄罗斯进口的冷轧硅钢片进行反倾销调查、上海高桥石化丙烯酸厂等申请对原产于日本、美国和德国的丙烯酸酯进行反倾销调查等一系列的反倾销调查案件。随着我国加入 WTO，我国的反倾销案件将会呈上升趋势。因此，摆在我们面前的一个十分迫切的任务，便是要加强对反倾销法的学习与研究，不断完善我国反倾销立法，运用反倾销法律武器维护我国对外贸易秩序和公平竞争，保护我国相关产业不受损害。

# 第二节　国际反补贴法

## 一、补贴与反补贴

**1. 补贴概述**

补贴是指出口国（地区）政府或者其任何公共机构提供的并为接受者带来利益的财政资助以及任何形式的收入或者价格支持。除收入或价格支持外，构成补贴须具备两个要素：政府提供的财政资助和接受者获得的利益。

根据补贴的形式，可将补贴分为直接补贴和间接补贴。直接补贴是指由政府或公共机构对本国的生产者、出口商提供现金补贴，以弥补商品的经济损失或确保其能获得较高利润。间接补贴是指政府或公共机构对本国的生产者或出口商提供财政上的优惠或技术上的资助或赠与。根据补贴的对象，可将补贴分为国内补贴和出口补贴。国内补贴是指一国政府给予某一产品的国内生产者的补贴，不论该商品是否用于出口。出口补贴是指一国政府专门给予某一出口产品的生产者的鼓励性补贴。这是国际贸易中最传统也是最主要的补贴方式，是一国政府干预其对外贸易，促进和刺激本国出口的重要手段。补贴一方面可以降低出口商品的成本，增强竞争力；另一方面可以鼓励和促进本国产品的出口。

**2. 反补贴概述**

反补贴是指各国政府或国际社会为了保护本国经济的健康发展，维护公平竞争的秩序或者为了国际贸易的自由发展，针对补贴行为而采取的必要的限制措施。由于补贴的产生和泛滥使外国生产同类产品的企业或产业受到不利影响，并且很容易导致不公平贸易的产生，从而损害贸易各国的利益，影响国际贸易的健康发展，各国纷纷制定反补贴法律，对外国政府的补贴行为采取必要的限制，避免和消除补贴对本国产业的损害。反补贴的重要措施是征收反补贴税。

应当指出的是，并非所有的补贴都是被反对和禁止的。各国反补贴法和 WTO 反补贴协议要求禁止和限制的是指对生产者和销售者的补贴，一般表现为出口补贴。

## 二、WTO 反补贴协议

### （一）补贴

WTO 反补贴协议明确规定，补贴是指成员国政府或位于成员国境内的任何公共机构提供财政资助或其他任何形式的收入或价格的支持措施，具体包括：①政府直接转让资金（如赠与、贷款和资产的投入），潜在的直接转让资金或债权（如贷款担保）；②政府对本应征收的财政收入的放弃或不征收；③政府提供除一般基础设施外的货物、服务或购买货物；④政府向筹资机构拨款，或委托、指令私人机构履行上述三项功能；⑤构成 1994 年关贸总协定第 16 条意义上的任何形式上的收入或价格支持；⑥政府授予其他优惠。

WTO 把补贴分为三类，即禁止性补贴、可诉补贴和不可诉补贴。禁止性补贴是指 WTO 禁止各成员国政府使用和实施的补贴。如果有成员国政府实施了这类补贴，受影响的其他成员国有权直接采取反补贴措施，又称之为“红灯补贴”或“红色补贴”。可诉补贴是指除 WTO 农产品协议有关条款规定的农产品补贴以外，在一定范围内允许实施，但如果在实施的过程中对其他成员国的经济利益产生了不利影响，受到不利影响的成员国便可对其提出反对意见或提出申诉的补贴，又称之为“黄灯补贴”或“黄色补贴”。不可诉补贴是指成员国在实施这类补贴时，其他成员国不能采取反补贴措施并且不能诉诸争议解决机构解决的补贴。

## （二）反补贴税

**1. 反补贴税**

根据关贸总协定第 6 条第 3 款规定，反补贴税是为了抵消在商品的生产或出口环节上所直接或间接给予的任何奖励或补贴而征收的一种特别关税。征收反补贴税的目的在于抵消补贴，并不具有惩罚性。WTO 反补贴协议规定，各成员国对接受补贴的产品征收反补贴税的税额不得超过该产品在原产国或出口国生产或出口环节所直接或间接得到奖励或补贴的估计金额。

**2. 反补贴税的征收条件**

WTO 反补贴协议规定，如果某一成员国向另一成员国出口的产品直接或间接地得到了出口国的奖励或补贴，并对进口国某项已建立的产业造成实质性的损害或损害威胁，或者实质阻碍进口国某一产业的建立，则进口该产品的成员国可对其征收反补贴税。可见，征收反补贴税的条件与征收反倾销税的条件基本相同，必须同时具备三个条件：①要有出口成员国对进口产品直接或间接地给予补贴的事实；②必须对进口国国内相关产业造成损害或损害威胁，或者严重阻碍进口国某相关产业的建立；③补贴与损害之间存在因果关系。只有在同时具备这三个条件时，成员国才能实施征收反补贴税。WTO 反补贴协议还规定，对同一进口产品不得同时征收反倾销税和反补贴税。

## （三）反补贴的救济措施

WTO 反补贴协议规定了三种反补贴措施：临时反补贴措施、承诺和征收反补贴税。

**1. 临时反补贴措施**

临时反补贴措施是指当反补贴初步调查结果表明有补贴的事实和损害的存在，为阻止在调查期间损害的继续发生，反补贴当局可以在初裁中决定征收临时反补贴税。临时反补贴措施必须在反补贴案件正式立案调查起 60 天后才能实施，最长不得超过 4 个月。

**2. 承诺**

承诺是指出口国政府或企业为了避免被征收反补贴税，在进口国作出初步肯定裁决后，自愿作出承诺，同意取消或限制补贴或者自动采取其他措施消除由于补贴所引起的有害后果，或同意提高出口产品的价格，以抵消损害后果。对于出口国政府或企业作出的承诺，进口国有权决定是否接受。

3. **征收反补贴税**

当终裁确定接受补贴的产品导致进口国产业受到损害时，进口国政府对受到补贴的进口产品征收除正常关税以外的反补贴税。反补贴税征收的额度以产品实际接受补贴的额度为限。反补贴税税额不得超过终裁决定确定的补贴金额。如果征收较低的反补贴税就足以抵消补贴所造成的对进口国产业的损害，反补贴税税额可以低于实际补贴金额。反补贴税的执行时间以抵消补贴所造成的损害所必需的时间为准，但任何反补贴税的征收必须于征收之日起5年内终止，除非进口国政府根据复查结果认定这一终止可能会导致补贴及损害的延续或复发。

WTO反补贴协议对禁止性补贴和可诉补贴，规定了双轨制的救济措施，即受到不利影响的成员国可采取以下两种救济方法：①国际途径，即通过WTO反补贴协议规定的WTO争端解决机制获得救济；②国内途径，即通过国内反补贴法律程序获得救济。

## 三、我国反补贴概述

虽然我国至今没有反补贴的实践，但我国反补贴立法基本与反倾销立法同步进行。我国关于反补贴的规定最早见于1994年5月通过的《中华人民共和国对外贸易法》。1997年3月，我国制定了第一部反补贴法规《中华人民共和国反倾销和反补贴条例》。2001年制定、2004年修改的《中华人民共和国反补贴条例》规定：进口产品存在补贴，并对已经建立的国内产业造成实质损害或者产生实质损害威胁，或者对建立国内产业造成实质阻碍的，依照该条例的规定进行调查，采取反补贴措施。

《中华人民共和国反补贴条例》明确了反补贴的有关机构及其职权。根据《中华人民共和国反补贴条例》的规定，在我国对补贴的调查和确定，由商务部负责。具体的工作，由商务部下属的进出口公平贸易局承担。

对损害的调查和确定，由商务部负责；其中涉及农产品的反补贴国内产业损害调查，由商务部会同农业部进行。具体执行部门是商务部下属的产业损害调查局。

征收反补贴税，由商务部提出建议，国务院关税税则委员会根据商务部的建议作出决定，由商务部予以公告。海关自公告规定之日起执行。

反补贴调查程序与反倾销调查程序基本相同。反补贴措施与反倾销措施类似，包括临时反补贴措施、承诺及征收反补贴税。实施条件基本相同。不同的是，出口国政府或出口商都可以作出承诺，分别承诺取消、限制补贴或其他有关措施，承诺修改价格。反补贴税额不得超过终裁决定确定的补贴金额。反补贴税的纳税人是进口产品的进口经营者。

### 思考题

1. 名词解释：

倾销　价格承诺　补贴　反倾销税

2. 反倾销法的法律特征有哪些?
3. 怎样确定征收反倾销税?
4. 倾销是怎样确定的?
5. WTO 反倾销包括哪些程序?
6. 美国反倾销机构有哪些，各自的职能是什么?
7. 欧盟反倾销法有什么特点?
8. 反补贴的救济措施有哪些?

# 第十章 国际商事仲裁

## 第一节 国际商事争议解决概述

### 一、国际商事争议的解决方法

国际商事争议是指不同国家的当事人在国际商事交易的过程中所发生的争议。解决国际商事争议的方法，概括起来，主要有协商、调解、仲裁和诉讼四种。

1. 协商

协商是指在争议发生后，由争议各方当事人在自愿互谅的基础上直接进行磋商，自行解决争议的活动。协商以当事各方平等自愿、协商一致为原则，不损害相互关系，且可省去仲裁和诉讼的复杂程序，节省时间和金钱，因而是一种被广泛采用的解决国际商事争议的较好方式。

2. 调解

所谓调解，是指发生争议的当事人在第三人主持下通过调解说服，促使当事人双方达成谅解协议，以解决争议的活动。调解也是国际商事争议解决中被广泛采用的方式。调解与协商的主要区别在于，调解是在第三人主持下进行的，而协商则是由当事人双方自行解决。

3. 仲裁

当事人不愿协商、调解，或协商、调解不成的，可依据合同中的仲裁条款或事后达成的仲裁协议，提交仲裁机构仲裁解决争议。

4. 诉讼

当事人没有在合同中订立仲裁条款，事后又没有达成仲裁协议的，可以向法院提起诉讼。但是，如果有仲裁条款或仲裁协议的，则任何一方都不能单方面向法院起诉。

由于篇幅有限，同时由于国际商事争议主要通过仲裁的方式解决，本书只介绍国际商事仲裁，而省略其他几种解决争议的方式。

### 二、国际商事争议解决的法律适用

在国际商事交易中，一个合同可能具有多种联结因素，因而涉及到若干不同国家的法律。如果合同在某方面出现了纠纷，而有关国家的法律就该纠纷的解决有不同的规定，那么到底应该适用哪一个国家的法律来处理争议？对此，有“客观论”与“主观论”两种不同观点。“客观论”认为，合同的准据法就是那个在客观上最适合于解决合同的成立及效力等问题的法律，例如，德国法学家萨维尼认为，最适合于合同的法律是合同的履行地法。而另一个德国学者巴尔则认为，债务人的住所地法是最适合于合同的法律。“主观论”则认为，合同的准据法首先是当事人协议选择适用于合同的法律，只有在当事人既无明示的选择，又不能依情况推定其想选择的法律时，才是那个与合同有最密切、最真实联系的法律。这就是“意思自治”原则。目前，各国在处理国际合同的法律适用时，主要采用这一原则。

### （一）“意思自治”原则

**1. “意思自治”原则的含义**

“意思自治”原则最初出自法国法学家杜摩兰的《巴黎习惯法评述》一书。在该书中，杜摩兰提倡统一法国各地的法律，并且提出在合同关系中，应该把当事人双方都愿意让自己的合同受其支配的那个习惯法适用于合同，来决定合同的成立和效力问题；而在当事人未直接表明适用何种习惯法时，法院也应推定其默示的意向。由于“意思自治”原则与资产阶级民法中“契约自由”原则相吻合，反映了资本主义商品经济发展的客观需要，因此它得以为许多国家的立法和司法实践所广泛采纳，成为确定合同准据法的最普遍原则。“意思自治”原则的优点主要有两方面：首先，有利于当事人预见法律行为的后果和维护法律关系的稳定性；其次，在处理合同争议案件时，它可以使受案法院减少或避免为解决复杂的国内、国外法律冲突问题而产生的麻烦，有利于争议的迅速解决。

**2. 当事人协议选择法律的方式、时间和范围**

（1）当事人协议选择法律的方式。当事人选择法律的方式一般有两种，即明示选择和默示选择。

明示选择是指合同双方当事人以某种特定的方式，明确表示合同适用的准据法。最通行的方法是在合同中列入“法律适用条款”或“选择法律条款”（Choice of Law Clause），或通过标准合同对此作出统一规定。此外，在合同纠纷发生之后，当事人双方再通过谈判达成一致，明确规定适用于合同的准据法，也属于合同准据法的明示选择。

默示选择是指在合同中没有明确规定合同准据法的情况下，通过缔约行为或其他一些因素来推定当事人已默示同意该合同适用某一特定法律。默示选择往往容易被法官利用来达到其特定目的，不代表当事人的真正意图。所以有些国家法律和国际公约对默示选择有所限制，如1989年《瑞士联邦国际私法》第116条第2款规定：当事人选择法律应采用明示方式，或从合同条款及有关情况中作出肯定的判断。1955年海牙《国际有形动产买卖法律适用公约》第2条也规定：“合同准据法的确定，必须在明示的条款中规定，或者是根据合同条款必然得出的结论。”中国在有关司法解释中明确规定，合同当事人的法律选择必须是明示的，从而排除了默示选择的方式。

（2）当事人协议选择法律的时间。合同当事人是否只有在合同订立时才可以选择法律？如果当事人并未在订立合同时作出法律选择，在合同争议发生后是否有权进行法律选择？对于这个问题，各国法律规定及司法实践都不大一致。例如，意大利最高法院在1966年的一次判决中明确表示：“在合同缔结以后，不允许再选择准据法。”而德、法等国及1980年《罗马公约》和1986年《海牙公约》等则允许事后选择。这可以从它们都允许当事人于合同订立后的任何时候协议变更其原来的法律选择得到证明，但须以不影响合同形式的有效性和不损害第三者的利益为前提条件。中国法律也规定，当事人在订立合同时或发生争议后，对于合同所适用的法律未作选择的，人民法院受理案件后，应当允许当事人在开庭审理以前作出选择。

（3）当事人协议选择法律的范围。当事人协议选择的法律，许多国家和国际条约都认为只应是被选择法律所属国家的实体法，而不包括它的冲突法。例如，1979年《奥地利国际私法》第11条第1款规定：有疑问时，当事人对法律的协议选择，不包括被选择法律中的冲突法。中国法律也规定当事人协议选择的处理合同争议所适用的法律，是指现行的实体法，而不包括冲突法和程序法。虽然也有主张应允许选择有关国家包括冲突法在内的全部法律的，但在司法实践中一般不被采纳。限制当事人协议选择法律的范围，主要是考虑到合同关系中允许当事人选择法律，意在使合同受一个明确的、肯定的法律支配，如果同意选择适用有关国家的冲突法，就仍然使其法律关系处于不确定状态，这与同意当事人选择法律的目的不相容。

**3. “意思自治”原则的限制**

合同当事人虽然有权协议选择法律，但并不是毫无限制的。绝大多数法学家都认为，当事人选择法律的自由是有限制的。各国法律对“意思自治”原则的限制各不相同，有的限制多一些，有的限制少一些。概括而言，这些限制主要表现在：

（1）当事人的选择只能限于任意性法律的范围。当事人协议选择法律的效力不及于强制法律，这是由于强制性法律本身的特性即在于强制实施，所以这类法律的适用与合同当事人的法律选择无关。例如，中国法律规定：在中国境内履行的中外合资经营企业合同、中外合作经营企业合同、中外合作勘探开发自然资源合同，必须适用中国法律，当事人协议选择适用外国法律的合同条款无效。

（2）“公共秩序保留”的限制。受案法院如果认为，适用合同当事人选择的外国法或国际惯例，有违法院地有关公共秩序和善良风俗的法律，则可拒绝适用该外国法或国际惯例。例如，法国《民法典》第6条规定：个人不得以特别的约定去违反法国有关公共秩序和善良风俗的法律。

（3）合同当事人不得选择与合同毫无实际联系的法律。例如，美国1971年《冲突法重述》强调指出：允许当事人在通常情况下不选择准据法，并不等于他们有完全按照自己的意思去缔结合同的自由。它要求当事人在选择某一法律时，必须有一种合理依据，即主要表现在所选择的准据法必须与当事人或合同存在一定的联系，否则，这种选择将被法院认为无效。

### （二）当事人未作法律选择时合同准据法的确定

当事人对合同的法律适用既无明示选择，也不能根据具体情况加以推定时，合同的准据法如何确定？国际上主要有两种做法：一种是依“客观标志”原则确定合同的准据法，另一种是适用与合同有最密切联系的法律。

1. **“客观标志”原则**

“客观标志”论最早是作为确定合同准据法的主观论的对立物产生的，客观标志论者反对意思自治，但对何为合同的客观标志，众说纷纭。随着“意思自治”原则的广泛流行，客观标志也就作为“意思自治”的补充而为各国立法和实践所接受。在实践中，法院选择法律适用的客观标志主要有：①行为地法原则，即合同缔结地法和履行地法；②属人法原则，即当事人本国法或住所地法；③属物法原则，即合同标的物所在地法；④法庭地法原则，即法院裁决地法或仲裁举行地法；⑤混合标志原则，即行为地法兼当事人本国法。

2. **“最密切联系”原则**

“最密切联系”原则真正形成为系统化的理论，并对各国的立法和司法实践产生重大影响，是在美国的《冲突法重述》（第二次）之后。目前，“最密切联系”原则已为许多国家法律和国际公约所采纳。

对于“最密切联系”原则的含义，学术界有不同看法。一般认为，“最密切联系”原则要求在具体案件中，综合考虑案件的各方面因素，从而选定对案件最合适的法律。例如，美国的《冲突法重述》（第二次）在解决合同领域的法律冲突时，摒弃传统国际私法只规定一个联系因素作为寻找准据法的依据，而是规定几个联系因素，从而为确定最密切联系地提供一个较为灵活的依据。《冲突法重述》为合同的法律选择列举了下列联系因素：①当事人的意思表示。②如果不存在当事人的意思表示，还应该考虑：一是合同缔结地；二是合同谈判地；三是合同履行地；四是合同标的所在地；五是住所、居所、国籍、公司所在地和当事人经常活动地。

“最密切联系”原则的核心，在于寻找出与合同最密切联系的因素。瑞士学者首先提出“特征履行说”，它要求法院根据合同中何方的履行最能体现合同的特性而决定合同的准据法。具体来说，在双务合同中，如某一方的履行反映了合同的特点，则合同应适用该方当事人所在地的法律。通常在双务合同中，一方当事人以支付货币来履行义务，即所谓金钱履行；而另一方为非金钱履行（如交货等）。一般来说，金钱履行较为简单，而非金钱履行较复杂，所以，以非金钱履行为合同的“特征履行”。以买卖合同为例，买方的义务是支付货款、受领货物，卖方的义务是交付货物，卖方的交货义务决定了这个合同是买卖合同而不是劳务合同或其他合同，因此，卖方的履行就构成了合同的“特征履行”。同时，由于住所地是当事人的社会、经济、文化联系的中心，而且当事人一般最熟悉他自己的住所地法，所以“特征履行”的当事人的住所地法自然就成了与合同有密切联系的法律了。例如，1979 年的《奥地利国际私法》中规定了“最强联系”原则，在债法中应依作“特征履行”的那方当事人的习惯居所地或营业地法。而 1980 年欧洲共同体《合同债务法律适用公约》第 4 条规定，应该推定合同与之有最密切联系的国家，是承担特征履行义务的那方当事人在订立合同时的习惯居所地国家，如系公司或非公司社团，则为管理中心所在地的国家。但是，各国法律并没有将“最密切联系”原则仅仅局限在“特征履行”上，某些合同可以不适用“特征履行”规则，如《瑞士联邦国际私法》第 19 条规定，除采用“特征履行”外，还可以因保护当事人合法利益而适用“特征履行”以外的法律。即使那些适用“特征履行”规则的合同在某些特殊的场合，如果情况证明它与其他法律有更密切的联系，也可以不适用“特征履行”方的住所地法而适用更密切联系的法律。此外，对于那些法律未对其“特征履行”作出规定的合同关系，仍然以最密切联系原则为指导，采用权衡各联结因素的方法来确定其重心所在。

我国法律也把“最密切联系”原则作为在合同法律适用上对“意思自治”原则的补充原则。我国《合同法》第126条规定：“涉外合同的当事人可以选择处理合同争议所适用的法律，但法律另有规定的除外。涉及合同的当事人没有选择的，适用与合同有最密切联系的国家的法律。”“最密切联系”原则是个灵活的富于弹性的开放性冲突原则，为了给法院提供一个判断最密切联系的标准，或限制法院在判断最密切联系时的主观任意性，我国也主要采用“特征履行”说，以特征履行方的营业所在国或特征履行行为地国作标准，并运用使“最密切联系”具体化的立法技术。

我国的司法解释规定：

如果当事人未选择合同所适用的法律，对于下列涉外经济合同，人民法院按照最密切联系原则确定所应适用的法律，在通常情况下是：

（1）国际货物买卖合同，适用合同订立时卖方营业所所在地的法律。但如果合同是在买方营业所所在地谈判并订立的，或者合同主要是依买方确定的条件并应买方发出的招标订立的，或者合同明确规定卖方须在买方营业所所在地履行交货义务的，则适用合同订立时买方营业所在地的法律。

（2）银行贷款或者担保合同，适用贷款银行或者担保银行所在地的法律。

（3）保险合同，适用保险人营业所所在地的法律。

（4）加工承揽合同，适用加工承揽人营业所所在地的法律。

（5）技术转让合同，适用受让人营业所所在地的法律。

（6）工程承包合同，适用工程所在地的法律。

（7）科技咨询或设计合同，适用委托人营业所所在地的法律。

（8）劳务合同，适用劳务实施地的法律。

（9）成套设备供应合同，适用设备安装运转地的法律。

（10）代理合同，适用代理人营业所所在地的法律。

（11）关于不动产租赁、买卖或抵押的合同，适用不动产所在地的法律。

（12）动产租赁合同，适用出租人营业所所在地的法律。

（13）仓储保管合同，适用仓储保管人营业所所在地的法律。

在适用当事人营业所所在地法律时，若当事人有一个以上营业所的，依中国的司法解释规定，应以与合同有最密切联系的营业所为准；若当事人没有营业所的，以其住所或居所为准。

我国的司法解释也认为，以上规定并不是绝对的，特征履行说并不能够解决一切问题，因而它进一步指出，如果合同明显地与另一国家或者地区的法律具有更密切的关系，人民法院应以另一国家或者地区的法律作为处理合同争议的依据。不过，我国法院在选择处理涉外经济合同案件争议的法律时，在通常情况下，应适用前述各条硬性冲突规范指引适用的法律，只有当合同明显地表现出与其他国家有最密切的联系时，才能选择其他国家的法律。只有这样，才能使法律适用的确定性和可预见性得到保障。

# 第二节 国际商事仲裁

## 一、国际商事仲裁的概念

国际商事仲裁，是指在国际经济贸易活动中，当事人双方通过协议，自愿将他们之间的有关争议提交给某一临时仲裁庭或某一涉外常设仲裁机构进行审理，并作出具有约束力的仲裁裁决的制度。它与调解不同，调解是由第三者对双方的争议进行调停，促使双方当事人和解的一种办法。调解人不能对争议双方施加压力，不能形成公断或裁决，争议双方是否和解完全取决于双方的自愿。而仲裁则不取决于当事人的自愿，只要当事人同意进行仲裁，就必须受仲裁裁决的约束。仲裁与诉讼也不同。法院是国家机构，具有法定的管辖权，而仲裁机构是民间组织，它对争议的管辖权取决于当事人的仲裁协议，属于约定的管辖权。

采用仲裁有许多好处：仲裁结案迅速，以一次裁决为终局裁决，不会造成拖延，而且往往费用低廉；保密性好，仲裁的审理一般不公开；灵活性大，仲裁员不必像法官那样严格适用法律，可以按照商业惯例或“公平合理”原则对争议作出裁决；仲裁裁决的执行比较有保障；仲裁对当事人之间的业务关系一般损害不大等。上述优点，使得国际商事仲裁成为解决国际贸易争议最受欢迎的方式。

## 二、国际商事仲裁协议

### （一）国际商事仲裁协议的含义

国际商事仲裁协议是指双方当事人对他们之间将来可能发生或业已发生的争议交付仲裁解决的一种书面协议。根据各国有关的仲裁法规和仲裁机构的仲裁规则，仲裁协议是仲裁庭或仲裁机构受理双方当事人的争议的依据。所以，当事人欲采用仲裁方式解决他们之间的争议，就必须订立仲裁协议。

按照大多数国家的法律，仲裁协议具有以下作用：①订立仲裁协议的当事人均须受该协议的约束，如果发生了争议，应以仲裁的方式予以解决，不得向法院起诉；②赋予仲裁机构或仲裁庭处理争议的管辖权；③排除法院的管辖权。凡订有仲裁协议的，法院不得强制管辖；④仲裁协议是裁决具有法律效力的依据以及得到承认和执行的基础。没有仲裁协议而作出的裁决或对仲裁协议约定以外事项作出的裁决，都是无效的，无法得到承认及执行。

上述四方面的作用，最重要的作用是排除法院的管辖权。只要当事人之间订有仲裁协议，就不能再将协议项下的争议提交法院解决。如果一方当事人违反仲裁协议，将有关争议提交法院，另一方当事人可根据双方的仲裁协议对法院的管辖权作出抗辩，法院则应裁定将争议提交仲裁解决，除非法院认定当事人之间的仲裁协议无效或已失效，或者是不能履行的协议。

## （二）仲裁协议的表现形式

**1. 仲裁条款**（Arbitration Clause）

仲裁条款是由双方当事人在争议发生之前订立的，表示愿意把将来可能发生的争议提交仲裁解决的协议，这种协议一般都包含在主合同内，作为合同的一项条款。仲裁条款虽然是合同的一部分，但它具有与其他条款不同的特殊的性质和效力，因而即使是合同的其他条款无效，也不影响仲裁条款的效力。

**案例 10－1　诺尔雪针织品有限公司诉佩尔松有限公司**

诺尔雪针织品有限公司购进四分动力气针织机及两个自动化附加设备，销售合同包含了一项仲裁条款。后来发现机器不符合要求，于是买方要求废止这笔交易，卖方虽同意不卖附加设备但拒绝收回机器。当买方提起诉讼时，卖方以仲裁条款提出诉讼管辖权异议。买方称，由于欺诈和不合理行为，该销售合同是无效的，因而该仲裁条款也是无效的。初审法院以不具有管辖权为由驳回该案，这一结论也为最高法院所确认。最高法院认为："无论该合同在其他方面能否执行，其中的仲裁条款是有约束力的。"

仲裁条款是仲裁协议的一种最常见和最重要的形式。拟提交常设仲裁机构仲裁的合同的仲裁条款的典型表述方式是："由于本合同而发生的或与本合同有关的任何争议或请求，如果通过协商不能解决，应提交××××（仲裁机构）在××（地点），依该会仲裁规则仲裁解决。"一些常设仲裁机构在公布其仲裁规则的同时，还公布了供当事人在合同中采用的仲裁示范条款。例如，中国国际经济贸易仲裁委员会在公布其仲裁规则时，还公布了仲裁示范条款为："凡因本合同引起的或与本合同有关的任何争议，均应提交中国国际经济贸易仲裁委员会，按照申请仲裁时该会现行有效的仲裁规则进行仲裁。仲裁裁决是终局的，对双方均有约束力。"此外，当事人还可以对有关仲裁的细节作进一步规定。如果合同双方当事人欲将争议提交临时仲裁机构解决，联合国国际贸易法委员会建议采用的仲裁条款是：由于本合同而发生的或与本合同有关的任何争议、争端或请求，或有关本合同的违约、终止、无效，应按现行有效的联合国国际贸易法委员会仲裁规则解决。

**2. 仲裁协议书**（Arbitration Agreement）

仲裁协议书是由双方当事人在争议发生之后订立的，表示同意把已经发生的争议交付仲裁解决的协议。这种仲裁协议书是分别订立的，是独立于主合同的一个协议。在国际商事交易中，如果合同中无仲裁条款，对于当事人在履行合同中发生的争议，在协商不能解决时，若双方同意将争议提交某仲裁机构解决，即可订立一项专门的仲裁协议书。在另外一些情况下，如果当事人双方只是口头上达成将争议提交仲裁的协议，而依仲裁地法则要求提供书面仲裁协议，或者合同中仲裁条款符合仲裁地法，或者是不能履行的仲裁条款，双方当事人也应重新订立一项仲裁协议，作为对合同仲裁条款的修订。此外，如果当事人之间的合同中无仲裁条款，争议发生后双方当事人之间往来的书信、电传、电报中同意将争议提交某仲裁机构解决，也应视为书面的仲裁协议。

### （三）仲裁条款的主要内容

仲裁条款一般应包括仲裁地点、仲裁机构、仲裁程序和仲裁裁决的效力等四个方面的内容。

**1. 仲裁地点**

仲裁地点是仲裁条款的主要内容。确定仲裁地点十分重要，因为仲裁地点与仲裁所适用的程序法以及按哪一国的冲突规则来确定合同的实体法都有密切关系。按照各国的法律，凡属程序方面的问题，原则上适用审判地法，即在哪个国家仲裁，就要适用那个国家的仲裁法。如果双方当事人没有指明可适用的实体法，一般由仲裁庭根据仲裁地的冲突规范加以确定。

**2. 仲裁机构**

在多数情况下，仲裁地点和仲裁机构可能是一致的。当事人在选择某地为仲裁地点时，他们也选择该地的常设仲裁机构进行仲裁，反之亦然。但在某些情况下，当事人选择了仲裁地点，而不想选择该地的常设仲裁机构，当事人应在仲裁协议中明确规定仲裁机构。另外，当事人也可能选择临时仲裁庭进行仲裁，这种情况应写明仲裁庭如何组成。

**3. 仲裁程序规则**

仲裁程序规则主要是规定如何进行仲裁的程序和做法。它包括仲裁申请的提出、仲裁员的选定、仲裁庭的组成、仲裁的审理、仲裁裁决的作出等内容，仲裁规则与仲裁机构是有密切联系的。一般来说，仲裁条款规定在哪个仲裁机构仲裁，就按那个机构制定的仲裁规则进行。但是，有些国家也允许双方当事人任意选择他们认为合适的仲裁规则，但以不违反仲裁地国家仲裁法中的强制性规定为限。

**4. 仲裁裁决的效力**

仲裁裁决的效力主要是指裁决是否具有终局性，对双方当事人有无约束力，有关当事人是否有权向法院起诉请求变更或撤销该项裁决。关于仲裁裁决的效力问题，各国的仲裁立法和各常设仲裁机构及国际组织所制定的仲裁规则一般都有明确规定，而且绝大多数均规定仲裁裁决是终局的，对双方当事人具有同等的约束力。但也有少数仲裁立法和仲裁规则规定了如对仲裁裁决不服，可向法院提起上诉，不过，只限于对裁决的程序方面的问题，裁决的实质问题一般不许上诉。

为了明确仲裁裁决的效力，避免引起复杂的上诉程序，双方当事人在订立仲裁条款时，一般应明确规定：仲裁裁决是终局的裁决，对双方当事人都有约束力，任何一方都不得向法院或其他机构提起上诉要求予以更改。

## 三、国际商事仲裁机构和仲裁规则

### （一）国际商事仲裁机构的种类

依据国际商事仲裁机构组织形式的不同，可将其区分为临时仲裁机构和常设仲裁机构。

1. **临时仲裁机构**

临时仲裁机构是根据双方当事人的仲裁协议，在争议发生后由双方当事人依法选定的仲裁员临时组成的，负责审理当事人之间的有关争议，并在审理终结作出裁决后即行解散的仲裁机构。临时仲裁机构在19世纪中期常设仲裁机构出现之前，一直是唯一的国际商事仲裁机构。当今尽管常设仲裁机构已遍布全球，但临时仲裁机构仍占有极为重要的地位。临时仲裁机构没有固定的组织、规则和委员等，是一种临时性的机构。争议双方当事人在选任仲裁员、决定仲裁程序和适用法律等方面享有充分的自由权。1961年4月在日内瓦签订的《关于国际商事仲裁的欧洲公约》第4条规定，在当事人决定将他们的争议提交临时仲裁机构审理的情况下，双方当事人可以自由指定仲裁员或确定仲裁员的方式，决定仲裁地点，规定仲裁员必须遵循的程序等。不过，为了方便起见，很多当事人在选择临时仲裁机构时，往往在仲裁条款中引用某些有威望的国际组织或国内组织制定的仲裁规则，只对其中的某些条款作必要的修改或补充。

2. **常设仲裁机构**

常设仲裁机构，是指依照国际公约或一国国内立法所成立的，有固定的名称、地址、组织形式、组织章程、仲裁规则和仲裁员名单，并具有完整的办事机构和健全的行政管理制度，用于处理国际商事争议的仲裁机构。常设仲裁机构自19世纪中期诞生以来，在国际范围内获得了迅速发展。当前，在国际经济贸易和海事领域内发生的争议，一般都倾向于提交常设仲裁机构仲裁。因为它有固定的组织、规则和委员等，有较完备的行政管理，有稳定性，可以有效地组织仲裁，为当事人提供许多方便条件。依据不同标准，常设仲裁机构又可分为许多种：国际性常设仲裁机构、地区性常设仲裁机构、全国性常设仲裁机构；单一性常设仲裁机构、专业性常设仲裁机构、综合性常设仲裁机构等。

## （二）国际仲裁机构和仲裁规则

1. **《联合国国际贸易法委员会仲裁规则》**

《联合国国际贸易法委员会仲裁规则》是联合国国际贸易法委员会制定，并提供给各国的仲裁当事人选择临时仲裁机构或常设仲裁机构仲裁时选用的仲裁程序规则。该规则于1976年由第31届联合国大会正式通过，推荐世界各国采用。

《联合国国际贸易法委员会仲裁规则》分4节，共41条，其主要内容包括：

（1）双方当事人可以书面协议按联合国国际贸易法委员会仲裁规则，将其有关的贸易争议提交仲裁解决，而且当事人在选择该仲裁规则时可以对有关的内容作出修改。不过，如果该规则的任何条款与双方当事人必须遵守的适用于仲裁的法律规定相抵触，应优先适用该法律规定。

（2）双方当事人可以就仲裁庭的组成和仲裁员的选定或指定达成协议。当事人双方事先未就仲裁庭的组成方式作出约定，又没有在被申请人收到仲裁通知书15天内就独任仲裁庭达成一致时，应选择3名仲裁员组成合议仲裁庭。当事人约定组成独任仲裁庭审理案件时，应由双方合意选定或共同委托某一机构作为任命机构来任命该独任仲裁员。如果双方当事人未能在规定的期限内就任命机构的选定达成协议，或其所选定的任命机构拒绝或未能在规定的期限内任命仲裁员，则可以由任何一方当事人请求海牙常设仲裁庭秘书长指定四个任命机构，然后由该任命机构依规则第 6 条所规定的程序任命仲裁员。如须由 3 名仲裁员组成仲裁庭，应由双方当事人各选定 1 名仲裁员，然后由被选定的两名仲裁员合意选定第三名仲裁员，并由其担任首席仲裁员（Presiding Arbitrator）。如果任何一方当事人未能在规定的期限内选出应由其选定的仲裁员，另一方当事人可以请求双方事先选定的任何机构，或在没有事先选定该任命机构，或事先所选定的任命机构拒绝或未能任命仲裁员的情况下，请求海牙常设仲裁庭指定一任命机构，依仲裁规则的规定任命仲裁员。如果依仲裁规则选定的两名仲裁员，未能在规定的期限内选出第三名仲裁员，则应由有关任命机构，按选定独任仲裁员的程序，选出该第三名仲裁员。

（3）有关的仲裁审理程序应由仲裁庭主持进行。仲裁员有权按照他们认为合适的方式进行仲裁，但对双方当事人都必须一视同仁。仲裁庭可以自行决定是否开庭审理，但如果一方当事人提出请求，仲裁庭应开庭审理。如果双方当事人未能就仲裁地点达成协议的，亦应由仲裁庭根据具体情况决定仲裁地点。

（4）在仲裁审理过程中，仲裁庭有权就其管辖权所提出的异议——包括对仲裁条款或单独的仲裁协议的存在和效力所提出的异议——进行裁决。而且，仲裁庭有权决定包含仲裁条款的合同的存在和效力，但该有关的仲裁条款得独立于合同的其他条款而存在，仲裁庭所作的合同无效或应予解除的裁决并不影响其所包含的该有关仲裁条款的法律效力。

（5）在仲裁审理过程中，仲裁庭可以作出临时性裁决、中间裁决或部分裁决。仲裁庭所作出的最终裁决是终局的，对当事人双方具有约束力。裁决应以书面作成，并须说明理由，除非当事人双方同意无须说明理由。裁决应由仲裁员签署，如果缺少 1 名仲裁员签署，裁决应说明缺少签署的原因。在作出仲裁裁决以前，如双方当事人同意和解，仲裁庭应发出终止仲裁的命令，如经双方要求并为仲裁庭接受，也可以由仲裁庭根据当事人双方达成的和解协议作出裁决，且该项裁决无须说明理由。

**2. 国际商会仲裁院和仲裁规则**

国际商会仲裁院是附属于国际商会（ICC）的一个国际性常设仲裁机构，它成立于 1923 年，总部设在巴黎，是近年来受理国际商事仲裁案最多的机构之一。该仲裁院现行的调解与仲裁规则是 1998 年 1 月 1 日开始生效的规则。无论是国际商会的会员国还是非会员国都可以采用该规则进行仲裁。当事人如果要提出仲裁，可直接向设在巴黎的国际商会仲裁院秘书处提出，也可以通过申诉人所在国的国际商会国家委员会（National Committee）转交该院秘书处。

按照国际商会仲裁规则的规定，当事人可以约定选择 1 名独任仲裁员进行仲裁，也可以约定选择 3 名仲裁员进行仲裁。如由 1 名独任仲裁员解决争议，双方当事人可以协议提名，但须经仲裁院批准。如双方不能就独任仲裁员的提名达成协议，则由仲裁院指定。如由 3 名仲裁员仲裁，当事人双方应各指定一名仲裁员并经仲裁院批准，第三名仲裁员原则上应由仲裁院指定，并担任仲裁庭主席。但双方当事人约定由他们任命的仲裁员在规定期限内商定第三名仲裁员的，则从其约定，但该第三名仲裁员人选也应报仲裁院批准。仲裁院任命的独任仲裁员或仲裁庭主席，原则上应从非当事人国籍的人士中选任。

仲裁程序应按国际商会仲裁规则办理。双方当事人可以选择仲裁地点，如果双方未作选定，应由仲裁庭决定。仲裁庭还有权基于双方当事人的请求或经其同意，决定不开庭审理案件。如果一方当事人无正当理由不出庭参与仲裁时，仲裁庭有权缺席审理。如果双方当事人之间无明确的仲裁协议，或者虽然有仲裁协议，但该有关的仲裁协议并未指明由国际商会仲裁，而且被申请人又没有在规则规定的期限内提出答辩，或明确拒绝由国际商会仲裁，则应终止仲裁程序。但如果双方当事人签订有将其有关争议提交国际商会仲裁的明确协议，就应该视为事实上接受国际商会仲裁规则，一方当事人拒绝或不参加仲裁，不影响有关仲裁程序的继续进行。在一方当事人就仲裁协议的存在或效力提出异议时，仲裁庭有权就该项异议及仲裁庭的管辖权问题作出裁决；并且，可以在确信存在有效的仲裁协议的情况下，继续有关的仲裁程序。此外，有关合同的无效或不存在都不影响有关仲裁条款或单独的书面仲裁协议的效力，不影响基于该仲裁协议所确定的仲裁管辖权和仲裁程序。

仲裁庭原则上应在6个月内作出裁决，如果时间不够，仲裁庭可以予以延长。仲裁裁决应以书面作成，除经双方当事人明示排除外，还应附具理由。裁决书的草案须经仲裁院批准，然后才由仲裁员签名。原则上仲裁院只审查形式，虽然它也有权就实体问题提出意见，但最后取舍的权利仍属于仲裁庭。仲裁裁决是终局性的，当事人应当自动执行裁决，并放弃任何形式的上诉权。

**3. 瑞典斯德哥尔摩商会仲裁院**（Stockholm Chamber of Commerce）

瑞典斯德哥尔摩商会仲裁院是在斯德哥尔摩商会下设立的一个仲裁机构，主要用于解决工商和航运方面的争议，成立于1917年。该仲裁院虽然是从属于斯德哥尔摩商会的一个全国性仲裁机构，但它受理世界任何国家当事人所提交的商事争议。由于瑞典的仲裁制度历史悠久，有一套完整的仲裁规则和一大批精通国际商事仲裁的专家，而且在政治上处于中立地位，因此其仲裁的公正性在国际社会上享有很高的声誉，现在已发展成为东西方国家国际商事仲裁的中心。中国对外贸易及有关投资保护协定中，已有不少指定在瑞典仲裁。

斯德哥尔摩商会仲裁院没有统一的仲裁员名单，对仲裁员的国籍没有任何限制。按照该院仲裁规则的规定，双方当事人可以在仲裁协议中自行确定仲裁员的人数，如果双方当事人对此没有作出规定，则由3名仲裁员组成仲裁庭，由双方当事人各指定1名，另一名须由仲裁院指定，并担任仲裁庭的主席。如果双方当事人事先约定由一名独任仲裁员进行审理，则该独任仲裁员亦必须由仲裁院指定。仲裁庭在进行仲裁程序时，既可适用斯德哥尔摩商会仲裁院的仲裁规则，也可以适用当事人选定的其他仲裁程序规则。仲裁庭必须在指定仲裁员之日起1年内作出裁决。仲裁裁决必须说明理由，由全体仲裁员签名。仲裁员的不同意见可附在裁决中。

**4. 英国伦敦国际仲裁院**（London Court of International Arbitration）

英国伦敦国际仲裁院成立于1892年，是国际社会成立最早的常设仲裁机构之一，可以受理提交给它的任何性质的国际争议，在国际社会享有很高的声望，特别是国际海事案件，世界各国的大多数海事案件都申请该院仲裁。伦敦国际仲裁院备有供当事人选择的仲裁员名单，为了适应国际性仲裁的需要，1978年该院又设立了由来自30多个国家的具有丰富经验的仲裁员组成的“伦敦国际仲裁员名单”。有关争议的当事人决定将其争议提交该院仲裁以后，仲裁审理和裁决程序即由双方当事人合意选择的仲裁员组成仲裁庭来主持进行。如当事人未就仲裁员人选达成协议，则由该院从其仲裁员名单中加以指定。根据该院1981年制定的《伦敦国际仲裁院规则》，赋予了当事人较大的灵活性，除按照伦敦仲裁院的仲裁规则进行仲裁程序外，当事人还可选择《联合国国际贸易法委员会仲裁规则》

规定的仲裁程序。

5. **美国仲裁协会**（American Arbitration Association）

美国仲裁协会成立于1926年，是一个非营利的民间性常设仲裁机构，总部设在纽约，并在全美洲各主要城市设有分支机构。它受理全美各地以及外国的各种当事人提交的除法律和公共政策禁止仲裁的事项外的任何法律争议。

美国仲裁协会备有仲裁员名册，该协会在选任仲裁员时，不受任何国籍的限制，其仲裁规则还规定，在国际仲裁中，该协会可应当事人的请求，或自行指定1名与各方当事人国籍不同的仲裁员。如果双方当事人对指定仲裁员的方式没有达成协议，则由仲裁协会把仲裁员名单写成一式两份，分别送交双方当事人。双方当事人须于7天之内把不同意的人员从名单中划出，并在余下的名单中编列号码标明先后次序，退回仲裁协会，由仲裁协会参照双方当事人所标示的先后顺序代为指定仲裁员。如果当事人不按规定的时间退回名单，就视为对名单全部同意而没有异议。

## 四、中国国际经济贸易仲裁委员会及其仲裁规则

中国国际经济贸易仲裁委员会（CIETAC）是一个民间性的常设仲裁机构，其前身是1954年根据原中央人民政府决定在中国国际贸易促进委员会（CCPIT）内成立的对外贸易仲裁委员会，总部设在北京，现设有两个分会：深圳分会、上海分会。总部和分会是一个统一的整体，而不是不同的仲裁组织，它们都适用统一的仲裁规则，采用统一的仲裁员名单，它们所作出的裁决都具有终局性。中国国际经济贸易仲裁委员会在处理案件中，坚持以事实为依据，以法律为准绳，尊重当事人在合同中所作的规定。参照国际惯例，遵循公平合理原则，独立地、公正地处理当事人之间的争议。中国国际经济贸易仲裁委员会十分重视采用调解与仲裁相结合的做法，尽可能推动双方当事人通过协商调解来解决纠纷。不过，仲裁委员会的调解是在双方自愿的基础上进行的，不是强制性的；调解并不是仲裁的必经程序，不是任何案件都必须先进行调解，才能进行仲裁审理的。经过多年的努力，中国国际经济贸易仲裁委员会已在国际上赢得了良好的声誉，成为当今国际上受理国际商事案件最多的仲裁机构之一。中国国际经济贸易仲裁委员会现行的仲裁规则是由中国国际贸易促进委员会、中国国际商会于2000年9月5日修订并通过，于2000年10月1日起施行的仲裁规则。

现行规则分为总则、仲裁程序、简易程序、国内仲裁的特别规定和附则5章，全文共91条，其主要内容包括：

（1）管辖。中国国际经济贸易仲裁委员会（以下简称仲裁委员会）根据当事人在争议发生之前或之后达成的将争议提交仲裁委员会仲裁的仲裁协议和一方当事人的书面申请，受理案件。仲裁委员会有权对仲裁协议的存在、效力以及仲裁案件的管辖权作出决定。当事人对仲裁协议的效力有异议的，如果一方请求仲裁委员会作出决定，另一方请求人民法院作出裁定，则由人民法院裁定。凡当事人同意将争议提交仲裁委员会仲裁的，均视为同意按照本仲裁规则进行仲裁，但当事人另有约定且仲裁委员会同意的，从其约定。

（2）仲裁申请、答辩和反请求。仲裁程序自仲裁委员会或其分会发出仲裁通知之日起开始，申请人和被申请人应各自在收到仲裁通知之日起20天内在仲裁委员会仲裁员名

册中各自选定 1 名仲裁员，或者委托仲裁委员会主任指定。申请人应在提交仲裁申请书时预缴仲裁费。被申请人应在收到仲裁通知之日起 45 天内向仲裁委员会秘书局提交答辩书和有关证明文件。被申请人如有反请求，最迟应在收到仲裁通知之日起 60 天内以书面形式提交仲裁委员会，并在其书面反请求中写明具体的反请求、反请求理由以及所依据的事实和证据，并附具有关的证明文件。仲裁庭认为有正当理由的，可以适当延长此期限。被申请人提出反请求，也应预缴仲裁费。被申请人未提交书面答辩或申请人对被申请人的反请求未提出书面答辩的，不影响仲裁程序的进行。当事人可以委托仲裁代理人办理有关的仲裁事项。中国公民和外国公民均可担任仲裁代理人。当事人可以依法提出财产保全和证据保全的申请，仲裁委员会应将当事人的该有关申请提交被申请人住所地或其财产所在地的中级人民法院作出裁定。

（3）仲裁庭的组成。仲裁庭通常由 3 人组成。双方当事人各自在仲裁委员会仲裁员名册中选定 1 名仲裁员或者委托仲裁委员会主任指定。第三名仲裁员由双方当事人共同选定或者共同委托仲裁委员会主任指定。如果双方当事人在被申请人收到仲裁通知之日起 20 天内未能共同选定或者共同委托仲裁委员会主任指定第三名仲裁员，则由仲裁委员会主任指定。第三名仲裁员担任首席仲裁员。首席仲裁员与被选定或者被指定的两名仲裁员组成仲裁庭，共同审理案件。如果双方当事人同意，也可以仅由 1 名独任仲裁员审理案件。仲裁委员会仲裁员名册中的仲裁员，是由仲裁委员会从对法律、经济贸易、科学技术等方面具有专门知识和实际经验的中外人士中聘任。仲裁委员会现有 400 多名仲裁员，其中有香港和外籍仲裁员近 100 名，涉及 20 多个国家和地区。

（4）仲裁员回避和披露制度。被选定或者被指定的仲裁员，与案件有个人利害关系的应当自行向仲裁委员会披露并请求回避。当事人对被选定或者被指定的仲裁员的公正性和独立性产生具有正当理由的怀疑时，可以书面向仲裁委员会提出要求该仲裁员回避的请求，但应说明提出回避请求所依据的具体事实和理由，并举证。对仲裁员的回避请求应在第一次开庭之前以书面形式提出；如果要求回避事由的发生和得知是在第一次开庭审理之后，则可以在最后一次开庭终结之前提出。仲裁员是否回避，由仲裁委员会主任作出决定。

（5）仲裁审理。仲裁庭应当开庭审理。但经双方当事人申请或者征得双方当事人同意，仲裁庭也认为不必开庭审理的，仲裁庭可以只依据书面文件进行审理并作出裁决。仲裁案件第一次开庭审理的日期，经仲裁庭仲裁委员会秘书局决定后，由秘书局于开庭前 30 天通知双方当事人。当事人约定了仲裁地点的，仲裁案件的审理应当在约定的地点进行。除非当事人另有约定，由仲裁委员会受理的案件应当在北京进行审理。经仲裁委员会秘书长同意，也可以在其他地点进行审理。由仲裁委员会分会受理的案件应当在该分会所在地进行审理，经该分会秘书长同意，也可以在其他地点进行审理。仲裁庭开庭审理案件不公开进行，如果双方当事人要求公开审理，由仲裁庭作出是否公开审理的决定。仲裁庭开庭审理时，一方当事人不出席，仲裁庭可以进行缺席审理和作出缺席裁决。

（6）仲裁裁决。仲裁庭应当在组庭之日起 9 个月内作出仲裁裁决书，在仲裁庭的要求下，仲裁委员会秘书长认为确有必要和确有正当理由的，可以延长该期限。由 3 名仲裁员组成的仲裁庭审理的案件，仲裁裁决依全体仲裁员或多数仲裁员的意见决定，少数仲裁员的意见可以作成记录附卷。仲裁庭不能形成多数意见时，仲裁裁决依首席仲裁员的意见作出。仲裁庭在其作出的仲裁裁决中，应当写明仲裁请求、争议事实、裁决理由、裁决结果、仲裁费用的负担、裁决的日期和地点。当事人协议不愿写明争议事实和裁决理由的，以及按照双方当事人和解协议的内容作出裁决的，可以不写明争议事实和裁决理由。除非仲裁裁决依首席仲裁员意见或独任仲裁员意见作出，仲裁裁决应由多数仲裁员署名。持有不同意见的仲裁员可以在裁决书上署名，也可以不署名。裁决书应加盖仲裁委员会的印章。作出仲裁裁决书的日期，即为仲裁裁决发生法律效力的日期。仲裁裁决是终局性的，对双方当事人均有约束力。任何一方均不得向法院起诉，也不得向其他任何机构提出变更仲裁裁决的请求。

（7）简易程序。除非当事人另有约定，凡是争议金额不超过人民币 50 万元的，或争议金额超过人民币 50 万元，经一方当事人书面申请并征得另一方当事人书面同意的，适用简易程序。简易程序的特点主要有：①由 1 名独任仲裁员成立仲裁庭审理案件；②当事人选定仲裁员的时间为被申请人收到仲裁通知之日起 15 天内；③提交答辩的时间为收到仲裁通知之日起 30 天内；④仲裁庭可以决定只依据当事人提交的书面材料和证据进行书面审理，也可以决定开庭审理。对于开庭审理的案件，只需在开庭前 15 天内将开庭日期通知双方当事人；⑤作出仲裁裁决书的时间，开庭审理的案件，为开庭审理或再次开庭审理之日起 30 天内；书面审理的案件，为仲裁庭成立之日起 90 天内。

## 思考题

1. 国际商事争议的解决方式主要有哪些？
2. 什么是国际商事仲裁？
3. 什么是仲裁协议？仲裁协议的主要内容有哪些？
4. 国际商事仲裁机构主要有哪些？各自的仲裁规则有哪些？

# 参考文献


1. 沈四宝，刘刚仿．国际商法．北京：中国人民大学出版社，2005
2. 张圣翠．国际商法．上海：上海财经大学出版社，2002
3. 陶凯元．国际商法．广州：暨南大学出版社，1999
4. 袁绍岐．经济法概论．广州：中山大学出版社，2002
5. 刘静．产品责任论．北京：中国人民大学出版社，2000
6. 郑字文．国际代理法研究．北京：法律出版社，1998
7. 江帆．代理法律制度研究．北京：中国法制出版社，2000
8. 何勤华，李秀清．外国民商法导论．上海：复旦大学出版社，2000
9. 王小能．商法学．北京：高等教育出版社，2000
10. 沈伯明．世界贸易组织与中国"入世"教程．广州：中山大学出版社，2000
11. 张锡瑕．世界贸易组织简介．北京：对外经济贸易大学出版社，2000
12. 陈同仇，薛荣久．国际贸易．北京：对外经济贸易大学出版社，1997
13. 曹建明．国际经济法学．北京：中国政法大学出版社，1999
14. 邵景春．欧洲联盟的法律与制度．北京：人民法院出版社，1999
15. 吴兴光．国际商法．广州：中山大学出版社，2003
16. 吕红军．商贸法律与案例．北京：对外经济贸易大学出版社，2002
17. 王海英．国际经济法案例教程．北京：北京大学出版社，2005
18. 潘维大，黄阳寿．英美契约法案例解析．北京：北京大学出版社，2001
19. 姜一春，张学生．公司法案例教程．北京：北京大学出版社，2004
20. 曹祖平．新编国际商法．北京：中国人民大学出版社，2004
21. 柳经纬．商法总论．厦门：厦门大学出版社，2004
22. 吴建斌．国际商法新论．南京：南京大学出版社，2005